本书受到国家自然科学基金青年科学基金项目（基金号：71801120）、教育部人文社会科学研究青年基金项目（基金号：18YJC630038）和聊城大学出版基金资助

反馈与创造力的协同演化机制研究

The Co-evolutional Mechanism Research on Feedback and Creativity

巩振兴◎著

经济管理出版社
ECONOMY & MANAGEMENT PUBLISHING HOUSE

图书在版编目（CIP）数据

反馈与创造力的协同演化机制研究／巩振兴著．—北京：经济管理出版社，2018.11
ISBN 978-7-5096-6081-2

Ⅰ．①反…　Ⅱ．①巩…　Ⅲ．①企业发展—研究　Ⅳ．①F272.1

中国版本图书馆 CIP 数据核字（2018）第 238405 号

组稿编辑：赵亚荣
责任编辑：赵亚荣
责任印制：黄章平
责任校对：陈　颖

出版发行：经济管理出版社
（北京市海淀区北蜂窝 8 号中雅大厦 A 座 11 层　100038）
网　　址：www. E-mp. com. cn
电　　话：（010）51915602
印　　刷：三河市延风印装有限公司
经　　销：新华书店
开　　本：720mm×1000mm /16
印　　张：14.5
字　　数：238 千字
版　　次：2018 年 11 月第 1 版　　2018 年 11 月第 1 次印刷
书　　号：ISBN 978-7-5096-6081-2
定　　价：62.00 元

前言

员工创造力是企业创新的源泉，由于环境因素具有易干预、见效快的特点，所以环境因素成为创造力研究领域中的热点。反馈是组织中常用的激励策略和矫正工具，是影响创造力的重要环境因素，但关于反馈和创造力关系不一致的研究结果导致了在管理实践活动过程中的混乱。本书采用质的研究和量的研究相结合的方法，以反馈环路为框架，展现什么样的反馈能够促进创造力的提升、反馈如何影响创造力、影响的内在心理机制如何以及创造力从反馈回路的角度如何影响外界给予反馈的。

本书是基于笔者博士学位论文完成的，笔者在前期关于反馈与创造力的研究中，发现反馈、反馈寻求影响创造力的情感机制、动机机制仍存在较大的研究空间和有价值的研究领域。本书综合采用文献研究法、扎根理论研究法、调查研究法、动态计算模型的研究法进行理论研究和实证检验。

本书的前两部分，通过文献分析，系统地梳理创造力的研究现状、反馈研究的困境及出路、创造性反馈环境的超越性，对既有研究成果进行综述。接着，笔者将在研究前期对反馈影响创造力的情感机制、反馈寻求影响创造力的动机机制研究纳入，分析得出关于反馈与创造力研究迫切需要解决的问题，也即针对创造力提升的反馈环境包括什么内容、影响机制以及反馈回路机制。本书的核心部分是在文献分析的基础上，按照扎根理论的方法得出创造性反馈环境的多维度构思。笔者采用对山东省、山西省、江苏省、福建省、广东省、广西壮族自治区6个省份28家企业进行多次问卷调研，调查员工及对应主管1100余人次。突破横断研究的局限，将横向研究和三时点追踪研究相结合，进行数据采集和统计分析，揭示了创造性反馈环境的内容结构、创造性反馈环境影响创造力的动态情感机制，从反馈寻求的角度探讨了创造性反馈环境的形成、影响机制。然后运用动态计算模型方法进行模拟仿真，探讨创造力影响后续创造性反馈环境的反馈回路机制及动态变化。最后是全书的总结与展望，对以上研究结果进行了综合讨论，并指出研究的不足与未来研究方向。

本书的主要贡献归纳为如下几点：第一，发现了创造性反馈环境强调给予创新时间保障，体现对创新耐受性的特点，验证了创造性反馈环境包含领导和同事创造性反馈环境的一阶二维度结构，编制了具有高信度和高效度的创造性反馈环境量表。第二，从动态情感机制研究的角度，验证了创造力是个体在创造性反馈环境中经历了消极情感阶段，并在之后抛却了消极情感并进入一个高度积极情感阶段的动态过程的结果。将情感机制的研究视角从静态情感转换为动态情感，解决了以往关于情感机制研究的冲突。在创造性反馈环境对创造力的影响中找到积极情感和消极情感影响机制的平衡并给予动态的解释，既在积极情感和消极情感两者之间的关系中找到了“黑箱”机制，又把动态情感变化的根源和影响机制展现出来。第三，建立了以领导询问式反馈寻求和同事观察式反馈寻求为中介的创造性反馈环境影响创造力的路径，发现了自我提升动机和自我评价动机在其中起到调节作用。在测量上，区分两种反馈寻求方式的不同影响因素和作用路径，突破以往研究没有区分或只强调询问式反馈寻求的局限，有助于解决在结论上的冲突，也更加真实地体现了在中国背景下可能更多采用观察式反馈寻求方式和对不同反馈源采取不同反馈形式的特点。在反馈寻求动机上，突破西方学者认为只有工具性反馈寻求动机在反馈寻求影响创造力方面有调节作用的局限，突破以往反馈寻求动机不合理的划分，创新性地将自我动机理论与反馈寻求相结合，开创性地分析了不同反馈寻求动机的个体反馈寻求带来创造力的不同，为反馈寻求理论的合理化和反馈寻求研究的本土化提供了新的思路。第四，从因果环路的视角，建立了以领导和同事认同为中介的反馈寻求影响创造性反馈环境的路径，突破了以往只考虑外部反馈源在创造性反馈环境形成中的作用，解决了在反馈过程中视员工为被动接受者的局限，为解决外部反馈源难以满足员工自我发展和组织发展需要提供了新的解决思路。通过动态计算模型仿真，发现了创造性反馈环境并不会随创造力的提升而更加完善，而是在达到一定水平后将呈现逐渐降低的趋势。通过模拟仿真发现了提高持续创新的任务要求、树立坚持创新的目标期待和完善鼓励创新的反馈文化解决创造性反馈环境在达到一定水平后逐渐降低的问题。

在本书的撰写过程中，笔者得到了很多前辈、老师、同行的帮助。首先，要感谢我的导师张剑老师。导师不计学术出身高低，循循善诱，博我以理，约我以章。对于学术，导师谆谆教导如父语，其逻辑训练之严苛、文章修改之耐心、纠偏扶正之时机绝非一句言谢之语所能表达。同时，还要感谢北京科技大学高俊山老师、魏钧老师、胡枫老师、高学东老帅、张晓冬老师、李铁克老师、隋杨老师，中国地质大学（北京）安海忠老师，北京大学陆昌勤老师，中国科学院大学汤超颖老师，中国矿业大学谭章禄老师从不同层面、不同角度对书稿内容进行全面剖析，使书稿愈加完善，在鞭策中给予学生莫大的鼓励和思想的启迪。

本书的出版得到国家自然科学基金青年科学基金项目（基金号：71801120）、教育部人文社会科学研究青年基金项目（基金号：18YJC630038）的资助，本书为这几个项目的部分成果。本书得到聊城大学出版基金资助，特此致谢！

目 录

1 引言

1.1 研究背景

员工的创造力是促进企业创新、提高企业竞争力和获得竞争优势的主要源泉（Zhou & Shalley, 2008）。相较创造性人格和思维而言，环境因素更容易在管理实践中得到干预，在短时间内产生可觉察的效果，因此影响创造力的环境因素成为当今组织创造力研究领域中的热点。研究表明，反馈是影响创造力的重要环境因素之一（Ford, 1996; Zhou & George, 2001），但相关研究结论却不一致，例如有研究指出消极反馈会阻碍员工的创造力（Zhou, 1998），也有研究者认为消极反馈有助于提高员工的创造力（Podsakoff & Farh, 1989）。研究者认为反馈与创造力关系不一致的原因在于：一是简单采用二分法把反馈按照效价、方式和对象区分，考察反馈的单一维度影响，不能反映反馈全貌（Zhou & Shalley, 2008）；二是忽视了反馈接收者对反馈的建构（Steelman, Levy & Snell, 2004）；三是未考虑接收者的反馈寻求对双向沟通有效性的提升（Longenecker & Nykodym, 1996）；四是缺乏对创造力有针对性的反馈干预的措施和反馈情境的构建（Unsworth, Wall & Carter, 2005）。事实上，反馈活动与反馈源、反馈的信息、反馈的准确性等属性交织在一起，受到员工对反馈建构的调节作用，共同影响反馈的效果（Steelman et al., 2004），因此各维度的分裂研究均无法反映员工对反馈的认知及反应规律（Mulder, Ellinger, Mulder & Ellinger, 2013）。

Steelman 等（2004）提出反馈环境概念，从整合角度关注反馈接收者对反馈源的可信性、反馈质量和方式、积极和消极反馈的准确性、反馈的可利用性和对反馈寻求支持的感知，体现了反馈的复杂性，突出了反馈接收者对反馈有效性的建构，关注了鼓励反馈寻求的作用，但缺乏对创造力提升有针对性的反馈干预的措施和情境的构建。与传统反馈环境追求产品、服务的数量、速度、时间相比，创造性反馈环境又有其特点。在创造性反馈环境中，更加注重树立对创造力的目标期待，鼓励员工把来自不同渠道的想法联系起来，在未知的领域以发现更好的或独特的解决问题的方法（Hirst, Van Knippenberg & Zhou, 2009），既要给予思考探索的时间（Zhou & Shalley, 2008），又要对反复试错的过程有耐心（Anderson, Potocnik & Zhou, 2014）等，因此就有必要探讨创造性反馈环境的结构内容。

反馈过程是外部反馈源与反馈接收者动态的双向互动过程，进而影响反馈的效果（De Stobbeleir, Ashford & Buyens, 2011）。在互动过程中，个体间不仅交流情感，而且交流信息（王思斌，2010）。情感互动是社会互动的一个方面，特别是对于创造力而言，员工要比一般绩效付出更多努力，当面临更多的不确定性时，往往会更直接地引发强烈的情感反应，进而影响他们创造力的发挥（George & Zhou, 2007），甚至会表现出偏离行为（Dalal, Lam, Weiss, Welch & Hulin, 2009），因此创造性反馈环境影响员工创造力的情感机制需要深入探讨。信息交流是互动的另一方面，通过向领导和周围其他人反馈寻求，员工形成对创造力是否新颖和有价值的标准，导致创造力的改变并对其产生持续影响（Hargadon & Bechky, 2006），因此，反馈寻求在创造性反馈环境影响中的作用也需要深入挖掘。个体行为、行为结果和环境之间能够相互影响，以往研究多从外部反馈源的角度研究环境对个体行为和行为结果的影响，而忽视了个体行为和行为结果对环境形成、变化的影响（De Stobbeleir et al., 2011）。从反馈回路的角度看，作为一个持续且相互影响的整体，个体的反馈寻求行为（个体行为）、创造力（行为结果）如何影响后续创造性反馈环境（环境），挖掘影响创造性反馈环境和创造力变化趋势的关键因素也是值得探讨的问题。

目前学界已提出了反馈环境的概念（Steelman et al., 2004），但相关研究还不多，创造性反馈环境的特点更缺乏研究。关于影响的情感机制的研究探讨了静态情感的作用，形成了积极情感促进创造力的情感扩展—构建理论（Fredrickson, 2001）和消极情感促进创造力的情感—信息理论（Schwarz & Clore, 1983）两种对立的理论，给管理带来困惑。尽管研究表明反馈环境能够促进反馈寻求行为的产生，但只探讨了其直接效应并未区分不同反馈寻求形式或只考虑询问式反馈寻求（Linderbaum & Levy, 2010），观察式反馈寻求虽常见却被研究者忽视（De Stobbeleir et al., 2011），导致研究结论的冲突（Anseel, Beatty, Shen, Lievens & Sackett, 2015）；受寻求动机的影响，反馈寻求也会降低创造力（Anseel，Lievens & Levy，2007），挖掘其中的调节机制尤为必要。关于形成机制中多强调外部反馈源在形成中的作用（Dahling & O'Malley，2011），视个体为被动接受的对象，忽视反馈接收方的反馈寻求的作用，导致管理者重视反馈环境的形成和作用，员工却仍处在“反馈真空”的状态（Ashford & Tsui，1991）。关于创造力影响环境的研究多从静态的角度关注影响机制（Anseel et al.，2015），形成了创造力对反馈环境产生积极影响（Anderson et al.，2014）和产生消极影响（Runco et al.，2014）两种对立的观点，缺乏从动态的角度系统研究反馈环境如何随创造力的变化而变化的趋势，忽视整个影响过程的动态性、系统性，不免带来研究与现实的脱节。

创造性反馈环境是在创造力活动过程中个体感知到的领导与员工、同事与同事之间的反馈情境，其针对创造力的提升需要在反馈环境中给予员工创新的时间、耐心和目标期望，区别于传统反馈环境的特点。互动导致了在创造力产生过程中个体的情感在短时间的不断变化（Judge & Ilies，2004）。由于个体的思维方式与注意力关注焦点会受情感因素的影响，所以说情感会对个体发挥创造力产生影响。情感变化的具体形式和动态的情感矛盾，反映了个体在日常生活和工作中的真实状态，能够弥补从静态情感角度研究的不足（Bledow，Rosing & Frese，2013）。对于中国这种高权力距离和高面子文化的社会，员工可能更多采用的是观察式的反馈寻求方式，而对于领导和同事而言，员工可能会采取不同的反馈寻求方式，因此在作用机制上探讨不同源、不同方式的反馈寻求在其中的中介作用以及反馈寻求动机的调节作用能够有效解决研究结果的冲突（Anseel，Lievens & Levy，2007）。市场竞争和技术创新要求不仅依靠领导力，更应发挥员工的主动性。为了绩效的提升和对当前环境的适应，员工可借助寻求有效反馈的方式赢得同事与领导的认同（Ashforth，Sluss & Saks，2007）。作为回报外部反馈源会给予更好的反馈环境（Young & Steelman，2014）以提高管理有效性，因此从因果回路的视角看，反馈寻求能够影响创造性反馈环境，解决“反馈真空”问题。创造性反馈环境和创造力的相互影响关系具有系统性、非线性及动态性的特征（Linderbaum & Levy，2010），运用动态计算模型将上述内容整合到一起进行研究，通过仿真的方法进行动态的模拟，挖掘创造力影响创造性反馈环境的影响回路，能够较以往研究更准确地将创造性反馈环境的形成及其影响表现出的动态特点体现出来。

所以，本书采取质的研究和量的研究相结合的方式，探讨在中国情境下创造性反馈环境的特征，创造性反馈环境影响员工创造力的动态情感机制如何，反馈寻求如何在创造性反馈环境的形成和作用机制中起作用；运用动态计算模型对创造性反馈环境和创造力之间的关系进行重新审视，以期获得更加全面的认识。

1.2 研究内容

本书通过梳理反馈环境、创造力相关研究，聚焦回答以下四个关键的理论问题：①创造性反馈环境的内容结构是什么？由哪些维度构成？具有哪些独有的特征？②创造性反馈环境中动态情感的变化如何影响创造力的产生？③创造性反馈环境能够促进何种形式的反馈寻求行为，如何解释反馈寻求对创造力影响效果的不同？④从因果环路视角看，反馈寻求是如何影响创造性反馈环境的，创造力与后续创造性反馈环境的动态影响变化的趋势如何？如何促进两者的共同优化或提高？总体研究框架如图 1-1 所示。

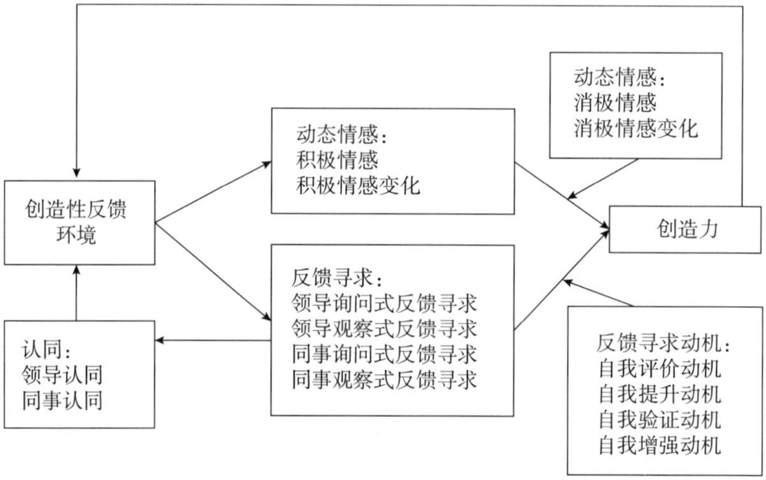

图 1-1　本研究总体框架

具体的研究内容及模型如下：

（1）揭示创造性反馈环境的内容结构。在反馈环境问卷基础上，通过结构化访谈，有针对性地挖掘基于创造力的反馈环境包含哪些要素，比如反馈中创造性目标的设定、反馈给予的时间压力等，修订成创造性反馈环境问卷，检验对创造力的影响，并分析对比我国创新型企业和非创新型企业在创造性反馈环境及对创造力影响上的不同。

（2）挖掘创造性反馈环境对创造力的影响机制。从动态情感的视角探索创造性反馈环境对创造力的影响机制。着重探讨创造力是如何经历并抛却了消极情感进入一个高度积极情感阶段的动态过程，挖掘消极情感的作用以及如何同积极情感交互影响创造力，探索两种情感的变化及变化强度在其中的影响机制。本研究分两个时点来收集数据进行纵向研究（见图 1-2）。

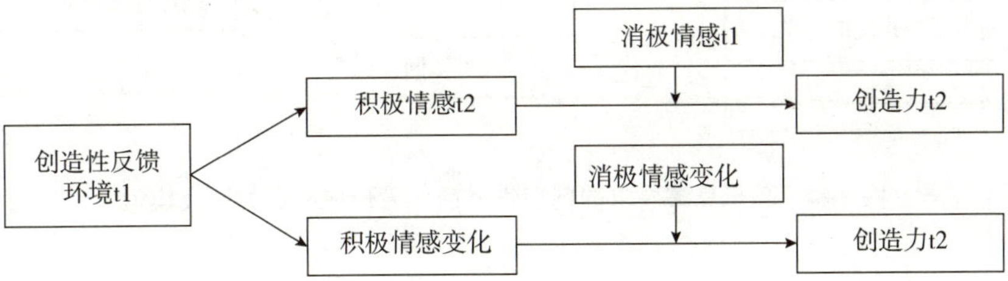

图 1-2　创造性反馈环境影响创造力的动态情感模型

基于反馈寻求的视角探讨创造性反馈环境对创造力的影响机制。将反馈寻求按照不同反馈源、不同反馈形式区分，探讨创造性反馈环境通过领导、同事以观察式和询问式反馈寻求进而影响创造力的路径，挖掘不同反馈寻求动机在反馈寻求影响创造力中的调节作用。本研究分三个时点（间隔三个月）来收集数据进行研究（见图 1-3）。

（3）基于反馈回路的视角，探索行为、行为结果对环境的影响。挖掘反馈寻求在创造性反馈环境构建过程中的作用。探索员工向领导、同事以观察式和询问式两种形式的反馈寻求影响创造性反馈环境的机制，探讨领导认同、同事认同在其中的中介作用。本研究分两个时点（间隔三个月）来收集数据进行研究（见图 1-4）。

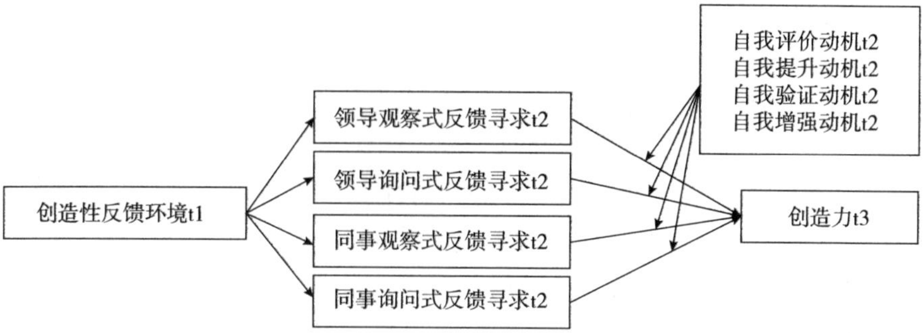

图 1-3 基于反馈寻求的创造性反馈环境对创造力影响的研究模型

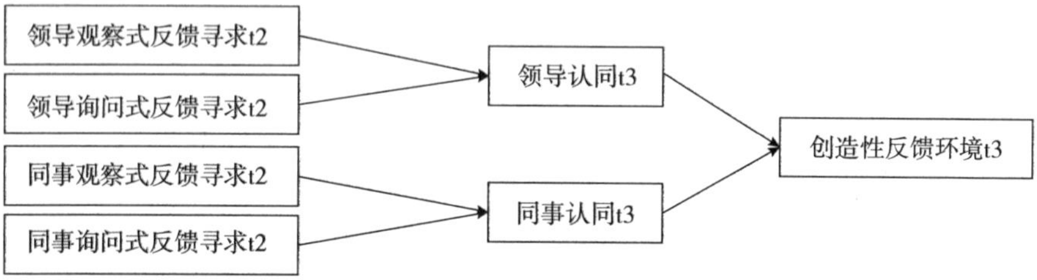

图 1-4 基于反馈寻求的创造性反馈环境形成机制的研究模型

探讨创造力对创造性反馈环境的影响。运用动态计算模型，通过对创造性反馈环境和创造力关系的建模、仿真，对模型结果在不同参考值下展现出创造性反馈环境、创造力的不同趋势特点，为指导管理实践提供参考。

1.3 研究方法

本书主要运用了质的研究与量的研究相结合、调查研究和文献研究相结合、多样化的统计检验技术和方法展开全面的分析与研究，下面将对这些研究手段做详细的论述：

（1）文献研究法。本书的文献研究主要包括对相关研究的背景、现状、进展及结果的汇总和综述，了解创造力的研究现状、反馈研究的困境及出路、反馈环境的超越性、创造性反馈环境对创造力的针对性，把握该领域的前沿动态，深入挖掘两者关系的理论基础，准确界定创造性反馈环境与创造力的概念，同时分析与探讨两者关系的可能情况，从分析以往研究的不足入手，把握需要研究的切入点如动态情感、反馈寻求和创造力对创造性反馈环境影响的回路研究，确定重要的中介与调节变量，形成研究的基本框架模型。

（2）扎根理论研究法。本书将创造性反馈环境作为一个新的理论构思，适于采用定性研究来描述和分析创造性反馈环境的结构内容、特征、影响因素以及影响过程，采取扎根理论研究法能够记录下不同的情境以展现整个反馈的过程（Egri & Herman，2000）。本书按照构建理论的需要进行理论性取样，通过半结构化深度访谈收集信息，通过开放式编码、选择性编码和理论性编码得出创造性反馈环境的多维度构思。

（3）问卷调查与统计检验相结合的实证研究法。由于本书涉及对变量间关系以及发展变化关系的分析与考究，在研究过程中，为了确保研究结果的科学性与合理性，应采取纵向研究和横向研究相结合的手段。创造性反馈环境的结构内容研究，预测数据来自山东、山西等 6 个省，有效样本 517 份，对其进行极端组检验、内部同质性检验、探索性因子分析。将分析后的问卷对 445 例样本施测，进行信度、效度检验和验证性因子分析和差异比较。动态情感机制的研究，对山东地区 7 家创新型企业员工进行施测，对 346 名样本在工作日内上班后的一个小时发放包含人口统计学变量、创造性反馈环境、情感的问卷；在对应的工作日当天下班前的一个小时发放情感问卷和创造力问卷（自评），共回收有效问卷 264 份。基于反馈寻求的创造性反馈环境的影响、形成机制研究，由于涉及的变量和题项较多，为了减轻被试的答题负担，研究从三时点进行数据收集，追踪数据的收集不仅要测量多次，而且必须针对相同的样本，追踪研究可以对变量之间的因果关系做出更合理的验证，因此这两个子研究以 315 名员工作为调研对象，采取现场发放、现场回收的方式完成本纵向研究，问卷调研共分三个阶段完成，按照前人相关研究的时间间隔（Gabriel，Frantz，Levy & Hilliard，2014），本书每个阶段之间间隔 3 个月，共回收有效问卷 235 份。

（4）动态计算模型研究法。在基于系统反馈控制理论，采取计算机仿真技术的方式针对处于系统内变化发展的动态行为实施定量研究，并借助动态计算模型研究创造性反馈环境和创造力关系适用性的基础上，界定基本结构和系统边界，构建系统的因果模型。基于对数据的现实性与可计算的考虑，对其实施合理的调节，从而绘制出流图。通过对前期实证研究的结果的考究可知模型主要涉及的方程及初始值，运用建模软件 Vensim 对模型实施有效性检验、系统边界检验以及参数灵敏度检验。通过调整相关参数，针对其处于不同情况内运行的仿真结果实施研究，以获取有助于提高员工创造力、改善创造性反馈环境提供的管理启示。

1.4 研究意义

1.4.1 理论意义

首先，探索了创造性反馈环境的结构内容，拓展了反馈环境的理论版图，推进了反馈和创造力研究的交叉。近十几年，国外对反馈环境的研究受到重视，却鲜有专门针对创造力的反馈环境的研究。与传统反馈环境追求产品、服务的数量、速度、时间相比，创造性反馈环境更加注重对员工创造力的鼓励、创造性目标的期待和耐心以及充足的时间。通过扎根理论方法形成了创造性反馈环境的多维构思，初步建构了创造性反馈环境的理论框架。开发的创造性反馈环境量表为推进创造性反馈环境的实证研究提供了重要的测量工具。通过对比不同类型企业创造性反馈环境和对创造力影响的不同，说明了反馈针对目标不同诱发结果的不同，再次验证了创造性反馈环境对创造力提高更有针对性。

其次，验证了创造性反馈环境影响创造力的动态情感机制，转换了情感机制的研究视角。以往关于反馈环境的影响机制中多探讨了动机机制和认知机制，关于情感机制研究者仅从反馈的某一维度探讨了引发何种情感进而影响行为结果的，只关注了静态情感的作用。由于在短期内个体的情感会出现波动，因此动态情感比静态情感的变化更贴近现实。而其中，动态情感也存在个体的情感冲突，它是对情感波动方式的重要反映。通过对动态情感展开深入的研究，可将个体员工在实际工作过程中的真实情感充分、生动、形象地展示出来。本书试图在创造性反馈环境对创造力的影响中找到积极情感和消极情感影响机制的平衡并给予动态的解释，并发现创造力是经历了消极情感阶段，且在之后抛却了消极情感而进入一个高度积极情感阶段的动态过程的结果。既在两者之间关系中找到了“黑箱”机制，又把动态情感变化的根源展现出来。

再次，基于反馈寻求的视角探讨了创造性反馈环境的影响和形成机制，将被动接受反馈转化为在创造性反馈环境给予反馈和个体主动寻求反馈的结合。根据集体互动理论，反馈过程中给予反馈、寻求反馈共同对创造力产生影响，反馈寻求不仅可以在塑造创造力的过程中弥补反馈真空的不足，组织中反馈的双向沟通共同促进了员工创造力的产生。在测量上，区分两种反馈寻求方式的不同影响因素和作用路径，突破以往研究没有区分或只强调询问式反馈寻求的局限，有助于解决在结论上的冲突，也更加真实地体现了在中国背景下可能更多采用观察式反馈寻求方式和对不同反馈源采取不同反馈形式的特点。对调节机制的研究更有助于帮助管理者找到如何发挥反馈寻求在创造性反馈环境对创造力影响的中介效果积极作用的最大化。

最后，将动态计算模型引入组织行为学研究中，综合运用控制论和系统论的知识，构建创造性反馈环境的动态计算模型。以往实证研究忽略了创造性反馈环境中反馈信息的给予、个体反馈信息的寻求和反馈的加工以及事后对反馈的再加工对员工创造力的动态影响，缺少对整合多个影响因素模型的构建和研究，少有研究通过仿真的方法从动态的角度系统研究该问题。本书以系统反馈控制理论为基础，以计算机仿真技术为主要手段，将影响创造性反馈环境和创造力的多种因素纳入一个系统中进行动态的分析，有利于解释反馈环和非递归的关系，通过因果关系动态模型和仿真，有利于从创造力和创造性反馈环境两者动态发展变化的因果关系以及在发展趋势中找到影响趋势变化的关键因素，更加真切地体现各个因素对整体的动态影响。

1.4.2 实践意义

通过对创造性反馈环境内容结构的研究，有助于管理者找到绩效考核中存在的问题，采取更有针对性的措施以塑造利于创造力产生的反馈环境，为管理者提高创造力提供新的思路。通过创造性反馈环境的前因研究，有助于管理者转换从外部出发的角度，鼓励员工向领导、同事寻求，增加对领导、同事的认同感，提高员工沟通的能力，营造促进上下级沟通的氛围。

通过动态情感在创造性反馈环境对员工创造力影响机制的分析，为管理者在情感帮助和激励、工作设置和具体安排等方面出谋划策。对于处在消极情感状态的员工，管理者可考虑采取向员工灌输有用的信息反馈的方式，使员工摆脱消极状态，并利用消极情感激发员工不断增强自身的创造力。员工的情感带有动态性特征，员工的情感处在波动状态时，管理人员应对员工的认知进行塑造与调整，引导员工直面问题，增加外部环境的支持感，扩大对情感波动积极性的感知，从而实现绩效最大化目标。而在员工设置和工作安排方面，针对对情感依赖程度较高的任务或者工作岗位，管理人员应尽可能地不向员工提出增加额外的情感管理的要求，从而保证员工的工作效率以及主观能动性不受到不良影响。

通过反馈寻求对创造力影响的反馈寻求动机因素研究，帮助管理层找到恰当发挥反馈寻求积极作用的路径，识别反馈寻求的利用条件，并意识到充分提高员工反馈寻求能力的重要性，帮助管理者更加有效地激励提升创造力。这些结论有利于管理者客观认识反馈寻求的效用，并对不同反馈寻求动机的个体进行更有针对性的管理措施，从而发挥反馈寻求的正面效应，规避或改善对创造力的不利影响。特别在工作环境日趋网络化、远程化与虚拟化的情况下，从反馈源获得需要的信息较以往要更少，研究也为管理层对个体反馈寻求能力、人际交往策略的培养与提高提供了决策依据。

2 文献综述

2.1 创造性绩效研究现状

在快速变化的商业环境中，企业要在市场竞争中处于领先地位，就需要不断地进行创新，而创造性绩效是促进企业创新、提高企业竞争力和获得竞争优势的主要源泉（Zhou & Shalley，2008），因此创造性绩效成为组织行为学研究领域不同于传统绩效的结果变量而被迅速关注，如何提高创造性绩效成为企业管理的内在需求。Amabile（1996）提出的成分理论为在组织中开展创造性绩效前因研究提供了理论基础，Woodman、Sawyer 和 Griffin（1993）提出的交互理论指出创造性绩效受到个人和情境因素的交互作用影响。随后，检验各种个人和情境因素对创造性绩效影响的实证研究逐渐增多。

尽管现有文献对创造性绩效的前因问题进行了大量的理论探讨和实证研究，但仍存在一些模糊和不足：①尽管创造性绩效大多被看作创新的第一阶段，更加关注新颖的、有用的想法或观点的产生（Grant & Berry，2011），而创新则关注想法和观点执行的结果（Hülsheger，Anderson & Salgado，2009），但研究者指出，创造性绩效内部还存在一个包含多个层次的连续体，而以往研究未细致区分该过程，混淆了影响创新想法产生的因素（Lingo & O'Mahony，2009）。②以往研究多关注个体层面的创造性绩效，忽视了对团体和组织创造性绩效的研究，导致研究结果的施用范围存在局限性。作为不同层面组织创新的形式，团体层面的创造性绩效能够影响整个企业的创新水平（Sue-Chan & Hempel，2016），企业层面的创造性绩效又能影响整个行业、地区乃至国家的创新。尽管创造性绩效是一个在不同层面既同源又同构的概念，但影响个体层面创造性绩效的因素如何影响团体和组织的创造性绩效却是一个需要解决的问题（Zhou & Shalley，2008）。③不同学者对个体和情境因素交互作用于创造性绩效的影响及内在机制存在差异。例如，外部支持性的环境激发内部动机，内部动机正向影响创造性绩效，这种影响在员工表现出更多的主动性动机时更强（Grant & Berry，2011）。也有研究表明，支持性的领导反馈环境能够促进外部动机向内部动机转化，提高个体的目标自我一致程度进而促进创造性绩效的提升，这种影响对于创造性人格的个体更强（Zhang，Gong，Zhang & Zhao，2017）。

针对上述问题，不同学者从不同角度出发，如概念的关注点、研究层面、研究视角等，为解决创造性绩效的前因问题提出不同的思路。本部分系统梳理了 2000 年以来创造性绩效理论和实证研究的新进展，从概念、测量出发，通过对研究的系统回顾和分析，挖掘研究的困境及其原因，并提出解决思路，指出未来的研究方向。通过总结与分析创造性绩效前因问题，研究得出的结论丰富了创造性绩效前因研究的思路，具有一定的理论意义：第一，从不同关注点、不同研究视角重新解构创造性绩效的形成过程；第二，从跨层次研究的角度，探索个体与情境因素如何交互作用于有助于提升组织竞争力的创造性绩效。从实践的角度看，研究结论能够指导企业有针对性地塑造特定情境、培养相关能力、筛选创新个体，从而实现对提高组织竞争力有益的创造性绩效的提升。

2.1.1 个体层面不同关注点下创造性绩效的概念和测量

组织中的创造性绩效（creative performance）研究源于心理学领域的创造性绩效（creativity）研究。为了更好地体现组织中创造性绩效的结果，很多学者以创造性绩效的概念代替创造性绩效（Sue-Chan & Hempel，2016；Zhang et al.，2017），以更加形象地突出创造性绩效在组织中的价值。

虽然大多研究者认为创造性绩效涉及产品的新颖性与有用性（Harrison & Rouse，2015），但在具体的创造性绩效概念中的关注点却存在很大差异，有的关注创造者，有的关注创造的方式、过程，有的关注创造的产品与环境（Liu，Wang，Ren & Liu，2017）。Amabile 将创造性绩效界定为在员工个体水平上产生的新颖的、切实可行的，对组织而言又具有价值的产品、过程、方法与思想。尽管该定义获得了很多学者的赞同，但在研究中何为创造性绩效经常被忽略或被赋予多个概念或在测量中只关注了其中的一些方面。例如，Plucker、Beghetto 和 Dow 对 90 篇关于创造性绩效文章的元分析指出，仅有 38%的文章给出了创造性绩效的概念，而其他文章则非常含糊地指出了该概念的争议（Jonathan，Ronald & Gayle，2004）。由于对创造性绩效概念的争议，对应的测量也存在很大差异（Jonathan et al.，2004；刘新梅、白杨和张蕊莉，2011）。一项关于创造性绩效的元分析指出，问卷调查所使用的工具最多的是 Zhou 和 Ceorge 开发的问卷，有 12%的研究应用了该问卷，有 8%的研究应用了 Oldham 和 Cummings 开发的问卷，6%的研究应用了 Tierney、Farmer 和 Graen 开发的问卷。在评价方式上，在个体创造性绩效的测量中有 24%的研究采用了自我评价的方式，团体层面的有 7%，跨层次的研究有 14%。在近 10 年评价方式有向他人评价方式转变的趋势，例如领导评价（Zhang et al.，2017）、同事评价（Alge，Ballinger，Tangirala & Oakley，2006）等。

Kaufmann 指出，目前创造性绩效的概念过于宽泛，应该划清创新源和创新结果，采取不同的测量方式并开发对应的测量工具。由于不同研究者关注点的不同，导致对创造性绩效概念和测量的差异，而且以往研究忽视了创造性绩效的可观察性和影响力。对于难以观察到的、影响力小的创造性绩效如果采用外部评价则会出现认知偏差，影响力大的创造性绩效难以在短时间内观测到（Alge et al.，2006）。因此就需要从更加微观之处将创造性绩效进行区分，不仅关注可观察到的、影响力大的创造性绩效，也要关注难以观察、影响力小的创造性绩效。Beghetto 和 Kaufman 的研究给出了更加细微的分类方式。他们认为创造性绩效的研究除了关注“大 C”（big-C，卓越的创造性绩效，能够对他人产生重大影响的罕见的创造性绩效）和“小 C”（little-C，日常的创造性绩效，适应变化的能力和日常的问题解决）外，还应该关注“迷你 C”（mini-C，包含个人知识和理解能力的创造过程）和“前 C”（pro-C，创造的技能，是通过努力而得到的在多个领域产生创造性绩效的技能，介于小 C 和大 C 之间）（Beghetto & Kaufman，2007）。

创造性绩效是作为一个由增量式调整到根本性突破的连续体而存在的。大多个体会先感知到自己的“迷你 C”，在这个知识和理解力培养过程中老师、家长起到了一定的激发作用。经过对创新的鼓励和反复试错，个体的“迷你 C”能够上升到“小 C”。个体能够在日常生活中觉知创造性绩效的过程中感到个体的激情。在接受专业教育和训练后，个体能够在某一方面获得“前 C”，尽管个体在某一方面只是达到“小 C”水平，但在另外一些专业领域可能已经达到“前 C”水平。在经历多年的磨砺之后，个体可能达到“大 C”水平或者难以达到该水平。其中，日常工作中的创造性绩效的概念不同于“小C”，而是涵盖了从“迷你C”到“小C”再到“前C”的多个水平的创造性绩效，这也从另外一个方面说明了几乎每个人都会有创造性绩效的产生，创造性绩效是作为一个连续体而存在的，但是这一点却又是在以往研究中所忽视的（Beghetto & Kaufman，2009）。相对于以往研究，创造性绩效的4C模型对测量、专业领域、动机机制、由精神疾病出发的形成机制均做了比较细致的探讨。从表2-1中可以看出，不同创造性绩效在上述方面有所差异，而以往研究没有进行区分，造成了研究结果的不一致。

表2-1 创造性绩效4C模型对应的相关问题

	迷你C	小C	前C	大C
测量方式	自评，基因分析	外部评价或双向评价	双向评价，奖励及荣誉	具有历史性的奖励和荣誉
专业领域或一般领域	均有	均有	大多为专业领域	专业领域
最佳动机	内部动机	内部动机	内外部动机	内外部动机
和精神疾病的关系	无	有，但很少	在一些领域会有	在一些领域会有
主要研究者	Mark Runco	Ruth Richards	Greg Feist	Dean Simonton

资料来源：Kaufman & Beghetto，2009。

从上述对创造性绩效的概念和测量的分析中可以看出，创造性绩效的概念和测量随研究者关注点的变化而不同。目前创造性绩效研究中大多关注日常工作中的创造性绩效，其实质上是从“迷你C”到“小C”再到“前C”的多个水平的创造性绩效的连续体。在这个连续体的不同发展阶段，由于概念、测量方式、影响因素不同，因此就需要在个体层面创造性绩效前因研究的过程中考虑更加复杂的因素以突出更为具体的创造性绩效之间在形成上的差异。

2.1.2 不同层面的创造性绩效的前因问题

从概念上看，无论作为过程还是结果，创造性绩效可以在多层次上进行定义和理论构建，且在不同分析层次上都是有意义的（Mar & Inés，

2017）。例如，作为结果的创造性绩效是个体、群体或者组织生产的新奇且有价值的产品或者服务，而作为过程的创造性绩效是造就创造性绩效的步骤或行动，创造性绩效过程同样在上述三个层次上实现。不同层次上的创造性绩效表现出既同构又同源的特性。一方面，创造性绩效的结构不会因跨层次改变，新方法的产生作为核心理念贯穿个体、团体和组织三个层次，为了完成工作，个体可以开发一个新产品或提出新想法，团体、组织也可以；另一方面，创造性绩效又是一个同源的概念，影响个体创造性绩效的因素也会对团体、组织的创造性绩效产生影响（Chen，Mathieu & Bliese，2004）。因此，研究者就不同层面创造性绩效的前因问题展开了研究。

关于影响创造性绩效的因素大多研究聚焦在个体自身因素和组织环境因素上。在研究方法上，2000 年以来研究者们开始采用交互作用、跨水平和纵向研究的方法，使创造性绩效影响因素的研究取得新进展。

2.1.2.1 个体自身因素

（1）人格特质。一些研究探讨了大五人格因素和创造性绩效的关系，研究表明大五人格因素与环境因素交互影响创造性绩效。例如，Raja 和 Johns（2010）检验了大五人格的各个维度与工作特征（包含能力多样性、工作一致性、自主性和反馈等）的交互作用，研究表明，在整体工作特征高时，神经质和外倾性与创造性绩效负相关，无论整体工作范围高还是低，开放性与创造性绩效正相关，尽责性和随和性与创造性绩效无关。研究者也指出，人格特质对创造性绩效的作用是受情境因素影响的，应该研究单一特质在一定情境下的创造性绩效如何（Gong，Cheung，Wang & Huang，2012；Madjar，Oldham & Pratt，2002）。

（2）动机、情感、认知。关于动机，多数对创造性绩效的研究都建立在内部动机的框架内（Amabile，1996）。内部动机正向影响创造性绩效，这种影响在员工表现出更多的主动性动机时更强（Grant & Berry，2011）。较早的创造性成分理论认为所有的外部动机都是破坏内部动机的，但该理论近年来得到了修正，认为外部奖励在一定情况下可能不会削弱，还有可能会加强内部动机和创造性绩效（Amabile & Mueller，2002）。所以，有研究将内部动机和外部动机相结合，研究目标自我一致与创造性绩效的关系，研究发现，反馈环境通过提高员工的目标自我一致水平进一步提高创造性绩效，其中工作自主性从中起到调节作用，具体来说，较低工作自主而言，高工作自主情境下，领导、同事反馈环境通过目标自我一致对创造性绩效的影响的中介作用较强（Davidson & Stobbeleir，2011）。

很多研究关注情感对创造性绩效的影响（Amabile et al.，2005；George & Zhou，2002），但未能得到一致性的结果。Amabile 等（2005）的研究认为，积极情感促进创造性绩效的产生，George 和 Zhou（2002）研究发现消极情感也能够正向影响创造性绩效。Fong（2006）研究发现积极情感和消极情感与创造性无关，情感矛盾（个体同时感知到积极情感和消极情感的一种混合情感体验）能够促进创造性绩效的提升，而 George 和 Zhou（2007）研究发现当员工积极情感和消极情感都很高时，在领导能够塑造支持性的环境如提供发展性反馈、建立信任或人际公平的时候员工也能提高创造性绩效。可见，关于情感大多研究只关注了静态情感，却忽视了情感是动态变化的，这种动态变化会引起认知焦点的转变并影响创造性绩效，这也是应该着重研究的方向（Baas，De Dreu & Nijstad，2008）。

在认知方面，Kaufman 和 Baer（2002）研究认为创造性绩效的认知机制是特定领域的，而非一般智力因素。Miller（2007）研究发现，场独立性和创造性绩效正相关。James 和 Asmus（2001）研究发现个性和认知能力能够很好地预测创造性绩效。一些研究也开始探讨人格特征或认知风格与情境因素之间的交互作用对创造性绩效的影响，但结果还不明确（Shalley，Zhou & Oldham，2004）。

2.1.2.2 组织环境因素

（1）工作特征。研究发现，工作复杂性（工作特点——能力的多样性、任务清晰性、自主性和反馈等）是对创造性绩效影响的关键因素（Shalley et al.，2009；Tierney & Farmer，2004）。工作的程序化并非工作复杂性的对立面（Ohly，Sonnentag & Pluntke，2006），Ohly 等（2006）发现工作的程序化也有利于创造性绩效的提升。Alge 等（2006）研究了授权和创造性绩效的关系，研究发现，个体的心理授权能够增加创造性绩效。

（2）工作目标、时间压力和奖励。研究发现，工作中创造性绩效的目标要求正向影响创造性绩效（Shalley & Zhou，2008；Unsworth & Clegg，2010）。一些研究检验了时间压力与创造性绩效的影响，但结论却不一致。例如 Ohly 和 Fritz（2010）研究发现，时间压力对创造性绩效产生正向影响，而 Baer 和 Oldham（2006）在对创新的支持和经验开放性高时，创新时间压力与创造性绩效呈倒U形。关于奖励，Zhou和Shalley（2003）认为这是一个在创造性绩效研究中非常重要却又未解决的问题，近些年很多研究者正尝试厘清两者的复杂关系（Baer，Oldham & Cummings，2003；George & Zhou，2002；Zhou & George，2003）。例如，Baer等（2003）研究表明，员工属于创新认知类型且工作在低复杂的任务下，奖励对创造性绩效产生积极影响。

（3）自主支持。Liu、Chen和Yao（2011）用个体、团体、组织3层的数据检验了基于不同层次自主导向的自主性支持对个体创造性绩效的影响，研究表明和谐的工作激情在团队自主支持、团队成员自主导向对成员创造性绩效的影响中起完全中介作用。领导是影响创造性绩效的核心变量（Tierney，2008），研究表明领导支持（Madjar et al.，2002）、领导授权行为（Zhang & Bartol，2010）、领导发展性反馈和非紧密监管（Zhou，2003）、领导仁爱行为（Wang & Cheng，2010）对创造性绩效产生积极影响。一项研究（Amabile，Schatzel，Moneta & Kramer，2004）表明，领导者为提高创造性绩效应该给予员工三个方面的支持：创意支持、工作支持和社会支持。由于同事具有可接近性，一些研究检验了同事行为对创造性绩效的影响（Hirst et al.，2009；Madjar et al.，2002；Zhou，2003）。Madjar等（2002）研究表明，同事支持有利于员工的创造性绩效，也有研究认为同事关心对员工创造性绩效没有影响（Van Dyne，Jehn & Cummings，2002）。Zhou（2003）研究表明，创造性的同事和领导发展性反馈共同影响员工的创造性绩效。

（4）创新氛围。组织创新氛围是员工对其创新能力培养、发展产生影响的组织层的心理认知及体验，是组织创新支持、创新导向的一致性的解释，创新氛围在个体和组织创新之间起着重要的连接功能，研究表明组织创新气氛作为环境因素对组织创新也具有显著的影响作用（Hunter，Bedell & Mumford，2005），也有研究认为个体变量如工作满意度、员工的情绪状态可能有调节组织氛围的作用（Runco，2007）。Hirst、Van Knippenberg、Chen和Sacramento（2011）研究发现在高学习行为的团队中，学习导向对创造性绩效的影响更强。一些研究探讨了变革型领导和领导—成员交换理论（Leader-Member Exchange，LMX）对个体创造性绩效的影响。

（5）反馈。研究者认为，有四个关键因素激发了接收反馈的员工的创造性绩效：一是反馈可以激发接收者的内在动机；二是反馈可以影响员工的情感；三是反馈可以向员工澄清创造性绩效产出的标准；四是反馈可以促进接收者对创造性绩效相关技巧和策略的掌握（Zhou & Shalley，2008）。按照效价、对象、方式，研究者将反馈区分为积极反馈和消极反馈、任务反馈和能力反馈、信息性反馈和控制性反馈，并对比分析反馈对绩效的影响。研究表明，积极反馈会促进创造性绩效，消极反馈会阻碍创造性绩效（Zhou，1998）；任务反馈能维持或加强个体内在动机，而能力反馈会削弱内在动机进而降低创造性绩效（Amabile，1996）；信息性反馈具有信息性和支持的特点，也会激发员工的创造性绩效，而控制性反馈给予接收者外在的压力，会抑制创造性绩效的产生（Zhou & Shalley，2008）。但也有研究者发现反馈与创造性绩效的关系并非简单的某一维度单独影响的效应，孤立地对比分析反馈对绩效的影响会导致无法得出一致的结果（Davidson & De Stobbeleir，2011）。例如，DeNisi 和 Kluger（2010）发现不准确的积极反馈反而会误导反馈接收者，增加工作失误进而降低创造性绩效，当消极反馈以信息性而非控制性的方式传达（Podsakoff & Farh，1989；Zhou，Shin，Brass，Choi & Zhang，2009）、反馈源的可信性高时（Cusella，1982；London，2003）反而有助于提高创造性绩效，一项元分析发现 38%以上的反馈对创造性绩效提升有负效应（Kluger & DeNisi，1996）。

对于团体层面的创造性绩效，研究者从团队规模、团队多样性、团队成员变化等方面进行了研究。一是团队规模。研究认为，团队规模与团队成员完成工作的多样化技能正相关，团队规模越大，新的观点越多（De Rosa，Smith & Hantula，2007），但也有研究者指出，规模太大会使个体产生社会堕化，阻碍创造性绩效的产生。二是团队多样性。研究表明，团队成员多样性与创造性绩效正相关，但也有研究发现，团队成员多样性与团队创造性绩效呈显著负相关关系。Bell 等（2011）认为之所以出现矛盾的结果，是因为以往研究忽视了团队多样性可以分为浅层多样性和深层多样性。Hülsheger 等（2009）在区分了团队浅层多样性和深层多样性后通过元分析发现，浅层多样性与创造性绩效之间存在负相关，深层多样性与团队创造性绩效存在微弱正相关。三是团队成员变化。Hirst 等（2009）的研究发现，团队成员的变化与团队创造性绩效的关系受团队成员工作时间的调节，具体来说，成员变化对于成员比较稳定的团队呈负向影响，而对工作时间较短的团队则呈微弱正向影响。

对于组织层面的创造性绩效，研究者发现，组织创新氛围是员工对其创新能力培养、发展产生影响的组织层的心理认知及体验，是组织创新支持、创新导向的一致性的解释，创新氛围在个体和组织创新之间起着重要的中介作用。组织结构是组织中各工作部门之间的分工协作、联合运作方式，研究表明，集权的、僵化的、官僚主义的组织结构及部门间缺乏协调对组织的创造性绩效产生负向影响（Hunter，Bedell & Mumford，2005）。

上述不同层面的因素可以作用于不同层面的创造性绩效，但作用于某一层面创造性绩效的因素对于其他层面创造性绩效的影响方向和影响机制是否相同还有待检验。例如，Hülsheger 等（2009）通过元分析发现，团队规模对创造性绩效的正向影响只在团体水平有效，对个体而言，规模越大越要耗费精力维持团队互动。

2.1.3 新研究视角下影响创造性绩效的因素

Amabile（1988）的成分理论和 Woodman 等（1993）的交互作用理论是创造性绩效研究的两个主要理论模型。由于上述两个理论将个体视为孤立的，忽视了个体创造性绩效产生的过程是在人与人互动的过程中产生，且对于创造性绩效这种带有很大冒险性的行为结果而言，文化差异又会带来不同的结果（白杨和刘新梅，2013）。近年来，很多学者为解决上述问题从不同的视角展开了研究，为拓展成分理论和交互作用理论的应用范围、增加理论的实用性和多方位探究创造性绩效的前因问题起到积极作用。

（1）互动视角。Hargadon 和 Bechky（2006）将创造性绩效的研究视角从个体内转向个体间，将重点从个体内部转变为个体间互动来探讨如何创造性解决问题。通过对专业服务公司员工的调查研究，通过观察、访问、非正式谈话和档案数据，从成员间互动的视角，确定了四种对创造性绩效产生影响的相互联系的社会互动：寻求帮助、给予帮助、行为改变和强化。高寻求的团队能够通过成员之间互相帮助导致创新行为的改变，而建立与帮助和改变基础上的循环会在动态上对成员创新进行持续影响，进而表现出高创造性绩效，团队内部信息的交流能够更好地促进创造性绩效的提升。员工很难掌握创造性绩效产生的全部知识、能力、技能，也很难识别自己已有知识经验中有创造性的地方，而通过分享信息、寻求信息达到行为的改变，既能促进创造性绩效的产生，又能提高创造所需要的能力。该理论将创造性绩效的管理和研究的视角从识别和管理个体创造性绩效到理解社会因素并发展交互作用的途径来作用于创造性绩效转变，从关注恒定的情境变量转向不断变化的情境变量，从交互与动态的角度为创造性绩效的理论做出贡献。

（2）社会视角。Perry-Smith 和 Shalley（2011）从社会视角关注创造性绩效的发展，并强调他人对于创造性观点产生的重要作用。采用社会网络理论，描述了个体从网络边缘向网络中心的迁移进程，发现弱关系比强关系更有利于创造性绩效。具有很多网络外部关系的边缘位置可能与更具创造性的见解和更具开创性的进展有关，然而一旦获得高水平的创造性绩效，边缘个体会开始向中心位置逐渐迁移。这种中心性所附带的异质性的知识与信息资源有助于个体迸发出新的想法，形成更多的创造性见解。这种不断增加中心性和创造性绩效的互惠且螺旋上升的过程会一直持续，直到到达一个低回报点。在该点上个体可能过于固守或沉浸于现状，而限制了他们的创造性绩效，除非他们依然维持其社会范围之外的关系。

（3）文化视角。创造性绩效的产生机制在不同文化中的不同对于管理措施的应用、国际商业经济发展有非常重要的影响，在理论和实证研究中都关注到探讨不同文化间创造性绩效的差异，特别是东西方差异的重要性。在个体层面，关注了工作和社会情境在个体价值观（个人主义还是集体主义，权利距离，避免不确定性）对创造性绩效影响的调节作用。在团体层面，研究发现不同文化中团队内部动机的控制对团队创造性绩效的影响不同，在东方文化下，家长式作风增加了团队内部动机和创造性绩效，而在西方文化下，会减少团队内部动机进而减少创造性绩效。关于创造性绩效的循环模型展示了多元文化对组织创造性绩效的影响关系（Zhou & Shalley，2008）。

以往研究对创造性绩效的概念、测量和形成机制等进行了探讨，这对于洞悉和把握创造性绩效具有十分重要的作用，但是现有研究也不可避免地存在一些不足，有待未来研究予以完善，具体分析如下：

（1）创造性绩效的概念、测量及研究对象需要细化。创造性绩效是作为一个由增量式调整到根本性突破的连续体而存在的，尽管大多学者获得公认的概念具有很强的囊括性，却忽视了其中的难以觉察和/或影响力小的创造性绩效，而这些研究者定义为“小 C”和“迷你 C”水平的是形成创造性绩效的初级阶段。如何给予更加细微、准确的定义，并开发相对的测量工具是未来研究亟待解决的问题。同时，以往研究的对象多聚焦于从事兼职的大学生或工业企业特别是研发人员。事实上，现代组织中从事创新工作的人员并非局限于此，对于农业科技研发、创意服务业等领域也需要创造性绩效；在企业内部创新工作也不局限于研发部，销售、广告、人事同样需要创新工作（Beghetto & Kaufman，2007）。但以往研究对不同行业、部门的创造性绩效缺乏有针对性的关注，忽视对不同研究对象工作内容的区分，使研究结论缺乏推广性。

（2）加强影响创造性绩效因素的跨层次分析。从现有文献可以看出，创造性绩效的研究非常明显地关注了个体层面的前因变量，由于多层次分析收集数据本身难度较大，且创造性绩效研究领域缺乏多层次研究的理论，使研究存在两方面的问题，这也成为未来多层次分析的主要目标。一方面，不同层次的前因变量如何共同影响创造性绩效。在上述讨论的影响创造性绩效的前因变量中，个体差异是个体层次的因素，而一些情境变量可以是个体层次的，也可以同时看作个体层次和更高层次的分析。但在现有文献中，个体的因素如何影响团队和组织层面的创造性绩效以及高层次因素如何影响个体的创造性绩效还不清楚，这种影响会不会因为创造性绩效过程所处的阶段而有变化也未可知。未来研究需要检验个体层和更高层次情境变量，以及个体层个体差异是如何共同交互作用于创造性绩效的。另一方面，相同的预测变量是否以同样的方式影响不同层次的创造性绩效。目前少有的几项研究为未来跨层次研究提供了好的范例。Liu、Chen 和 Yao 用个体、团体、组织三层的数据检验了基于不同层次自主导向的自主性支持对个体创造性绩效的影响，研究表明和谐的工作激情在团队自主支持、团队成员自主导向对成员创造性绩效的影响中起完全中介作用（Liu，Chen & Yao，2011）。未来研究可以进一步在个体、团队、组织层面识别关键因素，并研究它们对三个层次的创造性绩效的影响。

（3）扩展对影响创造性绩效争议的重要领域的研究。第一，关于积极还是消极情感对创造性绩效的影响问题，既有的研究结果存在很大分歧。分歧的原因在于以往研究仅关注了静态情感，而忽视了情感变化的影响。任何影响认知变动、增加变异的因素都有可能会促进创造性绩效，而情感就是产生变异的源头之一。情感的变动包含了丰富的信息加工与个体认知，从而会导致个体表现出不同的行为。不同情境下的复杂情感和动态情感反映了个体在日常生活工作中的真实状态，从这个视角开展在不同背景下如何提升个体的创造性绩效对组织来说至关重要（Bledow et al.，2013）。第二，反馈有利于员工理解创造性绩效的标准、学习创造的技能和方法、激发员工创造的动机，为了准确揭示与创造性绩效之间的关系，未来研究应该从整合的视角把反馈当作多维结构予以考察，继续探索反馈如何影响以后的创造性绩效以及不同创造性绩效阶段给予各种反馈的结果（Zhang et al.，2017）。第三，奖励是促进还是制约创造性绩效不是新问题。以往关于奖励作用的大部分研究均在行为实验室中进行，这是不同于工作场所的环境，影响着奖励和创造性绩效之间的关系。而在实际工作中，员工工作并对组织做出贡献，换得金钱报酬，期望和规范的作用可能对其中的结果产生影响。未来研究应该在实验室和工作场所中以更多的研究来阐明奖励对员工创造性绩效的作用。

（4）注重文化差异在创造性绩效研究中的作用。目前，大部分关于创造性绩效的前因研究是在美国或欧洲进行的，在东方国家的研究相对较少，需要以国际化的视角来加强文化差异在创造性绩效研究中的作用。不同文化和国家的工作场所创造性绩效的前因变量的作用机制是不同的。社会情境文化模型指出，由领导、同事、社会关系网组成的社会情境对个体、团体、组织创造性绩效的影响受到社会文化（集体主义、一致性、保守）的调节作用。未来在非西方国家开展创造性绩效的研究和东西方对比研究也是一个重要方向（Anderson，Potocnik & Zhou，2014）。

（5）探索如何提高能够产生积极效用的创造性绩效的路径。以往对创造性绩效的研究前提都是基于一个假设——创造性绩效能够显著提高绩效、促进团队工作的有效性，并对组织变革和成功产生积极影响。但也有学者关注到了创造性绩效并非总是有积极作用的。创造性绩效隐含着产生冲突的风险，当创造性个体面对安于现状的上级和同事的阻碍时，会带来情感上的受挫、冲突加剧和工作关系恶化。Gino 和 Ariely 认为，有卓越创造性绩效的个体在为任务寻求题解时，个体可能会采用非道德的手段（Zhou & Shalley，2008）。关于创造性绩效黑暗面的研究动摇了对创造性绩效积极效应不加鉴别的假设，有助于我们理解工作场所中“多面”的创造性绩效现象。未来的研究应该构造创造性绩效的积极以及消极面的模型，以展示一体化的模型概述这些相互关系，包括创造性绩效的来源、过程以及结果。负面结果的创造性绩效过程和创造性绩效结果是否有不同的前因？过程和结果本身是否存在差异进而影响了结果的有益与否？在什么情况下，创造性绩效对个体、团体和组织是有利的或有害的？如果创造性绩效对组织有益而对个体或组织中其他个体有害，这种绩效是应该被执行还是应该被放弃？管理者如何在激励创造性绩效的同时最大限度地避免出现“阴暗面”的困境？这些都是值得讨论的问题。

综合以上因素，由于较创造性人格和思维而言，创造性环境因素更容易在管理实践中得到干预，在短时间内产生可觉察的效果，影响创造性绩效的组织环境因素已经成为当今组织创造性绩效研究领域中的热点。关于组织环境驱动员工创造性绩效，已有研究探讨了自主支持水平、目标设定、奖励和反馈等的作用，研究结果表明：反馈是组织中常用的激励策略和行为矫正工具（Ilgen, Fisher & Taylor, 1979），是典型的外部干预，反馈能够帮助员工增强对创造性标准的理解，提高创造性的技巧，提高积极情绪，激发追求创造性的内部动机，进而影响创造性绩效（Zhou & George, 2001）。但一项元分析指出，反馈对创造性绩效提升还存在效果不佳的问题，需要在未来研究中深入分析反馈研究的困境并提出解决办法，以深入探讨影响创造性绩效的机制。

2.2 反馈研究的困境与出路

反馈是反馈源根据反馈接收者的言语、行为等表现，所做出的信息确认和回馈反应（格里芬、唐宁玉和摩海德，2010）。关于有效反馈的特点，研究者按照二分法的原则把反馈按照效价、方式、对象和频率对反馈进行区分，区分对比不同类型反馈的影响，将反馈理解为简单的从反馈源到接收者信息传递的过程，忽视了反馈过程的复杂性（Mulder et al., 2013），导致无法得出一致结论的困境。

（1）积极反馈还是消极反馈？根据效价可以将反馈区分为积极反馈和消极反馈。尽管大多研究发现积极反馈有助于提高工作绩效，包括创造性绩效（Martocchio & Webster, 1992），但 DeNisi 和 Kluger（2010）却发现，不准确的积极反馈反而会误导反馈接收者，增加工作失误进而降低工作绩效。消极反馈会阻碍个体的绩效（Steelman & Rutkowski，2004），但当消极反馈以信息性而非控制性的方式传达（Podsakoff & Farh，1989；Zhou et al.，2009）、反馈源的可信性高时（Cusella，1982；London，2003）反而有助于提高个体的绩效。

（2）信息性反馈还是控制性反馈？根据传递的方式可将反馈区分为信息性反馈和控制性反馈。一些研究表明，信息性反馈能促进创造力的提升，而控制性反馈会阻碍工作绩效提升（Pittman，Davey，Alafat，Wetherill & Kramer，1980；Zhou，1998）。但 Zhou（1998）的研究也表明信息性反馈在结合消极反馈时，由消极反馈引起的感知胜任力下降可能削弱由信息性反馈方式所带来的感知自主性，进而降低创造力；控制性信息在结合积极反馈时，由积极反馈引起的感知胜任力提升可能削弱控制性反馈方式所带来的感知非自主性，进而提高创造力。还有研究表明，在实践中很难区分控制性反馈和信息性反馈，两者对绩效产生交互作用（Harrison & Rouse，2015）。

（3）能力反馈还是任务反馈？根据针对的对象可将反馈区分为能力反馈和任务反馈。有研究者发现能力反馈阻碍绩效提升，而任务反馈能将关注点放在具体任务上，会促进创造力提升（Amabile et al.，2004）。但也有研究发现，反馈的可利用性强（Dahling et al.，2015；Ling，Abdullah & Ismail，2015）和对反馈寻求的支持能够促进个体心理需求的满足（Anseel，Lievens & Levy，2007），在此情况下使用能力反馈能够促进创造力，相反的情况下使用能力反馈则会降低创造力（London，2003）。

（4）频繁反馈还是不频繁反馈？早期关于反馈的文献认为，反馈越频繁绩效就越高（Salmoni，Schmidt & Walter，1984），但也有研究证明反馈的频次负面影响任务绩效（Chhokar & Wallin，1984）。近期的一项发现表明，反馈频次和任务绩效的关系呈倒 U 形（Lam，DeRue，Karam & Hollenbeck，2011）。Andiola（2014）发现在反馈接收者需要反馈的时候及时给予高质量的反馈对提升个体胜任力、外部控制感进一步提高绩效发挥正向作用。

反馈与绩效关系的研究中之所以会出现分歧，主要原因在于大多研究假设“好的”反馈就会有“好的”结果，但至于什么是“好的”反馈还比较模糊（Mulder et al.，2013）。尽管受直观思维的影响，反馈研究在一定程度上遇到瓶颈，但随着研究的增加，研究者（Bossche，Segers & Jansen，

2010；Longenecker & Nykodym，1996）也提出了反馈研究应该考虑的三个关键点：一是反馈自身是一个中性的概念（Latham & Locke，1991），反馈自身不能作为行为结果的前因变量（Bossche et al.，2010；Denisi & Klugger，2010），它与反馈源、反馈准确性等交织在一起对反馈结果共同产生作用；二是反馈的有用性是反馈发生作用的核心维度，给予个体中肯、准确、及时并容易理解的反馈能够使反馈更具有用性，这能使个体将注意力集中在目标达成上，进而产生行为改变（Bossche et al.，2010）；三是反馈过程是反馈源和反馈接收者的双向沟通（王永丽和时勘，2003），构建有助于双向交流的环境更加有利于反馈积极效用的发挥（Chen，Mathieu & Bliese，2004；Longenecker & Nykodym，1996）。

综上所述，反馈研究的出路在于放弃研究反馈行为本身，挖掘能够影响反馈行为有效性的反馈准确性、反馈源可信性、反馈可获性等因素的多维度结构集合而成的概念，以更直接地体现包含反馈接收者对反馈有用性建构和鼓励反馈寻求的环境。因此，研究者提出了一个超越反馈的新概念——反馈环境。

2.3 反馈环境的研究现状

2.3.1 反馈环境的概念与超越性

经典的反馈环境概念和反馈环境量表由 Steelman 等（2004）提出。反馈环境是指“日常工作环境中领导与员工、同事与同事之间的反馈情境，而不是组织定期的正式的绩效反馈行为”。反馈环境包括反馈源的可信性、反馈质量、反馈方式、积极反馈的准确性、消极反馈的准确性、反馈源的可利用性和对反馈寻求的支持七个方面内容（Steelman et al.，2004）。

（1）反馈源的可信性。反馈源的可信性是指个体感受到反馈源的专业性和可信度（Steelman et al.，2004）。反馈源的专业性包括反馈提高工作绩效所需知识和准确评价员工绩效的能力。可信度体现了个体相信反馈源提供有效绩效评价信息的程度（Steelman et al.，2004）。相比员工感觉反馈源没有能力评价自身工作行为的情况，当员工感知到反馈源有能力去评价行为并提供可信的反馈的时候，反馈对行为的影响力较大（Makiney & Levy，1998）。

（2）反馈质量。反馈质量是指个体感知到反馈的有用性和跨时间的一致性（Brian & Paul，2012）。一致性和有用性是评价反馈质量高低的重要方面（Linderbaum & Levy，2010）。高质量的反馈具有跨时间的一致性，而且是准确的，而低质量的反馈则会随着反馈源的心情、反馈目标的喜好或观察时机的变化而变化（London，2003）。

（3）反馈方式。反馈方式是指反馈给予的方式的得体性和关心性（Steelman et al.，2004）。当反馈以得体的方式给予时，员工能感到被欣赏和支持，进而能够促进创造力的提升（Jennifer & Sabine，2008）。反馈源能够在反馈的方式上关注员工在接收反馈时的感受，能够让员工知道他们出色地完成了工作（Steelman et al.，2004），从而帮助员工更加关注工作目标，更加确信工作的价值和自己努力的有效性（Zhou & George，2001）。

（4）积极反馈的准确性。积极反馈的准确性是指感受到的积极反馈的准确性，例如在自己看来工作表现出色的时候收到了领导或同事的赞许（Steelman et al.，2004）。反馈是否发生作用不仅取决于效价上的积极还是消极，还取决于其准确性。准确的积极反馈能够为员工提供达成目标的相关策略信息，培养对工作的内在兴趣，促使员工专注于工作本身（Zhou & Shalley，2008）。

（5）消极反馈的准确性。消极反馈的准确性是指感受到消极反馈的准确性，例如在自己看来工作表现不好的时候受到了领导或同事的批评或不满（Steelman et al.，2004）。准确的消极情感虽然可能诱发即时消极情感，但当个体意识到消极反馈的准确性时，消极情感会得到反转，而积极情感也会随之增加，此时随着消极情感的减少，个体的认知范围会逐渐被拓宽，进而会产生一些探索性的想法和行为，有利于创造力的发挥（London，2014）。

（6）反馈源的可利用性。领导或同事信息资源的可利用性是指员工感知到与领导或同事交流并获取反馈的难易度（Steelman et al.，2004）。以往研究多关注了正式的绩效反馈，而通常正式的绩效评价一般每年进行一次（Meyer，1991），仅靠正式反馈难以达到绩效目标。为了达到全年目标，个体会注重在每天的工作交流中寻找有用的信息，也即非正式评价（Ashford & Cummings，1983），因此日常工作中反馈源的可利用性就尤为重要。

（7）对反馈寻求的支持。在反馈的研究领域，Ashford 和 Cummings（1983）提出的反馈寻求的概念由于强调了个体的主动性而备受关注。领导和同事在反馈环境中对反馈寻求的支持，不仅能够解决由于外部反馈信息不足或没有意义带来的“反馈真空”问题，而且能够体现外部的支持性（Anseel et al., 2007）。

在组织中，支持性的反馈环境是能够提供可信的、高质量的、准确的、有用的反馈信息，并以得体的方式给予反馈，同时鼓励员工的反馈寻求行为的反馈环境（Whitaker & Levy, 2012），这种反馈环境能使员工按照组织要求明晰自我绩效标准，表现出更少的不确定性和模糊性（Peng & Chiu, 2010）。

反馈环境超越反馈行为本身，不关注反馈行为本身是什么的问题，突出影响反馈行为效果的其他与行为本身相关的周边因素，强调了反馈有用性这个反馈发生作用的核心。具体来说，其超越性体现在以下四个方面：

一是从组织情境角度强调反馈源、反馈信息、反馈接收者对反馈结果共同产生作用。以往预设二元对立关系，采取二分法强调其中一个方面具有本质优先的属性的研究范式导致理论与现实脱节（黎民，2005），而反馈环境超越反馈之处在于强调了反馈的多维复杂性，既从反馈源角度强调其可信性和反馈方式在其中的作用，又从反馈信息角度强调反馈质量、可利用性和准确性的作用，还从反馈接收者角度强调对反馈源、反馈信息的觉知和鼓励反馈寻求的氛围的作用（Peng & Chiu, 2010; Steelman et al., 2004），是个体获得有效信息的集合体（Peng & Chiu, 2010）。

二是超越以往二分法研究从不同角度体现反馈的有用性这一反馈发生作用的核心维度。

较积极反馈和消极反馈而言，对积极反馈和消极反馈的准确性的判断能够影响个体对反馈的认同和有用性的判断，进而影响行为改变（Belschak & Hartog, 2009）。反馈环境中积极反馈和消极反馈的准确性不仅是反馈接收者对反馈是否喜欢，而且考虑了反馈准确反映其绩效的程度，当个体意识到其准确性时，更会感知到反馈的意义和价值，增加内部动机，拓展认知的范围，较积极和消极反馈自身而言对行为结果的影响更大（Steelman & Rutkowski, 2004）。

较能力和任务反馈而言，反馈质量和反馈源的可信性更有助于反馈接收者接受反馈，明晰自身和工作标准的差距（Madjar & Ortiz - Walters, 2008）。高质量的反馈能够给予目标达成的有用的信息（Steelman et al.,

2004），且具有跨时间的一致性，使员工明晰绩效标准，表现出更少的不确定性和模糊性（Peng & Chiu，2010）。研究表明，反馈质量能够正向影响反馈接收者对反馈有用性的感知，进而促进绩效的提升和组织公民行为的提高（Brian & Paul，2012）。反馈源的可信性越高，越能够给予专业的反馈、提高员工精细化的认知水平、加深员工对工作任务的理解，并达成工作目标（Zhou & Shalley，2008）。

较信息性和控制性反馈而言，反馈方式是否表现出关心是一个促进反馈接收者接受反馈的重要因素（Dahling & O' Malley，2011）。研究表明，对反馈源提供反馈意图的觉知会影响反馈接收者的反应，提供反馈时反馈源越表现出关心，反馈接收者越倾向于接受反馈并产生行为反应（Ling et al.，2015）。

较频繁和非频繁反馈而言，反馈源的可利用性能够在个体需要的时候满足自我提升和目标达成的需要（Ling et al.，2015）。研究表明，反馈的频繁性并非影响应用反馈的关键点，只有在反馈接收者需要的时候能够提供反馈，反馈接收者的心理需要才能得到满足，从而表现出积极的行为结果（Andiola，2014）。

三是构建支持反馈寻求的反馈环境能够增强反馈信息的双向交流。个体在反馈过程中并非被动接受，个体反馈寻求能够弥补仅考虑由外而内的反馈带来的"反馈真空"的问题（Ashford，Blatt & Vandewalle，2003）。个体经常表现出渴望得到反馈的愿望，但是由于自我保护和其他原因，他们经常不会额外地寻求反馈（Anseel et al.，2007）。Williams 等（1999）指出，影响个体反馈寻求的一个重要因素是对反馈寻求的支持，这种支持代表了鼓励个体反馈寻求和个体寻求反馈感到的舒适度。反馈环境恰恰体现了鼓励双向沟通的情境。

四是强调非正式反馈的作用。以往研究多关注了正式反馈的作用，但正式反馈不可避免地有反馈频率和时间上的限制。在管理实践中，反馈也可以发生在非正式情境之中，个体在日常工作交流中获取有用的信息能更加及时地影响个体对标准的判断，进而影响行为结果（London，2014）。Connell 和 Nolan（2004）的研究发现，非正式反馈较正式反馈而言更有利于保持绩效评价的有效性，领导和员工持续的交流能够营造诱发工作动机的环境，弥补正式反馈不及时的不足。Steelman 等（2004）提出的反馈环境概念强调了非正式反馈的作用，解决了由于延时带来的个体对反馈重要性认识下降的问题（Sheldon & Niemiec，2006）。

综合以上分析，反馈环境在反馈行为之外寻找解决反馈难以解决的绩效提升效果不一致的问题，能够超越反馈而得到与行为结果较一致的结论，为管理实践提供有力的支撑（Ashford & Northcraft，2004；Whitaker，Dahling & Levy，2007）。

2.3.2 反馈环境的形成机制

由于个体所得到的反馈主要来源于组织、任务、领导、同事和个体自身（Andrews & Kacmar，2001），因此关于反馈环境的形成机制研究多基于反馈源的角度来考察。

（1）组织因素。研究者从反馈文化、组织氛围、组织学习文化等方面探讨了反馈环境的形成过程，认为上述因素主要通过领导与员工、员工与员工之间关系的改善和对反馈的认同以改善反馈环境（Mulder et al.，2013）。研究表明，组织学习文化对反馈环境优化有重要作用（Bragger，Kutcher，Menier，Sessa & Sumner，2013；Dahling & O'Malley，2011；Peterson，2009）。组织反馈文化、包含奖励和认同在内的组织学习氛围能够修复被破坏的领导—下属关系进而营造良好的反馈环境（London，2014）。组织反馈文化能够促进反馈源意识到反馈的重要性以及如何给予准确、高质量的反馈，而作为反馈接收者的个体也能从中意识到反馈的意义进而更多地利用和寻求反馈，双方对反馈的认同能够共同促进反馈环境的改善（Dahling & O'Malley，2011）。

（2）任务因素。研究者从工作标准清晰性、任务复杂性等角度探讨了反馈环境的形成过程，认为个体胜任力的感知从中发挥重要的中介作用（Mulder et al.，2013；Rijt，Bossche & Segers，2013）。已有研究表明，工作标准越清晰个体感知到反馈的准确性和反馈满意度越高，个体的胜任力越强，作为对胜任力提高的回报，外部会塑造更好的反馈环境以期待绩效的进一步提升（Jawahar & Jawahar，2010）。同样，任务越复杂，个体感知到的胜任力越差，进而会影响反馈环境的改善（Mulder et al.，2013）。

（3）领导因素。由于领导经常代表组织与下属沟通，有更多的机会参与组织干预，具有较大的影响力，并具有对员工奖惩的权利（Peng & Chiu，2010），因此领导反馈环境成为研究的焦点。研究表明，领导合作能力强且给予反馈的方式得当，能够促进个体对领导的认同，进而促进反馈环境的改善（Young & Steelman, 2014）。领导对员工学习的支持、工作知识正向影响对领导反馈的接受程度，增加个体对领导的认同（Jawahar & Jawahar, 2010）。作为对员工认同的回报，外部反馈源会提供更多高质量、可利用的反馈信息，给予更好的反馈环境（Young & Steelman, 2014）。领导工作知识、工作标准、目标设定、给予员工提升建议能够正向影响感知到领导反馈环境（Jawahar, Cavanaugh, Kerr, Birdsong & Nunley, 2010）。

（4）同事因素。同事较领导更具有亲近性，地位较平等，共同的工作环境能够使其在日常有更多的机会进行反馈信息的交流（Rosen et al., 2006）。研究表明，同事工作能力（Leki, 1991）、亲近性越强（Yang, Badger & Yu, 2006），越能增加对同事的认同，同事所给予的反馈环境越好。也有研究从同事的多样性和一致性的角度考察了对反馈环境的影响（Ruscher et al., 2010）。结果表明，同事年龄多样性、性别、背景一致性能够促进反馈环境（Gabelica et al., 2012）。

（5）个体自身因素。早期反馈的研究表明，员工自身对反馈所构成的环境影响作用最大，其次是同事、领导、任务，最后是组织（Herold et al., 1987）。关于个体自身驱动反馈环境形成的研究多集中在探讨个体知识、能力对反馈环境的作用（London, 2003），其中外部对个体的认同和期待在其中发挥中介作用（Young & Steelman, 2014）。研究表明，个体的知识、能力水平越高，越会激发外部对个体工作能力的认同并产生对工作结果的期待，越有可能给予更多有效的反馈，继而会推进反馈环境的改善（London, 2003）。

2.3.3 反馈环境的影响机制

较反馈而言，反馈环境从更加综合的角度反映了接收者对反馈有用性的评价和支持反馈寻求的作用，通过新老经验的双向互动提高总体绩效水平，从而得到更为一致的结果。

（1）认知机制。已有研究结果表明，反馈环境能够通过影响个体的认知水平进而影响行为结果。例如，Peng 和 Chiu（2010）通过对 259 名员工的研究结果表明，领导反馈环境能够帮助员工明确工作的标准和目标，提高员工对工作认知、判断的能力，增加个人组织匹配程度，进而增加组织承诺和组织公民行为。对于认知水平的中介作用，研究者从对反馈有用性的觉知、成本价值的认知两方面进行了深入研究。反馈的有用性是反馈发生作用的核心，对反馈有用性的觉知成为认知机制中讨论的焦点。例如，Rosen（2006）对202名员工的研究表明，反馈环境能够对员工工作给予准确、一致的反馈，给予完成任务的建议，纠正工作中的不良行为，明晰工作标准，进而促进员工对反馈有用性的认知，从而增加组织公民行为。Whitaker和Levy（2012）研究也发现，领导反馈环境由于强调了反馈的质量、积极反馈和消极反馈的准确性，而非以往研究仅强调反馈的效价、方式，有助于员工认识到反馈的有用性进而提高工作绩效。由于反馈寻求能够弥补仅考虑由外而内的反馈环境带来的“反馈真空”的缺陷，体现反馈过程的互动性，因此研究者也探讨了反馈环境促进反馈寻求的认知机制。研究表明，反馈环境能够给予有用的反馈，对反馈有用性的感知能够激发个体对反馈源的认知信任（基于对他人可信性和可靠性的信任），就会有更多的反馈寻求行为（Linderbaum & Levy，2010）。Whitaker和Levy（2012）研究发现，反馈寻求行为越多，任务清晰度、角色清晰度越高，对完成任务就越精通，工作绩效水平就越高。

（2）动机机制。关于反馈环境影响的动机机制大多建立在内部动机框架内，认为反馈环境能够使个体被任务本身所吸引、激励，因此更可能表现出较高的绩效（Zhou & Shalley，2008）。例如，Watts和Levy（2004）研究表明，由于反馈环境不仅提供完成任务的信息，还能培养个体对工作的兴趣，促使个体专注于工作本身，因而能够增加个体的内部动机，提高个体的情感承诺，继而对组织公民行为产生影响。随着研究的深入，研究者认为将内外部动机区分探讨其影响机制并不符合实践中内外部动机结合共同产生激励作用的现实（Hennessey，2010），将内外部动机结合才能够全面反映反馈环境的影响机制。目标自我一致能够综合反映内部动机与外部动机的作用（Deci & Ryan，2000），研究表明反馈环境具有信息指导功能，能够增加个体对目标的认同、兴趣，促进工作目标的内化，因此能够通过提高个体的目标自我一致水平进一步提高创造力（Zhang，Gong & Zhang，2015）。在探讨反馈环境影响反馈寻求进而影响绩效的研究中大多以Ashford和Cummings（1983）提出的三种反馈寻求动机（工具性动机、自我保护动机和印象管理动机）为基础，认为工具性动机是反馈寻求动机的核心。研究发现，支持性的反馈环境由于能够提供有用的信息，反馈作为提高个人能力的工具性就越强，从而增加个体的工具性动机进而增加反馈寻求行为（Linderbaum & Levy, 2010）。但随着研究的深入，研究者发现 Ashford 和 Cummings（1983）提出的三种反馈寻求动机的分类存在问题，工具性动机既有减少不确定性的目的，又有达到期望目标的目的，事实上这是自我评价动机和自我提升动机的组合；自我保护动机和印象管理动机事实上是自我增强动机的两个方面（Sedikides & Strube, 1997）；缺少诱发个体为了获得对外界的控制感和预测感，寻求其自我概念相一致的反馈的自我验证动机。因此，研究者提出应该将这四种动机代替原有的寻求动机来探讨动机机制（Anseel et al., 2015）。相关研究只关注了自我提升动机的作用，例如 Whitaker 和 Levy（2012）通过对 293 名员工及其主管的配对研究发现，反馈环境能够激发员工的自我提升动机，使员工感到更多的工作意义和价值，个体就会更倾向于利用反馈从而激发更多的反馈寻求行为。

此外，相关研究还探讨了反馈环境的影响还会受到一些调节变量的影响。例如，Whitaker 和 Levy（2012）研究表明员工的目标导向在领导反馈环境对员工对反馈有用性的认知中起调节作用，较低学习目标导向的员工而言，高学习目标导向的员工反馈质量对反馈有用性的影响较弱；较低回避型绩效目标导向的员工而言，高回避型绩效目标导向员工的反馈质量对反馈有用性的影响较弱。Zhang 等（2015）也发现，领导反馈环境正向影响员工目标自我一致水平进而正向影响创造力，较创造性人格低的员工而言，创造性人格高的员工其领导反馈环境对目标自我一致的影响更大。

2.4 反馈寻求

由于市场竞争激烈程度的增加以及技术创新的发展，企业管理人员不能只靠经验与企业家精神管理企业（Avolio et al., 2009），而应凭借技术与能力更强的员工的主观能动性与积极性（Bjugstad et al., 2006），因此就有必要探讨员工的主动行为在绩效提升中的作用。反馈寻求是个体积极地寻求组织中有价值的信息以适应组织和个人发展需要的一种主动性行为（Ashford et al., 2003）。在过去的 30 年，反馈寻求从积极主动的视角研究其在反馈过程中的作用，研究表明，反馈寻求可以通过调整目标指导行为（Mulder et al., 2013）使个体正确评价自己的能力（Anseel et al., 2007），管理绩效评价中给别人的印象（Hays & Williams，2011），增加未来行为的有效性和学习新工作的窍门（Stoker et al.，2012）。

虽然反馈寻求是一种组织中员工的主动行为，但是在“主动的”行为就能引起“好的”行为结果的假设下（Crommelinck & Anseel，2013），研究者对反馈寻求是否导致高绩效进行了验证，结果却出乎意料。反馈寻求会促进绩效提升，也会阻碍绩效提升，也有研究证明和绩效无关，通过元分析得出反馈寻求和绩效提升存在正相关，但相关系数较弱（$\rho = 0.07$）（Anseel et al.，2015）。因此，就有必要梳理反馈寻求的有关研究，挖掘隐含的作用机制。本部分将从反馈寻求的定义、测量和过程出发，引入新的反馈寻求动机理论，回顾和分析近些年反馈寻求的影响因素和影响结果，探讨研究不足并指出未来的研究方向。

2.4.1 反馈寻求的定义、测量和过程

Ashford（1986）首次在学界提出“反馈寻求”的概念，认为反馈寻求是“个体有意识地付出努力去探索有价值的目标，并以此判断行为正确性和恰当性的过程”。该观点的提出为反馈研究提供了两种新的视角：首先，反馈能够作为个体的优质信息资源。个体通过寻求反馈的过程，可以获得足够的信息以控制自己的行为，并根据自己的目标方向加以改进。其次，强调了反馈的评价性质，即寻求反馈贯穿于组织和个体活动的始终，体现了个体在不断地寻求自我评价（王雁飞，2005）。Ashford 和 Cummings（1983）指出反馈寻求行为包含六个重要方面：反馈寻求频率、反馈寻求方式、寻求的信息内容、反馈源、反馈寻求效价和反馈寻求时间。这六个方面的不同组合形成不同的反馈寻求模式和效果，个体采取何种形式的反馈寻求行为与个体和组织因素有很大的关系（Whitaker & Levy，2012）。

关于反馈寻求的测量，学者们从不同的研究角度出发，采用了不同的方法，但关于反馈寻求的研究大多集中在个体以某种方式寻求反馈的强度的大小。反馈寻求有两种方式：观察（monitor）和询问（inquiry）。观察是个体通过注意情境和他人的行为，主动接收环境信息；询问是个体通过直接向他人询问来获得反馈信息。通过直接询问来获得反馈寻求的感知成本很高，而且不同的反馈寻求目标带来的成本也不同，所以在进行以询问方式获得反馈寻求的强度的测量时应该区分反馈寻求的目标，以使结果更准确（Anseel et al.，2015）。而观察方式获得反馈寻求的成本很低，且不同反

馈寻求目标之间的成本无大的差异，因此无须区分反馈寻求的目标源。Ashford 修订了新量表对以询问的方式进行反馈寻求的频率进行测量（De Stobbeleir et al.，2011）。然而对于反馈寻求行为，虽然进行了大量的研究，但将反馈寻求行为区分为观察和询问两种方式共同研究的却很少。Morrison 指出，将反馈寻求行为区分测量能够解决有关解释和结论的冲突。区分测量的关键，不仅与反馈寻求行为应该如何测量有关，也与如何解释研究结果、反馈寻求行为应如何被未来的理论构建相关（Morrison，2002）。例如，只考虑反馈寻求行为的一个维度而得出研究结论是否恰当？在一项研究中，若两种策略与预测因素、结论或是这两者存在不同联系，能得出有关反馈寻求行为的什么结论？一项关于反馈寻求的元分析指出，反馈寻求的成本与询问式反馈寻求负相关，与观察式反馈寻求无关，绩效与询问式反馈寻求正相关，与观察式反馈寻求不相关（Anseel，2015）。虽然有研究探寻了某一种反馈寻求的作用机制，但关注的焦点仅在询问式反馈寻求，而忽视了观察式反馈寻求的作用（Dahling et al.，2012；Lam et al.，2011）。

反馈寻求不只是一个行为，确切地说是个过程，这个过程可以分为三个阶段：期待、计划和行动。期待反映了反馈寻求过程的启动，个体要想有反馈寻求行为就要预测反馈寻求的结果，考虑反馈寻求的收益和成本（Ashford，2003）。期待和愿景有两个共同点：一是具有导航和跟踪功能，个体通过期待想象可能发生的结果；二是具有理解的功能，确保个体能够理解和处理信息。当个体开始期待的时候，他会暂时假定想象的是对的并构建可能的结果，并激发情感反应和问题解决反应。计划是为了完成任务、目标、行为而提前做的准备，以建立预期和未来反馈寻求行为的链接，计划意味着将预期的愿景转化为实施的指导，以确保行为结果或事件能够被控制或促进。第三个阶段即行动，当员工实施指向未来的行动时，他们已经考虑好主动的反馈寻求对自己和周围环境的影响，在此时个体不仅考虑反馈寻求行为的短期影响，而且考虑潜在的长期影响，个体将努力保持行为的前瞻性以解决未来的问题并抓住未来的机会（Waller & Papi，2017）。

2.4.2 反馈寻求的动机

以往关于反馈寻求的研究大多以 Ashford 和 Cummings 提出的反馈寻求

动机为基础，进行探索和研究。他们指出，人们的反馈寻求受到工具性动机、自我保护动机和印象管理动机的影响。国外对反馈寻求行为及其动机的研究取得了比较丰硕的成果，但从动机的视角进行梳理的比较少。国内对于反馈寻求的理论和研究则更少，虽然国内学者对反馈寻求进行了综述（王雁飞，2005；张燕红和廖建桥，2014），直接综述反馈寻求的动机只有向常春和龙立荣一项，对三种反馈寻求动机、每种动机的影响因素进行了比较详细的综述（向常春和龙立荣，2012），但以上综述均基于 Ashford 和 Cummings 的三种反馈寻求动机观点。

随着研究的深入，在该框架下无法得出一致的结论。关于工具性动机，研究者曾提出在充满不确定因素的环境下，工具性动机在反馈寻求中占支配地位，不确定的程度影响反馈寻求得到的信息价值，这使研究者们将此类动机看作减少不确定性的动机（Ashford et al.，2003）。考虑到减少不确定性动机的重要性和支配地位，经验主义研究发现了冲突性结论。例如，Ashford 发现，不确定性和反馈寻求行为之间呈负相关。因此，与减少不确定性动机相反，似乎是个人若经历了更多的不确定性，会更不乐于寻求反馈，反之亦然。研究同时表明，反馈寻求行为并不总是会减少不确定性。在变革环境下，寻求更多反馈的个人倾向于在 6 个月之后会承受更大的与不确定性相关的压力。这些基于减少不确定性动机的结论令人意外，也需要人们更加全面的理解。关于自我性动机，从他人处获得的反馈对于反馈接收者来说并不是典型的具有中立性的，因为有时候，反馈可能会伤害一个人的自尊。因此，通常认为，当反馈特别伤害自尊时，个人通常会抵制寻求反馈（Ashford et al.，2003）。然而，自尊和反馈寻求行为之间的关系并不明显，研究得出了正相关、负相关和不相关的不一致的结论（Anseel et al.，2015）。

因此，Ashford 和 Cummings 反馈寻求动机的观点开始受到质疑。第一，反馈寻求动机的内容和分类问题。按照 Ashford 和 Cummings 的观点，工具性动机指获取有用信息的理性期望，自我保护动机指从评价性信息中保护自我或自尊的愿望，印象管理动机指个体想要控制在他人面前形象的愿望（向常春和龙立荣，2012），这种观点忽视了自我验证动机。个体为了获得对外界的控制感和预测感，会不断地寻求或引发与其自我概念相一致的反馈，从而保持并强化他们原有的自我概念，而这个动机缺失被 Ashford 和

Cummings 所忽略（Gregg，Hepper & Sedikides，2007）。同时，在 Ashford 和 Cummings 的反馈寻求动机分类中，工具性动机既有减少不确定性的目的，又有达到期望目标的目的，事实上这是自我评定动机和自我提升动机的组合。自我保护动机和印象管理动机事实上是自我增强动机的两个方面（Anseel et al.，2007）。第二，不同动机在反馈寻求中的作用问题。Ashford 和 Cummings 强调工具性动机在反馈寻求行为中的作用。Morrison 认为反馈寻求的信息的作用在于减少不确定性和帮助人们达到目标（Morrison，2002）。研究者过分重视反馈寻求的工具性动机，将另外两个动机视为工具性动机的补充，限制了反馈寻求对行为的作用，因为各种动机会共同影响反馈寻求行为及其行为结果（Anseel et al.，2007），过分强调反馈寻求的工具性动机是片面的。第三，不同动机的影响因素问题。Ashford 和 Cummings 假设不同动机是由不同的因素影响的。这种观点将三种动机分割开来进行研究，一个因素对某一个反馈寻求动机产生影响。例如，学习目标导向影响工具性动机、反馈寻求的公开性影响印象管理动机，很少有研究者研究这些变量对其他动机的影响。而反馈寻求动机是人和情境交互作用的结果，反馈寻求的公开性也可能在一定条件下影响工具性动机（Anseel et al.，2007），从这个方面该观点限制了反馈寻求的研究范围和科学性。

从以上分析看，仅从管理学角度研究反馈寻求行为还有很多不足，从更广阔的社会心理学视角能够更全面地反映反馈寻求的动机的本质。自我动机理论关注动机如何影响人们获得评价、寻求信息的途径（Sedikides & Strube，1997），在社会心理学领域影响较大，该理论认为自我是社会认知、情绪、动机和社会行为的中心，自我动机驱动人选择、处理、记忆信息并对这些信息产生反应（Sedikides & Strube，1997）。

自我动机理论将人们获得评价、寻求信息的动机分为四类：自我验证动机、自我增强动机、自我评定动机和自我提升动机。①自我验证动机旨在增强人们的预测感和控制感，自我验证有助于形成稳定的自我概念，使他人对我们的看法跟我们对自己的看法一致，社会交往将变得可预测，社会交往会更加顺利。人们主要通过两大途径验证自我，即营造验证自我的社会环境和对现实信息的主观歪曲。营造验证自我的社会环境包含选择交往伙伴和环境、有意显示身份线索、采取能引发自我验证反馈的交往策略。对显示信息的主观歪曲包含选择性注意、选择性编码和提取与选择性解释

(Swann Jr. & Pelham, 2002)。②自我增强动机旨在提高自我的良好形象，从消极的评价信息中产生自我保护，自我增强动机强的个体更倾向于积极评价而不是消极评价，偏爱对自己有利的社会评价，会投入更多精力去思考积极的反馈信息（Gregg et al., 2007)。③在自我评定动机的作用下，个体对准确的外界反馈表现出一种偏爱，他们想知道对于其外表、能力、性格和特质的客观评价，Brown 认为这种动机隐含三种考虑：首先，有时人们只是想减少不确定性，人们为了获得知道自己是什么样子而体验到的喜悦，而想知道自己的样子。其次，人们也认为他们有责任知道自己真正的样子。存在主义哲学家认为人们有道德上的责任来揭露他们的真实本质。最后，知道真实的样子有时可以帮助其实现其他目标，目标之一就是生存。④自我提升动机旨在提高个体知识、能力和技能，倾向于向上比较，而这种比较使个体学习如何达到目标的方法，自我提升动机与其他三种动机有本质不同，自我增强动机关心自我概念最大化，自我提升动机关心能力的真正改善；自我验证动机更关心与自我概念的一致，自我提升动机更关心自我概念的改变；自我评定动机关心自我认知的准确性，自我提升动机关心自我概念向更好的方向发展，而不关心其准确性（Anseel et al., 2015)。

该理论从以下三个方面弥补了 Ashford 和 Cummings 反馈寻求动机观点的不足：第一，反馈寻求动机内容更全面、分类更科学。自我动机模型在内容上增加了自我验证动机，从分类上，将工具性动机加以区分，分为自我评价动机和自我提升动机，将内容比较一致的自我保护动机和印象管理动机整合为自我增强动机，一定程度上弥补了 Ashford 和 Cummings 反馈寻求动机观点的不足。第二，自我动机更强调动机之间的共同作用。自我动机强调自我增强动机对达到积极自我概念的直接作用，同时也强调自我验证、自我评价和自我提升从中的间接作用，各动机可以共同作用于反馈寻求。第三，自我动机强调从社会视角来研究反馈寻求的动机问题。不像 Ashford 和 Cummings 外部因素一对一地影响反馈寻求动机，自我动机模型强调人和情境因素共同作用于不同的动机，不同的动机可以交互作用于同一个因素，例如 Katz 和 Beach 研究发现对恋爱对象有较大吸引力的个体同时具有自我验证和自我增强动机，而低吸引力的个体或只有自我验证动机或者只有自我提升增强动机（Katz & Beach, 2000)。

总之，自我动机理论为反馈寻求动机理论提供了新的视角，它强调动机之间的动态关联，强调个体、情境的差异会同时影响不同的动机，所以自我动机理论能够为更加综合地、科学地研究反馈寻求行为提供理论基础，为解释反馈寻求与绩效的关系提供更为准确的理论支撑。

2.4.3 反馈寻求的影响因素和影响结果

2.4.3.1 影响反馈寻求的因素

（1）个体因素。

1）目标导向。目标导向影响个体如何经历、加工以及对成就情境做出回应，研究表明，目标导向影响个人反馈寻求行为的成本和价值认知（Schmidt, 2007）。因为有学习目标导向的个人将能力视为是可以随时间不断提高的事物（即不固定的事物），他们将更高的工具价值归功于反馈，认为反馈是一个提升自我的途径（Medvedeff, Gregory & Levy, 2008）。另外，与那些绩效目标导向的个体相比，学习目标导向的个体会从询问式反馈上感知到较低的成本。学习目标导向的个体将任务失败认定为自身需要加倍努力的信号，也是对自身形象和尊严的威胁。这使他们并不会对消极反馈产生恐惧感。总之，学习目标导向会使个人更加频繁地寻求反馈，并倾向于获得更多的诊断性反馈（Schmidt, 2007）。

2）反馈导向。反馈导向指个体对反馈的接受程度，包含对反馈的积极评价、认真对待反馈的倾向、对他人评价的关注、按照反馈自我完善的责任心（Linderbaum & Levy, 2010）。在团队工作中，支持反馈的领导反馈环境能够促进下属反馈导向指向反馈寻求和反馈反应，当领导和员工建立了积极的反馈导向关系，员工就会卷入持续具有建设性的反馈环境中，并实现绩效提升（Dahling & O'Malley, 2011）。Whitaker 和 Levy（2012）研究表明领导反馈环境中反馈质量能够提高员工对反馈有用性的感知，进而影响反馈寻求。

3）责任心。当一个个体没有责任心时，个体就会对反馈进行简单的回应，并不会深入地调整自己的决策和行为。而减少对个体带来阻力的路径就是减少反馈寻求，这样个体的行为就不会得到额外的关注（Moss, Valenzi & Taggart, 2003）。而一个员工拥有责任心，他们将在评估个人行为的基础上进行决策和行动，相对于寻求的成本，个体能够从反馈寻求中得到较多有用的信息。对于这样的个体，反馈寻求的价值大于成本，因为他们能够感知到更多有价值的信息，这些信息不仅能够提高工作有效性，还能提高他人对个体工作绩效的判断（Stapel & Tesser，2001）。

4）年龄和工龄。关于人口统计学变量，大多研究基于成本—价值框架来假设年龄和工龄与反馈寻求的负相关关系。一方面，年轻员工或新员工为了尽快适应组织、减少不确定性会增加反馈寻求，并从反馈寻求的信息中找到适应新组织情境的信息；另一方面，老员工的反馈寻求行为的减少不仅因为感知到反馈寻求信息价值的减少而不去减少不确定性，而且还因为反馈寻求可能会造成丢面子的成本升高。实证研究也比较一致地证明了年龄和工龄与反馈寻求行为的负相关关系（Brown，Ganesan & Challagalla，2001）。

（2）情境因素。

1）反馈公开性。Morrison（2002）认为除了获取有效信息的动机之外，印象管理以及保护自尊的动机决定了个体寻求反馈的愿望与寻求反馈的时机、目标以及方式，他们重点从印象管理的角度探讨了反馈寻求如何受情境因素的影响。他们认为其中的一个重要情境因素是反馈寻求行为的公开性程度，虽然反馈寻求必然存在一定的公开性，但当行为发生时有第三者在场或者之后将有可能被其他人获知时，其公开程度增加。当有第三者在场时个体倾向于减少反馈寻求行为。Levy 等（1995）采用真实的私下、半私下以及公开情境，也发现个体感知到的情境越私密，便越有可能寻求反馈。与私人空间的反馈寻求相比，个人在公开场合会不愿意寻求反馈，公开场合的反馈寻求会增加个体紧张感和丢面子的可能性，这样会阻碍反馈寻求行为的发生。

2）工作模糊性。很多研究者认为，为了减少不确定性员工会增加反馈寻求行为（Morrison，2002）。但是，研究却得出不一致的结论，有的研究认为不确定性会增加反馈寻求行为，有的研究认为不确定性会减少反馈寻求行为（Callister & Turban，1999）。一项元分析指出，不确定性与反馈寻求之间呈负相关关系（$\rho=-0.12$，$k=3$），不确定性与反馈寻求之间的关系是受一定的工作情境所影响的。同时，角色模糊与反馈寻求不相关（Anseel et al.，2015）。

3）反馈源特征。Levy 等（2002）发现，那些将主管视为变革型领导者（与交易型领导相反）的下属有更强烈的向领导寻求反馈的倾向。与此相关，Chen 等（2007）发现，领导—员工交换（即领导与下属之间的高效关系会促进交流与互惠）预示了下属更强烈地寻求消极反馈的意愿。总之，领导风格与领导—员工关系的质量通常意味着主管体恤下属，这也会减少与反馈寻求行为相关的潜在成本。Dahling 和 O'Malley（2011）认为支持性的反馈环境与员工和组织的一些结果变量相关，例如高情感承诺、道德感，低组织政治感以及对工作信息、决策的控制感。很多研究表明反馈环境的觉知与反馈寻求行为有很强的相关关系。而领导的可信性是关键变量，研究表明，领导的可信性和专业性与反馈寻求行为正相关（Anseel et al.，2015）。

4）其他。研究表明，积极反馈和消极反馈都能够促进反馈寻求行为，一项元分析表明，积极反馈和消极反馈与反馈寻求呈正相关关系（$\rho = 0.23$，$k = 4$；$\rho = 0.46$，$k = 3$）。组织的支持和关心也能够促进反馈寻求行为（Anseel et al.，2015）。

2.4.3.2 反馈寻求的影响结果

（1）工作绩效。一些研究发现反馈寻求行为对工作绩效具有积极影响。Renn 和 Fedor（2001）研究发现，频繁关注反馈的销售员能取得更高的销售收入（即每小时平均销售额），进而获得较高的服务质量的评价。也有研究区分了反馈寻求的信息类型，例如寻求消极反馈的行为通常与高绩效正相关（Chen et al.，2007）。但也有研究发现，反馈寻求对工作绩效有消极影响，研究结果还不一致，一项元分析发现，反馈寻求与绩效存在正相关，但相关系数较弱（Anseel et al.，2015）。

（2）学习和创造力。反馈是学习的重要决定因素。事实上，通过反馈寻求行为，个人能够发现技能提升的机会，也能够获取关于团队或组织决定行为规范的信息。除了反馈寻求行为对提升个人学习能力的潜在价值之外，很少有研究直接探讨反馈寻求行为和实际学习能力的关系。Yanagizawa（2008）研究发现，相比反馈寻求少的个人而言，频繁寻求反馈的个人能够更好地学习并达到更高的目标。但也有研究发现，反馈寻求与学习能力并无关联（Hwang & Francesco，2010）。所以关于反馈寻求和学习的关系，在教育情境中似乎更加稳定，而在管理领域中却并不如此显著。通过反馈寻求，个人能够发展与创造力相关的技能，开发新的思路。例如，De Stobbeleir 等（2011）研究发现，寻求更多直接反馈和从多源头寻求反馈的员工在工作中表现出了更强的创造力。

（3）适应和社会化。反馈寻求行为能够影响个人的适应能力。研究表明，组织中积极寻求反馈的新员工能够更好地融入新的环境（Mulder et al.，2013）。另外，在加入新组织的前几个月中，寻求反馈的个人能更准确地找到自身在组织中的角色（Vancouver，Tamanini & Yoder，2010）。最终，反馈寻求行为与更高的工作满意度相关，因为积极寻求反馈的雇员不愿意离开组织，且实际销售额高（Wanberg & Kammeyermueller，2000）。

总之，文献综述表明，反馈寻求行为对个人适应性、学习能力和工作绩效具有重要影响。因此，鼓励寻求反馈是重要的教育和管理策略，虽然与绩效的关系尚需深入考证，但是个体、情境层面考虑不同的调节因素成为未来研究的重点。

2.4.4 反馈寻求影响绩效的中介机制分析

2.4.4.1 中介机制研究述评

反馈寻求影响绩效是一个复杂的过程，对实证研究所要求的条件较为严格。反馈寻求对绩效的影响较为间接，需要通过中介效应反映出来，而且需要进行纵向时间序列研究。以往研究大多从角色清晰的视角探讨反馈寻求影响绩效的中介机制，研究发现，在加入新组织的前几个月中，寻求反馈的个人能更准确地找到自身在组织中的角色（Vancouver，Tamanini & Yoder，2010），使新员工能够更好地融入新的环境（Mulder et al.，2013），产生更高的工作满意度和绩效（Ashford，De Stobbeleir & Nujella，2016）。但近期也有研究发现，反馈寻求高并不一定促进角色清晰，反而由于信息冗余而产生角色模糊（Anseel et al.，2015），因此，角色清晰在其中的中介作用还受很多因素的制约。

通过分析可以看出，以往关于反馈寻求和绩效的分析大多把反馈寻求当成自变量、绩效作为因变量，探讨反馈寻求影响绩效的路径，既忽视了反馈寻求自身的过程性，又未考虑反馈给予者的反应、反馈接收者的内部心理状态在反馈寻求影响绩效过程中的作用，未从反馈环路的角度考虑前期绩效表现如何通过影响反馈寻求进而影响后期绩效，还没有考虑这些中介过程产生结果的条件。

2.4.4.2 基于追随视角的中介机制分析

角色理论和领导力研究中描述的“因果倒置”的观点认为，员工作为领导的追随者其特征和行为可以作为自变量，领导者的特征和行为为因变量或调节变量，关注点在员工的特征、风格、角色导向、认同及行为如何塑造领导者的态度（Shamir，2007）。建构主义视角把员工和领导作为人与人之间在社会和关系型互动中共同构建的结果，这一点让我们认识到管理者也会服从下属，根据下属的行为改变自己的行为。自上而下的反馈环境和自下而上的反馈寻求从反馈系统的两个方向相互促进了反馈系统的不断完善。而认同在其中发挥重要的中介作用。研究认为，认同的发展是自上而下和自下而上的意义搜集、意义差异和意义建构结合而成的，认同发展过程的关键因素是接收、整合相关的反馈信息。员工的反馈寻求能够获取领导和同事的反馈（意义搜集），反馈能够给予他们与领导和团队要求匹配和不匹配的地方（意义差异），继而员工通过对自我态度、行为的判断来分析来自外部的反馈（意义建构）（Young & Steelman，2014）。反馈寻求越多，越能够挖掘反馈的意义，促使行为与外部相一致。作为对员工认同的回报，反馈寻求越多，外部反馈源会提供给更多高质量、可利用的反馈信息，给予更好的反馈环境（Young & Steelman，2014），进而为提高创造力提供更多有用的信息。尽管研究者从理论的角度提出绩效、环境的不确定性和角色模糊既能够影响反馈寻求行为，又能够被反馈寻求行为影响，但还是一个缺乏实证研究的问题（Anseel et al.，2015）。

组织中反馈系统在本质上是一个动态过程，反馈系统结构不过是动态过程的外部表现。反馈系统要素之间的相互作用是反馈系统存在的内在依据，同时也构成反馈系统演化的根本动力。作为反馈持续发生作用的回路，绩效优势可以作为自变量影响反馈寻求行为，而这一视角由于数据采集难度大、传统纵向研究在推论变量间动态发展态势及其因果关系的局限，难以进行建模和干预研究，相关研究仅停留在理论阶段，需要引入系统动力学的观点进行动态计算模型分析。

2.4.5 反馈寻求影响绩效的调节机制分析

2.4.5.1 调节机制研究述评

尽管一些研究表明了反馈寻求对绩效有正向预测作用，但也有研究发现这种正向预测作用受到条件制约（于维娜等，2015）。例如有研究表明，领导—员工关系越好，员工越倾向于寻求领导负面反馈进而促进绩效的提升（Anseel et al.，2015）；当反馈寻求出于绩效增强动机时，反馈寻求行为能够提高领导—员工关系质量和工作绩效（Anseel et al.，2015）。但以往研究首先忽视了反馈寻求自身维度间含有对绩效影响的调节机制，不同维度、不同组合反馈寻求行为的作用效果和机制不同，且效果受到不同面子文化的影响；其次 Ashford 和 Cummings 提出的反馈寻求动机在内容方面忽视了自我验证动机（Gregg et al.，2007），在分类上工具性动机是自我评定动机和自我提升动机的组合，自我保护动机和印象管理动机事实上是自我增强动机的两个方面（Anseel，2007），研究者过分重视反馈寻求的工具性动机（向常春和龙立荣，2012），将另外两个动机视为工具性动机的补充，限制了反馈寻求对行为的作用（Anseel，2007）。因此，需要在上述两方面寻找解决问题的出路。

2.4.5.2 反馈寻求自身维度间的调节机制

反馈寻求行为包含六个重要方面：反馈寻求频率、反馈寻求方式、寻求的信息内容、反馈寻求源、反馈寻求效价和反馈寻求时间，这六个方面的不同组合形成了不同的反馈寻求模式和效果（Whitaker & Levy，2012）。尽管以往研究并未同时关注上述六个方面，但研究者认为反馈寻求方式是其中的核心，研究集中在个体以某种方式寻求反馈的强度的大小，并将反馈寻求区分为观察（monitor）和询问（inquiry）两种方式。观察是个体通过注意情境和他人的行为，主动接收环境信息；询问是个体通过直接向他人询问来获得反馈信息（Anseel et al.，2007）。Morrison（2002）指出，将反馈寻求行为区分测量能够解决有关解释和结论的冲突。同时，研究者发现，反馈寻求的对象同样也会影响不同反馈寻求形式的作用（巩振兴、张剑和郑秀梅，2015）。通过直接询问来获得反馈寻求的感知成本很高，而且不同的反馈寻求目标带来的成本也不同，所以在进行以询问方式获得反馈寻求的强度的测量时应该区分反馈寻求的目标，以使结果更准确。而观察方式获得反馈寻求的成本很低，且不同反馈寻求目标之间的成本无大的差异，因此无须区分反馈寻求的目标源（Anseel et al.，2015）。

反馈寻求对个体的工作带来一些有用的建议，这些建议可能会随着时间的推移慢慢地使用到自己的工作中来，同时也为个体提供不同的视角，这样就有助于个体产生更多有趣的点子，促进绩效的提升（王雁飞，2005）。对于中国这种高权力距离和高面子文化的社会，员工可能更多采用的是观察式的反馈寻求方式，而对于领导和同事而言，员工可能会采取不同的反馈寻求方式，对绩效的作用也会产生差异。反馈寻求的成本与询问式反馈寻求负相关，与观察式反馈寻求无关（Anseel et al.，2015）。由于领导在组织管理中的权威、地位以及对个体绩效评价的核心作用，员工日常工作中难以经常性地观察领导以寻求反馈，因此个体为了获得更高的绩效就要不断询问领导，对于领导的反馈寻求更看重其价值。由于在我国个体比较注重面子，在平级的反馈寻求中面子因素是要考虑到的，加上同事的可接近性，所以在同事反馈寻求的时候更多地采用观察式的反馈寻求方式，在不丢面子的情况下使自己的能力得到提高。

2.4.5.3 反馈寻求动机的调节机制分析

自我动机理论关注动机如何影响个体获得评价、寻求信息的途径（Sedikides & Strube，1997）。自我动机理论将个体获得评价、寻求信息的动机分为四类：自我验证动机、自我增强动机、自我评定动机和自我提升动机。自我验证动机旨在增强个体的预测感和控制感，社会交往将变得可预测，社会交往会更加顺利（Dahling & Whitaker，2016）。个体主要通过两大途径验证自我，即营造验证自我的社会环境和对现实信息的主观歪曲。营造验证自我的社会环境包含选择交往伙伴和环境、有意显示身份线索、采取能引发自我验证反馈的交往策略。对显示信息的主观歪曲包含选择性注意、选择性编码和提取与选择性解释。自我增强动机旨在提高自我的良好形象，从消极的评价信息中产生自我保护，自我增强动机强的个体更倾向于积极评价而不是消极评价，偏爱对自己有利的社会评价，会投入更多精力思考积极的反馈信息（Gregg，2007）。上述两种动机只是为了树立良好的公共形象，对学习、提高绩效和纠正潜在的错误并不感兴趣（Morrison，2002），因此，自我验证和自我增强动机在SCENT（The Self-concept Enhancement Tactician）理论看来属于战术的部分，并非针对绩效。

在自我评价动机的作用下，个体对准确的外界反馈表现出一种偏爱，他们想知道对于其外表、能力、性格和特质的客观评价（Fletcher，2017）。这种自我评价动机一般有这样三种想法：第一，减少一些不确定的东西；第二，个体想知道自己在别人眼中真正的样子；第三，当认清自己真正的样子后会更能实现自己的一些小目标（Sparr，Knipfer & Willems，2017）。自我提升动机旨在提高个体知识、能力和技能，倾向于向上比较，而这种比较使个体学习如何达到目标的方法。自我提升动机关心能力的真正改善，更关心自我概念的改变，使自我概念向更好的方向发展，而不关心其准确性（Anseel et al.，2015）。和 SCENT 模型一致，个体出于坦诚的反馈寻求而非战术的反馈寻求能够增强个体的积极自我评价，并产生真正的个体成长。因此，自我评价和自我提升动机在 SCENT 理论看来属于战略的部分，是针对绩效提升的，因此可能会强化反馈寻求的积极作用。

2.4.5.4 寻求动机归因的调节机制分析

外部反馈源在意识到个体的反馈寻求行为后，反馈源对反馈寻求行为动机的判断会影响给予反馈的质量（Beenen，Pichler & Levy，2016）。当反馈源认为个体是出于自我验证、自我增强动机时，反馈源会认为个体反馈寻求的目的在于展现一种虚假的积极状态，个体寻求反馈的目的在于通过选择性注意获得对个体行为是否正确的验证性信息和印象管理，而非出于提高绩效，就不会给予高质量的反馈，由于获取反馈的质量低，就会弱化对绩效的积极作用（Bok et al.，2016）。当反馈源认为个体是出于自我评价和自我提升动机时，反馈源会认为个体是为了获得对行为是否正确的客观性评价，并为了提升自身能力是针对绩效提升的，就会给予更多高质量、有用的反馈，进而增强对绩效的积极影响。

综合以上对反馈寻求和绩效关系的分析，本书结合反馈环路的思想，从追随者视角构建了反馈寻求影响绩效的理论模型（见图 2-1）。

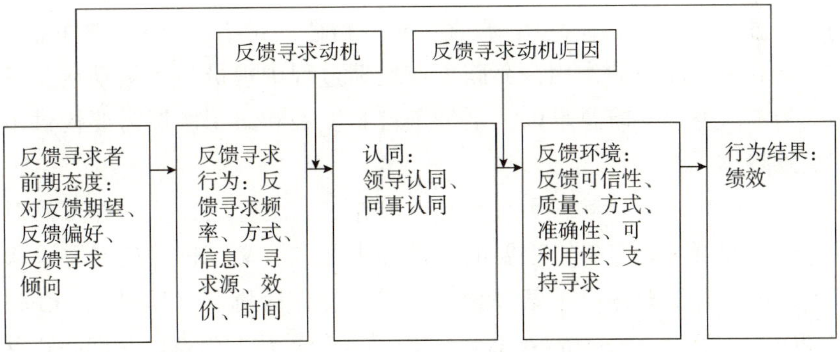

图 2-1 反馈寻求研究的整合模型

该模型能够较完整地阐述反馈寻求的形成过程、影响结果及作用机制。反馈寻求者对反馈的态度决定了反馈寻求行为不同，反馈寻求动机的不同导致认同的差异。反馈给予者对反馈寻求动机的归因导致反馈给予者给予反馈环境的不同，进而导致绩效的不同，又会从环路角度影响下一步反馈寻求的态度。模型借鉴反馈研究的反馈回路的思想，较直观地展现了反馈寻求通过影响绩效的途径和绩效对未来反馈寻求又产生影响的循环且动态发展的影响路径，更好地体现了反馈过程的系统性、整体性和动态性。

2.4.6 研究贡献与未来研究方向

2.4.6.1 理论贡献

本研究对影响反馈寻求和绩效关系的因素进行了分析，其理论贡献在于：

第一，以往关于反馈寻求、反馈环境和绩效的关系多集中在反馈环境激发反馈寻求进而影响绩效的路径上（De Storbbeleir et al.，2011），视个体为被动接受反馈环境影响的对象，却忽视了从反馈回路的角度对反馈寻求作为一种积极主动的行为影响反馈环境进而影响绩效路径的探讨（Anseel et al.，2015），既会造成外部反馈源无法感受到个体对反馈的需求，又会导致个体感知到创造性反馈环境难以给予有用的反馈，从而导致“反馈真空”（De Stobbeleir et al.，2011）。本书从因果环路的视角，从反馈循环的全过程出发，构建了反馈寻求者态度、行为影响反馈给予者态度、行为，进而影响寻求者的反馈反应和绩效，并继续影响寻求者下一步寻求态度的环路，完善由寻求者到给予者的全过程路径分析，更加细致地展现了整个反馈循环的中介过程，建立了绩效影响反馈寻求的路径，突破以往只考虑外部反馈源在反馈寻求形成中的作用，突破了在反馈过程中视员工为被动接受者的局限，为解决外部反馈源难以满足员工自我发展和组织发展需要提供了新的解决思路。

第二，以往研究只考虑了询问式反馈寻求，没有区分反馈寻求的对象是领导还是同事，既忽略了重要的反馈寻求形式，又模糊了反馈寻求成本的问题。虽然有研究探寻了某一种反馈寻求的作用机制（Dahling，Chau & O’Malley，2012；Linderbaum & Levy，2010），但关注的焦点仅在询问式反馈寻求，而忽视了观察式反馈寻求的作用，对于中国这种高权力距离和高面子文化的社会，也许员工更多采用的是观察式的反馈寻求方式。Morrison（2002）指出，将反馈寻求行为区分测量能够解决有关解释和结论的冲突。本书从反馈寻求自身出发，发现了反馈寻求各维度间会交互作用于绩效并影响其大小，维度间的调节作用为解决以往只考虑一个维度或一个维度的一个方面而无法得出与绩效一致结论的问题提供新的研究方向。特别是在测量上，区分两种反馈寻求方式的不同作用路径，突破以往研究没有区分或只强调询问式反馈寻求的局限，有助于解决在结论上的冲突。

第三，以往研究大都假设反馈环境具有刺激反馈寻求行为的工具性动机的作用（Dahling et al.，2015），对反馈寻求动机划分也有不合理之处。本书从反馈寻求动机出发，建立了以自我动机为调节的反馈寻求影响绩效的路径，弥补以往反馈寻求动机内容不全面、划分不合理的不足，为深入分析反馈寻求影响绩效的调节机制提供了新的视角。特别是中国的高权力距离和高面子文化使个体的反馈寻求行为具有独特性（谢俊等，2012），需要突破西方研究认为反馈环境对于反馈寻求的影响仅仅因为反馈寻求的工具性动机在我国应用的局限（Dahling & O'Malley，2011），结合个体自我增强和验证动机研究组织中的反馈寻求行为在中国非常具有现实意义。外部反馈源对员工反馈寻求行为的动机进行归因导致员工反馈寻求后的不同反应和领导对员工的反应。例如，领导将员工反馈寻求归因于印象管理，那么就会影响其以后给予有用的反馈。自我动机在反馈寻求和绩效之间的作用是一个必要却又缺乏实证研究的领域。

2.4.6.2 实践贡献

第一，对于不同的反馈源，员工采取不同的反馈寻求方式，特别是中国这种高权力距离和高面子文化社会中，员工对领导更多采用询问式反馈寻求，对同事更多采用观察式反馈寻求。两者对于绩效的作用还取决于反馈寻求效价（积极反馈还是消极反馈）、频率还是内容等，应综合考虑反馈寻求的多维度组合以判断对绩效的预测作用。

第二，由于反馈寻求的动机不同，对绩效的影响方向会发生变化。根据自我动机理论，自我评价动机和自我提升动机是个体出于绩效提升诱发的战略而非战术的反馈寻求，能够增强个体积极自我评价，实现真正的个体成长，会强化反馈寻求对绩效的积极作用；而自我验证动机和自我增强动机则属于战术部分，出于印象管理而非针对绩效，因此会弱化积极作用或强化消极作用。因此在实践中，鼓励并识别员工自我评价和自我提升动机、弱化并识别自我验证和自我增强动机对于提高绩效尤为必要。

第三，从反馈寻求影响绩效的全过程看，外部反馈源的反应尤为重要。在管理实践中，企业需要努力营造高水平的反馈环境，提高反馈的可信性、质量、可利用性及准确性，关注给予反馈之后员工的行为和结果，并通过反馈和监控反馈交流的过程以调整反馈策略，达到提高绩效的效果。

2.4.6.3 未来研究方向

第一，反馈寻求不仅是寻求反馈信息的行为，而且是一个具有多维度组合而成的行为。反馈寻求对绩效的影响，不仅受到不同反馈寻求方式的影响，而且不同反馈寻求方式的作用又受到反馈源、反馈寻求效价等其他方面的影响。因此，就反馈寻求自身而言，应从多维度综合考虑并比较不同组合的反馈寻求对绩效的影响，以更加细致地辨别反馈寻求对绩效的作用。

第二，深入挖掘动机及动机管理在反馈寻求过程中的作用十分必要。个体产生积极主动行为的原因是复杂的，积极主动行为对绩效的影响机制也因为动机、领导、工作的多重因素的作用而更复杂，探讨多个层面因素在两者影响之间的调节作用是一个必要却又缺乏实证研究的领域。不同反馈源激发的动机也可能不同，领导可能激发自我增强动机，同事可能激发自我验证动机，导师可能增加自我提升动机。从领导和其他反馈源角度看，领导和其他反馈源对员工反馈寻求的反应也很重要，但至今没有研究涉及这个方面（Anseel et al.，2015）。未来研究应该检验领导对员工反馈寻求行为的动机进行归因导致员工反馈寻求后的不同反应和领导对员工的反应。例如，领导将员工反馈寻求归因于印象管理，那么就会影响其以后给予有用的反馈。

第三，反馈寻求个体与环境的动态影响需要展开。反馈系统在本质上是一个动态过程，反馈系统要素之间的相互作用是反馈系统存在的内在依据，同时也构成反馈系统演化的根本动力。可以说，自上而下的反馈环境和自下而上的反馈寻求从反馈系统的两个方向相互促进了反馈系统的不断完善和绩效的提升，但还是一个缺乏实证研究的问题。

2.5 问题的提出

2.5.1 以往研究取得的进展

以往研究围绕反馈环境、反馈寻求和创造力的概念、维度划分及测量、影响因素及作用机制展开了一系列的理论探索与实证分析。结合本书拟探讨的研究主题，总结当前相关领域的研究进展，主要集中在以下三个方面：

（1）从不同研究视角切入，对反馈的研究内容从单一反馈向反馈环境发展。外部反馈是一种重要的情境变量，其不仅影响个体的自我认知和自我评价，还制约着个体的心理及行为选择。组织管理领域相关研究表明，个体可以通过预期他人评价或从他人直接的言语评价中获得重要的、有价值的信息，从而帮助个体改进工作方法，提升工作绩效。从反馈的研究内容来看，学者们已在评价内容、评价维度及其前因和结果变量的研究上取得了一定的研究成果。对反馈相关变量的研究从早期主要关注反馈活动自身特征延伸到反馈活动的各个关键环境和要素，包括对不同类型的评价进行理论探讨，并从反馈主体、反馈内容、反馈性质等不同视角展开了相关研究。在反馈的结构维度研究方面，已经从单一维度发展成多维构念。

（2）反馈作用结果的研究取得了一些成果，尤其在个体创造力领域。关于外部反馈的影响机理研究主要涉及反馈与个体心理、行为、创造力及绩效的关系探讨，相关理论及实证研究取得了一些成果，如发现上级反馈会影响员工的公平，同事反馈会影响员工之间的知识共享，预期反馈对个人创造力具有负面影响，信息性反馈可以促进个体创造力。此外，当反馈中包含有价值的信息时，个体可以通过反馈信息的指导或帮助改进工作方法，提升个人工作绩效。

（3）对个人创造力影响前因的研究日益拓宽，已取得了一定的研究成果。在个体参与创新的过程中，组织、环境因素如何影响个体创造力，相关研究一直是该领域的研究热点，如有关组织氛围对个体创新、创造力的影响已形成了丰富而全面的理论模型和研究结论，这些研究成果为后续拓宽个人创新影响前因的探讨奠定了基础。此外，有关心理因素、人际互动因素及激励因素的影响机理及作用机制的研究日益受到关注。

2.5.2 本书拟解决的问题

前人研究虽然在一些领域取得了一定的成果，但是仍存在一些不足，需要进一步的探讨和解决。综合前人研究进展以及由此引发的启示及思考，归纳出本书拟解决的具体问题：

（1）反馈环境的结构内容有待丰富。首先，反馈环境的概念需要拓展。作为一个超越反馈本身的新概念，反馈环境可以区分为非正式反馈环境和正式反馈环境，但 Steelman 等（2004）提出的反馈环境的概念中仅强调了非正式反馈环境。而在管理实践中，正式反馈环境同样对明晰工作标准、绩效提升产生影响，且正式反馈环境也包含非正式反馈所包含的因素，这些因素构成的组织中定期的正式反馈环境也能影响反馈的有效性。因此反馈环境的研究应同时关注正式和非正式反馈，将反馈环境视为工作环境中领导与员工、同事与同事之间的反馈情境。其次，反馈环境能够提高个体的认知水平、明晰工作标准进而提高绩效水平。反馈环境明晰的工作标准是针对一般的工作绩效，然而经济全球化和知识经济带来的竞争加剧，越来越多的企业意识到员工的创造力对于企业创新、提高企业竞争力和获得竞争优势的重要作用（Zhou & Shalley, 2008），塑造有利于提高员工创造力的反馈环境尤为必要。与传统反馈环境追求产品、服务的数量、速度、时间相比，创造性反馈环境又有其特点。在创造性反馈环境中，更加注重树立对创造力的目标期待，鼓励员工把来自不同渠道的想法联系起来，在未知的领域以发现更好的或独特的解决问题的方法（Drazin, Glynn & Kazanjian, 1999），既要给予思考探索的时间（Zhou & Shalley, 2008），又要对反复试错的过程有耐心等（Anderson et al. , 2014），因此就有必要探讨创造性反馈环境的结构内容。

（2）创造性反馈环境对创造力影响的动态情感机制有待挖掘。以往关于反馈环境的影响机制中多探讨了动机机制和认知机制，然而反馈环境往往更直接地引发强烈的情感反应，进而影响创造力（George & Zhou, 2007），情感可能较动机、认知而言更好地将情境因素和行为联系起来（Madjar et al. , 2002）。关于反馈环境的影响机制还缺乏情感机制的研究，研究者仅从反馈的某一维度探讨了引发何种情感进而影响行为结果的静态情感的作用，形成了积极情感促进绩效的情感扩展—构建理论（Fredrickson, 2001）和消极情感促进绩效的情感—信息理论（Schwarz & Clore, 1983）两种对立的理论，给管理带来困惑。反馈环境中人际间互动导致了在绩效产生过程中个体的情感在短时间的不断变化（Judge, Piccolo & Ilies, 2004）。由于情感的变动会引起个体注意力关注焦点和思维模式的改变，从而影响个体绩效的发挥，反馈环境中情感的变化能够影响反馈寻求行为的产生，因此将两者考虑在同一框架体系中研究，考察其动态影响机制也是需要未来研究探讨的问题（London, 2014）。动态情感体现了情感变化的具体形式和动态的情感矛盾，反映了个体在日常生活工作中的真实状态，能够弥补从静态情感角度研究的不足（Bledow et al. , 2013），探讨创造性反馈环境影响创造力的动态情感机制也是本书研究的重点。

(3) 基于反馈寻求视角探讨创造性反馈环境对创造力的影响机制有待深入研究。首先，根据反馈源的不同，反馈寻求可以分为领导反馈寻求和同事反馈寻求。根据反馈寻求的方式不同，反馈寻求可以分为询问式反馈寻求和观察式反馈寻求。询问式反馈寻求是个体通过直接向他人询问来获得反馈信息；观察式反馈寻求是个体通过注意情境和他人的行为，主动接收环境信息（Ashford et al., 2003）。尽管研究表明反馈环境能够促进反馈寻求行为的产生，但只探讨了其直接效应并未区分不同反馈寻求形式或只考虑询问式反馈寻求（Linderbaum & Levy, 2010），忽视了区分不同源不同反馈寻求形式的作用和内在机制的探讨，导致研究结论的冲突。例如有研究指出，尽管反馈环境包含了对反馈寻求的支持，能够减少个体对反馈寻求成本的感知，进而增加询问式反馈寻求行为，却对观察式反馈寻求影响不显著（Anseel et al., 2015）。Morrison (2002) 指出，将反馈寻求按照反馈源、反馈寻求方式区分测量能够解决研究结果的冲突。对于中国这种高权力距离和高面子文化的社会，也许员工更多采用的是观察式的反馈寻求方式，而对于领导和同事而言，员工可能会采取不同的反馈寻求方式，所以区别测量影响不同来源的不同方式的反馈寻求才更加精确。其次，在反馈环境对反馈寻求的影响上，西方学者认为反馈环境能够且仅仅促进反馈寻求的自我提升动机产生（Linderbaum & Levy, 2010）。中国的面子文化使个体在组织环境中的反馈寻求具有独特性，一方面个体害怕丢面子而不敢轻易公开寻求反馈；另一方面个体又要面子，期望通过反馈寻求得到积极的反馈而要主动寻求反馈。在这种文化下，仅考虑自我提升动机是不够的。尽管以往研究探讨了询问式反馈寻求与绩效评价正相关，然而也有研究认为反馈寻求会削弱个体创造力（Perry-Smith, 2006）。研究者认为，反馈寻求的出现和效果与寻求动机密切相关，探讨反馈寻求的动机在反馈环境对创造力中的作用能够从根本上解释为什么会有反馈寻求的效果差异（Anseel et al., 2007）。所以结合其他反馈寻求动机研究反馈环境中的反馈寻求行为在中国非常具有现实意义。

(4) 反馈寻求在创造性反馈环境形成中的作用有待进一步研究。以往关于反馈环境的研究集中在其结果变量上，关于其形成机制的实证研究比较少（Dahling et al., 2015），大多基于反馈源角度考察反馈环境的形成机制，认为组织、任务、领导、同事和员工自身的知识能力（Andrews & Kacmar，2001）能够影响反馈环境。但以往研究视员工为被动接受的对象，仅关注了现有既成的知识、能力的影响，忽视员工在反馈中的主动性（De Stobbeleir et al.，2011），一方面导致了组织没有意识到员工对反馈的需要；另一方面导致了员工感到反馈对绩效提升并不具有实际价值，并导致“反馈真空”。作为一种主动的人际互动过程，员工的反馈寻求可以从反馈环境中有意识地付出努力去探索有价值的目标，解决“反馈真空”的问题。同时，为了更好地适应环境，寻求在领导、同事中的归属感，员工通过反馈寻求判断行为的标准，增加对领导和同事的认同（Ashforth et al.，2007）。作为对员工认同的回报，反馈寻求越多，外部反馈源会提供给更多高质量、可利用的反馈信息，给予更好的反馈环境（Young & Steelman，2014），以提高管理的有效性。因此，探讨员工反馈寻求如何通过认同进而影响反馈环境也是需要研究的问题。

（5）创造力影响反馈环境的反馈回路研究有待完善。反馈作为信息传递能够形成反馈回路，反馈环境能够代替反馈以更加有效地影响行为结果，反馈环境的影响也具有反馈回路的特征。研究表明，个体行为、行为结果和环境之间能够相互影响，个体和环境不是彼此独立的（Ford，1996）。然而以往研究多把焦点放在反馈环境影响行为结果上，忽视了行为结果对后期反馈环境的影响（Anseel et al.，2015）；强调对员工行为结果的事后反馈，忽略了事前反馈信息的给予、反馈信息的寻求、事中对反馈的加工、事后对反馈的再加工对个体行为的动态影响。尽管有研究者用纵向研究的方法拟准确描述这种动态过程，但纵向研究的内部效度并未达到研究者的设计要求，与横截面研究对同一问题的解释差异较小（Hulin & Ilgen，2012）。这就要求在研究中考虑一个动态的过程（Ford，1996）。动态计算模型能够兼顾定性研究和定量研究，既能解决复杂系统的建模问题，又可以在整体框架下对系统要素间的联系等进行定量的协调和优化（李旭，2009），较以往研究方法更能准确地反映反馈环境的形成和影响过程中的系统性，因此可以作为研究的新方法应用到行为结果影响反馈环境的研究中。

综合以上对创造性反馈环境研究的分析，结合相关理论和实证研究中形成过程假说，对创造性反馈环境的相关研究进行整合，得到以下研究整合模型（见图 2-2）。

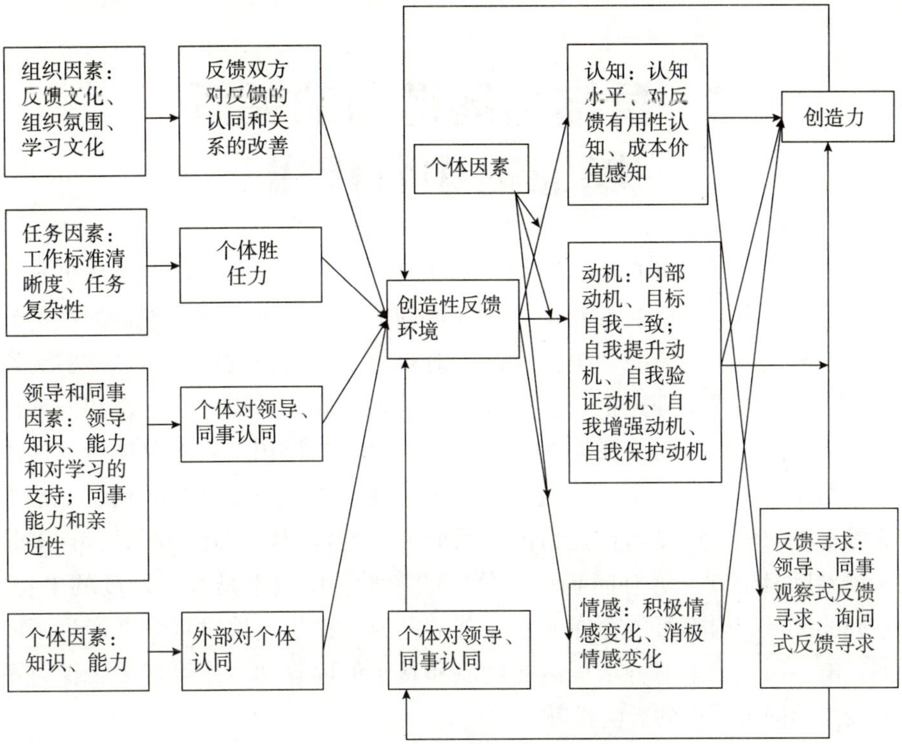

图 2-2　创造性反馈环境研究的整合模型

该模型能够较完整地阐述创造性反馈环境的形成过程、影响结果及作用机制。基于交换理论组织、任务、领导、同事及个人因素能够通过外部对个体、个体对外部、双方对反馈的认同以影响反馈环境形成。创造性反馈环境的影响结果和作用机制部分，借鉴了以往认知、动机机制的相关内容并挖掘重要且未研究的领域，如情感机制特别是动态情感机制，在动机机制中更加全面地展现了不同寻求动机在反馈环境通过影响反馈寻求影响创造力中的作用。在创造性反馈环境、反馈寻求和创造力的关系上，借鉴反馈研究的反馈回路的思想，更加直观地展现了反馈寻求通过影响创造性反馈环境进而影响绩效的途径和创造力对未来反馈环境又产生影响的循环且动态发展的影响路径，更好地体现了反馈过程的系统性、整体性和动态性。

3 反馈与创造力的关系：情感的中介作用

反馈是组织中最常用的激励策略和行为矫正工具，反馈对个体创造力产生重要的影响。反馈有利于员工理解创造力的标准、学习创造的技能和方法、激发员工创造的动机，探讨反馈对员工创造力的影响路径能够为激发员工创造力提供理论依据。从反馈寻求角度看，员工经常寻求相同部门同事的反馈，所以同事反馈在员工绩效上起重要作用。虽然反馈和创造力之间的关系研究取得了初步进展，多集中在反馈效价、反馈风格、干预方式等反馈的单一维度与创造力的关系研究，但作用机制还不明显，且多是从领导反馈角度，鲜有同事反馈角度的考量。反馈不是单一维度的事物，不同的反馈其内容可能存在非常显著的差异，并相应地对接收者产生不同的影响。因此，本书将从反馈的性质和基于的内容两个维度出发，探讨不同类型的同事反馈的影响机制。

已有研究发现创造力的产生过程既被情感体验塑造，又构成了复杂的情感体验，情感状态在情境与个体的工作行为之间起到中介作用，而反馈恰恰是一种典型的情境因素，创造力是工作行为的一种体现，因此情感可能中介反馈与创造力。但是，关于积极还是消极情感促进员工创造力的问题，目前已有的研究结果存在很大分歧。本章力图探讨在以情感为中介的作用下，同事反馈对员工创造力的影响效果。研究成果为组织中情感理论的构建提供支持材料，并为团队成员的沟通方式提供宝贵意见。

3.1 研究理论与假设

3.1.1 同事反馈对员工创造力的影响

反馈根据效价可分为正反馈/积极反馈（positive feedback）和负反馈/消极反馈（negative feedback），根据针对的对象反馈又可分为能力反馈（competence feedback）和任务反馈（task feedback）。关于积极和消极反馈对个体行为影响的研究结论并不一致，关于能力反馈和任务反馈的影响研究结论也不一致。上述研究结果表明，从单一维度探讨反馈与创造力之间的关系很难得出统一的结论。事实上，组织中的反馈应该用多维、立体的图景来表述，不是只反映了反馈的某个方面，因此，对反馈的各维度进行组合分析既有利于反馈与创造性研究结论的统一，又更贴近实际，具有较强的实践指导意义。龙君伟（2003）证实反馈效价、反馈方式、反馈对象三者之间不存在交互作用，反馈效价与反馈方式的交互作用已经得到了证实，因此，本章将从反馈效价、反馈对象这两个维度出发，将反馈细分为基于能力的积极同事反馈、基于任务的积极同事反馈、基于能力的消极同事反馈、基于任务的消极同事反馈四个维度，探讨不同类型的同事反馈对创造力的影响及其作用机制。基于以上研究分析，提出假设 1：

假设 1a：基于任务的积极同事反馈与创造力正相关；

假设 1b：基于任务的消极同事反馈与创造力负相关；

假设 1c：基于能力的积极同事反馈与创造力正相关；

假设 1d：基于能力的消极同事反馈与创造力负相关。

3.1.2 同事反馈对员工情感的影响

在组织行为研究领域中情感是一个包含了一系列个体体验的宽泛的概念。反馈信息所表达的正是有关个体行为的描述，根据情绪的认知理论观点将情绪与认知紧密地结合在一起，他们认为个体通过对外界刺激的评价而产生情绪。情感事件理论对组织环境中的情感与个体行为之间的因果关系进行了全面的描述，认为工作事件引起情感的不同体验，结果导致个体行为的变化，情感体验在工作事件影响个体行为的过程中起着核心作用。Ilgen 等（1979）研究表明得到积极反馈的人对反馈会更加满意，感受到积极的情感体验，他们认为反馈内容是准确的；然而得到批评的人则怀疑反馈是不真实的，表现出消极的情感反应。基于以上研究分析，提出假设 2：

假设 2a：基于任务和能力的积极同事反馈促进积极情感的产生；

假设 2b：基于任务和能力的消极同事反馈促进消极情感的产生。

3.1.3 员工情感在同事反馈对员工创造力影响中的中介作用

虽然学者们认为反馈可以提高绩效，但反馈对绩效的作用机制却取决于多方面因素。同事反馈不仅是一种外部干预手段，同时也是组织环境中一种典型的工作事件，这种工作事件必然伴随着情感体验。由情感体验影响的个体行为分为情感驱动行为和判断驱动行为，其中情感驱动行为是情感体验的直接反映，判断驱动行为是由受到情感体验影响的工作态度（工作满意度）而决定的行为。Madjar、Oldham 和 Pratt（2002）以 265 名企业个体作为被试，通过问卷调研的方法，发现来自工作方面（上级或同事）和非工作方面（家人或朋友）的支持性情境因素，通过激发个体的积极情感促进其创造力，因此，他们得出结论：情感可以被看作中介变量，以解释员工得到的来自组织内外的与创造力有关的支持和那些员工的工作创造力之间的关系。基于以上研究分析，提出假设 3：

假设 3a：积极情感在同事反馈与个体创造力之间起中介作用；

假设 3b：消极情感在同事反馈与个体创造力之间起中介作用。

3.2 研究设计

3.2.1 样本

本章的调查样本由北京地区的 9 家企业的 195 名员工及对应的 18 名直接主管组成。员工分别按照自己感受到的实际情况填写“同事反馈量表”以及“积极情感与消极情感量表”，并同时要求员工填写姓名、性别、学历和工作时间等人口统计学信息。员工对应的直接主管根据员工在工作中的实际表现填写“创造力测量量表”。调研过程中发出 252 份问卷，回收 213 份，回收率为 85%，剔除不合格的问卷 18 份，得到有效问卷为 195 份，有效率为 92%。

3.2.2 变量与测量

（1）同事反馈量表。该量表是国内学者依据 Kohli 和 Jaworski 关于同事反馈对销售人员工作绩效的影响研究并结合中国国情而编制的，共四个维度，分别是基于结果的积极反馈、基于结果的消极反馈、基于行为的积极反馈、基于行为的消极反馈，20 个条目。经检验，问卷总体信度为 $\alpha = 0.63$，符合心理测量学要求。

（2）积极情感与消极情感量表。积极情感与消极情感的测量采用 Watson 等（1988）开发的“积极情感与消极情感量表”（PANAS）。该量表包括 10 个积极情感和 10 个消极情感的题目，要求员工回想同事反馈时你的感受，从 1（没有感觉）到 5（感觉非常强烈）进行选择，然后分别算出积极和消极情感得分，问卷总体信度为 $\alpha=0.87$。

（3）创造力测量量表。为了保证创造力测量结果的准确性，本章继续采取前人所用的主观评价的方式。该量表只有一个维度，包含 13 个题目，要求主管根据员工的创造力表现打分，从 1（一点也没有）到 5（非常明显）进行选择，13 个题目加总得到员工的创造力水平，量表总体信度为 $\alpha=0.83$。

先由企业员工根据自己在工作中的实际情况填写"同事反馈量表""积极情感与消极情感量表"。再由主管根据员工实际表现，为其填写"创造力测量量表"。

3.3 研究结果

采用 SPSS21.0 对数据进行统计分析，运用多层回归分析法来验证目标自我一致的中介作用、性别的调节作用。

3.3.1 描述性和相关统计分析

对本章中所涉及的变量进行描述性分析和相关分析，得到均值、标准差和相关系数如表 3-1 所示。由表 3-1 可知，基于能力的积极同事反馈、基于任务的积极同事反馈与个体的创造力正相关（$r=0.29$，$p<0.01$；$r=0.31$，$p<0.01$）；基于能力的消极反馈与创造力负相关（$r=-0.18$，$p<0.01$），而基于任务的消极同事反馈与创造力负相关，但是不显著（$r=-0.09$，$p>0.05$）；积极情感与创造力正相关（$r=0.31$，$p<0.01$）；消极情感与创造力负相关，且不显著（$r=-0.1$，$p>0.05$）。

表 3-1 各变量描述性统计结果

变量	均值	标准差	1	2	3	4	5	6	7
1. 基于能力的积极同事反馈	18.89	3.11	1						
2. 基于能力的消极同事反馈	11.49	3.37	-0.24**	1					
3. 基于任务的积极同事反馈	16.14	2.96	0.31**	-0.05	1				

续表

变量	均值	标准差	1	2	3	4	5	6	7
4. 基于任务的消极同事反馈	13.5	4.73	-0.31**	0.49**	-0.26**	1			
5. 积极情感	30.87	7.04	0.21**	-0.05	0.25**	0.15*	1		
6. 消极情感	18.36	6.79	-0.42**	0.42**	-0.01**	0.44**	0.25*	1	
7. 创造力得分	46.44	6.72	0.29**	-0.18**	0.31**	-0.09	0.31**	-0.1	1

注：n=195；** p<0.01，* p<0.05。

3.3.2 同事反馈对创造力的影响作用检验

为了检验同事反馈的具体内容对创造力的影响，将被试的性别、年龄、学历和工作时间作为控制变量，将基于能力的积极同事反馈、基于任务的积极同事反馈、基于能力的消极同事反馈、基于任务的消极同事反馈作为自变量，将创造力作为因变量进行强迫多元回归分析，结果如表 3-2 所示。表中结果显示，当四种反馈类型同时进入回归模型的时候，四种反馈对创造力均产生显著预期。除了基于任务和基于能力的积极同事反馈对个体创造力产生正向作用外，基于任务的消极同事反馈也能够对个体的创造性绩效产生正向作用，基于能力的消极同事反馈对个体的创造力产生负向作用，由此支持了假设 1a、1b、1c，假设 1d 不成立。

表 3-2 同事反馈对创造力影响作用的回归分析结果

自变量	因变量创造力			
	R^2	ΔR^2	F	B
第一步 控制变量	0.03	0.01	1.25	
性别				-0.01
年龄				0.06
学历				0.01
工作时间				0.12
第二步 前因变量	0.19	0.16	5.43**	
基于能力的积极同事反馈				0.26**

续表

自变量	因变量创造力			
	R^2	$\triangle R^2$	F	B
基于能力的消极同事反馈				−0.22**
基于任务的积极同事反馈				0.19**
基于任务的消极同事反馈				0.16*

注：n=195；** p<0.01，* p<0.05。

3.3.3 同事反馈与情感关系检验

（1）为了检验同事反馈对员工积极情感的影响作用，将被试的性别、年龄、学历作为控制变量，同事反馈作为自变量，积极情感作为因变量进行强迫多元回归分析，结果如表3-3所示。从表中可以看出，控制变量对积极情感不产生显著预期，当前因变量同时进入时，四种反馈类型对积极情感均产生显著预期。其中，基于任务的积极同事反馈、基于能力的积极同事反馈能促进员工积极情感的产生，验证了假设2a。

表3-3 同事反馈对积极情感影响作用的回归分析结果

自变量	因变量积极情感			
	R^2	$\triangle R^2$	F	B
第一步 控制变量	0.03	0.11	1.53	
性别				0.03
年龄				−0.07
学历				−0.12
工作时间				0.01
第二步 前因变量	0.21	0.17	6.07**	
基于能力的积极同事反馈				0.26**
基于能力的消极同事反馈				−0.19**
基于任务的积极同事反馈				0.21**
基于任务的消极同事反馈				0.38**

注：n=195；** p<0.01，* p<0.05。

（2）为了检验同事反馈对员工消极情感的影响作用，将被试的性别、年龄、学历作为控制变量，同事反馈作为前因变量，消极情感作为因变量进行强迫多元回归分析，结果如表3-4所示。从表中可以看出控制变量对消极情感不产生显著预期，当自变量同时进入时，四种反馈类型对消极情感均产生显著预期。其中，基于任务的消极同事反馈、基于能力的消极同事反馈促进了消极情感的产生，验证了假设2b。

表3-4　同事反馈对消极情感影响作用的回归分析结果

自变量	因变量消极情感			
	R^2	$\triangle R^2$	F	B
第一步 控制变量	0.05	0.03	2.43	
性别				0.05
年龄				-0.09
学历				-0.22
工作时间				0.07
第二步 前因变量	0.38	0.36	14.35	
基于能力的积极同事反馈				0.17**
基于能力的消极同事反馈				0.3**
基于任务的积极同事反馈				-0.33**
基于任务的消极同事反馈				0.18*

注：n=195；** $p<0.01$，* $p<0.05$。

上述研究结果表明，积极的同事反馈能够诱发积极情感，消极的同事反馈能够诱发消极情感，验证了假设2。但是从上述结果也可以看出，基于任务的消极反馈和基于能力的积极反馈既激发了个体的积极情感，也激发了个体的消极情感。

3.3.4　情感的中介作用检验

由于消极情感与个体创造力之间相关但是不显著，消极情感对创造力的作用还没有取得一致的研究结果，所以本章只将积极情感作为两者的中介变量，检验情感的中介作用。根据温忠麟和叶宝娟（2011）建议的步骤，进行积极情感的中介效应检验，结果如表 3-5 所示。

表 3-5 积极情感的中介作用分析

	模型 1	模型 2	模型 3
	员工创造力	积极情感	员工创造力
性别	-0.03	0.12	-0.06
年龄	0.05	-0.1	0.07
学历	-0.02	-0.15	0.02
工作时间	0.14	0.04	0.13
1. 基于能力的积极同事反馈	0.19*	0.26**	0.15*
2. 基于能力的消极同事反馈	-0.22**	-0.19*	-0.25*
3. 基于任务的积极同事反馈	0.26**	0.21**	0.21**
4. 基于任务的消极同事反馈	0.17*	0.38**	0.09
积极情感			0.22**
R^2	0.19	0.21	0.23
$\triangle R^2$	0.16	0.17	0.4
F	5.43**	6.07**	6.07**

注：n=195；** $p<0.01$，* $p<0.05$。

从结果可见：①同事反馈显著影响创造力，同事反馈额外解释了 16%的变异（$\triangle R^2=0.16$，$p<0.01$，模型 1），按中介效应立论；②同事反馈显著影响积极情感，同事反馈额外解释了 17%的变异（$\triangle R^2=0.17$，$p<0.01$，模型 2）；③以同事反馈和积极情感为自变量、员工创造力为因变量进行回归分析后，积极情感对创造力的影响显著（$\beta=0.22$，$p<0.01$，模型 3），基于能力的积极同事反馈、基于能力的消极同事反馈、基于任务的积极同事反馈对创造力的显著性预期下降，且模型 2 中两者的系数与模型 3 中积极情感系数乘积和模型 3 中两者的系数同号，说明积极情感为部分中介，基于任务的消极同事反馈对员工创造力的显著性从显著变为不显著，积极情感起了完全中介作用。同时模型 3 额外解释了 4%的变异

($\triangle R^2=0.4$，$p<0.01$)，说明积极情感在同事反馈和员工创造力之间起到了中介作用。

3.4 结论和讨论

本章通过对 195 名员工及其直接领导的问卷调查，深入探讨了同事反馈对其创造力影响的情感机制，研究结论如下：基于任务和能力的积极同事反馈以及基于任务的消极同事反馈对创造力产生起正向作用，基于能力的消极同事反馈对创造力产生起负向作用；基于能力和任务的积极同事反馈促进员工积极情感的产生，基于任务和能力的消极同事反馈促进消极情感的产生；基于任务的积极和消极同事反馈及基于能力的积极同事反馈通过促进积极情感的产生提高创造力，基于能力的消极同事反馈通过阻碍积极情感的产生降低创造力。反馈是典型的外部干预引起个体行为改变的方式，对员工的创造力起着重要的影响作用。乐于积极体验，并能得到主管的积极反馈，同时可以灵活扮演自己在工作中角色的员工会表现得更积极。

本章把同事反馈引入创造力研究的领域中，拓展了反馈对创造力影响的视角，并将情感引入同事反馈与创造力的关系中来。本章的创新点如下：①以往关于反馈与创造力的关系研究，大多研究领导反馈，而忽视了在同一环境中接触较多的同事的反馈。本章以同事反馈为方向，研究了同事的反馈效用，扩展了反馈的研究范围。②本章以组织中的情感理论为依托，引入情感作为中介变量，突破了以往以动机为中介的局限。③本章在研究过程中对反馈的种类在以往分类基础上做出了进一步细分，有助于反馈在创造性领域研究结论的整合，为相关学者提供了新的研究思路的同时也更贴近管理实践，增强反馈研究的实践意义。

在现代的绩效管理活动中，多数企业重视结果而忽略了过程，把绩效管理和绩效考评混为一谈。事实上绩效管理强调工作结果，更重视达成目标的过程与行为，它是一个通过目标、辅导、评价、反馈进而达成结果的循环过程，具有人力资源开发的意义。在管理实践中，应注意以下几点：①创造自主支持的同事反馈，形成自由的沟通交流环境；②为了提高同事之间交流的有效性，应对员工进行沟通技巧方面的培训，以正确的方式表达有建设性作用的意见才能最有效地提高员工的创造性水平；③对员工进行情感控制方面的培训，使员工能够清晰地意识到自己的情感变化，并通过主观的调控培养有助于创造性想法产生的情感，消除不利于创造力的情感。

本章研究的不足之处有以下几点：①对企业反馈的研究不够全面。在真实的企业环境中，反馈一般由领导反馈和同事反馈一起构成，本章只考虑同事层面，如果同时考虑两者的共同作用，会使研究更加客观和真实。同时，作为不同来源的反馈氛围，反馈更恰当地说是超越个体层面，反映群体水平影响状态的组织行为变量。②在样本上还需要进一步丰富，应扩大样本量，同时在选取被试的时候，应尽量使其人口统计学变量较为均衡。③本章研究为个体层横断面研究，而实践过程中反馈具有动态性，而且反馈从层面上看也不仅局限于领导、同事的个人层面，还有团队和组织层面。④消极情绪在同事反馈和创造力中的作用可能受到调节因素的调节，应继续探索。

展望未来研究，主要考虑反馈本身是一种比较复杂的变量，而创造力同样是受多种因素的影响，所以在研究两者关系时，本章提出以下建议：①进一步深入探讨领导反馈，为细致、深入地研究反馈的每一个维度对员工创造力的影响以及哪个维度的影响价值更大提供一定的实证基础。同时进一步研究领导反馈的作用，并将其与同事反馈相对比。同时加入调节变量，以更加细致地揭示同事反馈对创造力的作用。②研究样本更具有代表性。在今后的研究中可以将样本的来源聚焦于某一个特定性质的企业或行业，验证数据结果是否有差异性或是一致性。③研究方法更加科学化。可以综合考虑运用问卷调查和实验等多种研究方法，增强研究的可靠性。④将反馈作为整体，跨层次地考察员工所处的反馈氛围对其工作行为的影响。从团队和组织层面研究反馈对员工创造力的作用，运用纵向研究检验动态性，开展多层次纵向研究，增加结论的稳定性和全面性。

4 反馈寻求影响创造力的动机机制研究

创新是当今企业生存和发展的核心竞争能力，组织的创新来源于员工的创造力。激发员工的创新能力成为现代企业人力资源管理与开发的首要任务。较创造性人格与创造性思维而言，创造性环境因素更容易在管理实践活动中得到干预，在短时间内产生可觉察的效果，因此，影响创造力的组织环境因素成为当今组织创造力研究领域中的热点。反馈是组织环境的一种，是组织中最常用到的激励策略和行为校正工具。尽管反馈对绩效提升很重要，但很多员工发现自己仍处于反馈的真空中。Ashford（1986）提出了反馈寻求这一概念，为解决反馈真空这一难题提供了一条有效途径。然而，反馈寻求仅仅是一种主动行为，这种行为将通过不同反馈信息的作用最终影响员工的创造力，因此，本书在研究主动性行为的时候，又结合了这种行为伴随的结果即反馈信息，认为反馈寻求和反馈信息有可能会交互影响创造力。

已有关于反馈对创造力影响机制的研究，比较一致的观点是内部动机在影响过程中起到中介作用，而对于外部动机的影响则存在分歧。在现实工作中，完全由内部动机激发的行为非常有限，完全由外部动机激发的行为随处可见，更多的是内外部动机相结合而产生的作用。自我决定理论是目前唯一将外部动机进一步区分的理论，引入了外部动机内化的概念，其中的核心概念就是目标自我一致。主动寻求的行为伴之以相应的反馈信息必然会影响员工的目标自我一致，进而影响员工的创造力。本章将在自我决定理论的基础上，以目标自我一致为中介变量，研究个体主动的反馈寻求行为与反馈信息的交互作用对创造力的动机作用机制。

4.1 研究理论预设与假设的提出

4.1.1 反馈寻求对创造力的影响

自我调节理论强调个人有能力通过设立标准、管理向标准努力的过程来指导个体行为和绩效。已有研究表明，与不同专业个体的交流是促进员工产生新想法的重要来源，而且工作中与员工直接或间接相关的个体对于他们创造力的影响较大。同时反馈寻求作为个体的一种行为方式，会给个体带来反馈源对他的工作的意见，这些观点可能会随着时间的推移用以应对改变的环境，并且提供给个体不同的视角，将有助于个体在相关工作中产生更多的创造性点子，促进提升创造力。因此，基于以上探讨，提出如下假设：

假设 1：反馈寻求对创造力有显著影响。

4.1.2 目标自我一致的中介作用

目标自我一致是指个人所设定的目标与自己的内在兴趣、价值观的整合程度，这些内在的价值观、兴趣是“自我”的有机组成部分。已有学者发现，自我一致的目标能够反映员工的发展兴趣和内在价值，因此他们能够主动对自己的目标负责，并为了达成目标全力以赴。员工的目标自我一致水平会影响幸福感、满意度和绩效等变量。Ashford（1986）提出，反馈寻求行为主要受感知到的代价和感知到的价值影响。对于那些积极主动地向多个反馈源频繁寻求反馈的个体而言，他们对寻求反馈的价值感知要远远大于成本感知，这些个体会得到大量有价值的信息，这些信息能够给寻求者提供达成目标的相关策略信息，激发个体对工作产生内在兴趣，帮助其更好地专注于工作本身而不是对外在的担忧。因此，基于以上探讨，提出如下假设：

假设 2：目标自我一致对创造力有显著影响。

假设 3：反馈寻求对目标自我一致有显著影响。

假设 4：目标自我一致在反馈寻求和创造力之间起到中介作用。

4.1.3 反馈信息与反馈寻求对创造力的交互影响

反馈信息根据效价可以被分为积极反馈和消极反馈两种，根据信息传递的方式可以被分为信息性反馈和控制性反馈。龙军伟（2005）发现，对绩效具有主效应的是反馈效价和反馈提供方式。个体通过反馈寻求获得足够的信息以控制自己的行为，并根据自己的目标方向加以改进。Deci 和 Ryan（2002）的认知评价理论认为表扬个体、给予积极反馈，那么他的创造力会增强。Ryan 等（1989）将积极反馈通过信息性或者控制性的类型传递给受试者，受试者在信息性的形式下接受反馈时表现较好，同时认为“应该”做得很好的要求会使被试感到被控制着，结果内部动机较低。因此，基于以上探讨，提出如下假设：

假设5：反馈信息对创造力有显著影响。

假设6：反馈信息和反馈寻求交互影响创造力。

4.2 样本数据与实证过程

4.2.1 样本数据与测量工具

本章依据随机抽样和便利抽样相结合的原则，从北京9家企业进行问卷调查。调查中共发放问卷200份，回收175份，回收率为87.5%，有效样本为159个，涉及直接上级32名，有效样本占总样本的79%，占回收样本的91%，被试样本的性别比例基本均衡，分别在50%上下浮动；年龄20~30岁的人占了一半以上，90%的被试年龄在40岁以下；学历有70%是本科以上，素质相对较高；在此类岗位的工作年限50%集中在3年以下，80%集中在5年以下，工作时间较短。

本章采用以下测量工具：①反馈寻求量表。本章研究采用Ashford于2011年开发的反馈寻求测量量表。经检验，该量表的总体信度值为0.92。②反馈信息量表。以往研究中一般采取行为实验的方式控制反馈方式。章俊华（2008）以我国文化为背景编写了反馈的测量问卷，反馈被分为信息性积极反馈、信息性消极反馈、控制性积极反馈和控制性消极反馈四种类型，本章研究采用这个问卷。经检验，量表的整体信度为0.81，四个维度的信度分别为0.69、0.86、0.73和0.83。③目标自我一致量表。目标自我一致量表是Deci和Ryan以一般自我调节量表为基础编制的相应量表。该量表分四个维度，即外在调节、内摄调节、认同调节和内在调节。赋予外在维度和内部维度不同的权数，分别为-1和+1，即由认同维度和内部维度的分数相加减去内摄维度和外在维度的分数计算而来，由此得出的结果数值越大说明相对自主性即目标自我一致水平越高，而系数越低则说明目标自我一致水平较低。目标自我一致程度的高低取决于相对自主性系数的高低。量表总体信度为0.9。④创造力量表。与以往研究一致，本章研究中的创造力通过主管评价来测量。该量表包含一个维度，13个题目，要求主管根据员工的创造力表现打分，13 个题目加总得到员工的创造力水平。量表总体信度为 $\alpha=0.92$。先由企业员工根据自己在工作中的实际情况填写“反馈寻求量表”“反馈信息量表”和“目标自我一致量表”。再由主管根据员工的实际表现，为其填写“创造力测量量表”。

4.2.2 描述性和相关统计分析

各主要变量平均值、方差、相关系数如表 4-1 所示。反馈寻求与创造力的相关系数是 $\beta=0.33$，显著正相关（$p=0.002$），说明个体的反馈寻求水平越高，创造力水平越高；反馈寻求与目标自我一致显著正相关，相关系数 $\beta=0.48$（$p=0.000$），说明个体的反馈寻求水平越高，目标自我一致水平越高。目标自我一致与创造力显著正相关，相关系数为 $\beta=0.35$（$p=0.001$），说明目标自我一致水平较高的个体的创造力水平更高。因此，反馈寻求、目标自我一致和创造力三者之间两两显著相关，验证了假设 1。另外可以看出，控制性积极反馈、信息性积极反馈与创造力显著正相关，相关系数分别为 $\beta=0.38$（$p=0.000$）、$\beta=0.42$（$p=0.000$），说明个体得到的控制性积极反馈和信息性消极反馈能够促进员工的创造力；而控制性消极反馈和信息性消极反馈则与创造力显著负相关，相关系数分别为 $\beta=-0.21$（$p=0.047$）、$\beta=-0.4$（$p=0.000$），说明个体得到的控制性消极反馈和信息性消极反馈会阻碍员工的创造力。

表 4-1 各变量相关分析

	M	SD	1	2	3	4	5	6	7
1. 创造力	48.94	10.41	1						
2. 反馈寻求	63.00	13.00	0.33**	1					
3. 目标自我一致	43.92	8.39	0.35**	0.48**	1				
4. 信息性积极反馈	11.12	3.01	0.42**	0.37**	0.35**	1			
5. 信息性消极反馈	29.65	7.21	-0.40**	-0.23*	-0.21*	-0.34*	1		
6. 控制性积极反馈	8.22	2.68	0.38**	0.33**	0.47**	0.63**	-0.43**	1	
7. 控制性消极反馈	22.37	7.41	-0.21*	-0.09	-0.24*	-0.37*	0.63**	-0.49*	1

注：$n=159$；** $p<0.01$，* $p<0.05$。

4.2.3 回归分析

为检验员工反馈寻求水平、目标自我一致和创造力的影响关系，将被试性别、年龄、学历和工作年限作为控制变量，进行强迫多元回归，回归结果如表 4-2 所示。

表 4-2 回归分析

	模型 1	模型 2	模型 3	模型 4
	员工创造力	目标自我一致	员工创造力	员工创造力
性别	2.95	2.38	3.57	3.45
年龄	3.22	0.75	4.61	4.61
学历	5.16	3.63	5.69	3.21
工作时间	-0.83	3.43	-1.06	-1.0
反馈寻求	0.65**	0.49**		0.42
目标自我一致			0.71**	0.53**
R^2	0.14	0.38	0.12	0.16
$\triangle R^2$	0.09	0.34	0.06	0.02
F	2.55**	9.57*	2.89**	2.97**

注：n=159；** $p<0.01$，* $p<0.05$。

从上述回归结果可以看出，控制变量对创造力不产生显著性的预期。当反馈寻求进入时，反馈寻求对创造力产生显著预期，回归系数 $\beta=0.65$（$p=0.009$）；当反馈寻求进入时，反馈寻求对目标自我一致产生显著预期，回归系数 $\beta=0.49$（$p=0.000$）；当目标自我一致进入时，员工目标自我一致对创造力产生显著预期，回归系数为 $\beta=0.71$（$p=0.004$）。验证了假设 1、假设 2 和假设 3。

根据中介效应的分析步骤，检验目标自我一致在领导反馈环境与创造力之间所起的中介作用。在以反馈寻求和目标自我一致为自变量、员工创造力为因变量进行回归分析后，反馈寻求对员工创造力的显著性从显著变为不显著，分别由 Sig. = 0.009 下降到 Sig. = 0.07，β 系数由 0.65 变为

0.42，说明目标自我一致在领导反馈环境和员工创造力之间起到了完全中介作用。验证了假设4。

4.2.4 反馈信息的影响作用

为检验反馈对创造力的影响效果，分别将控制性积极反馈、控制性消极反馈、信息性积极反馈和信息性消极反馈与创造力做回归分析，结果如表4-3所示。

表4-3 反馈信息对创造力影响的回归分析

自变量	因变量 创造力				
	ΔR^2	R^2	F	B	Sig.
信息性积极反馈	0.16	0.17	18.46	2.89	0.00**
信息性消极反馈	0.14	0.15	16.34	-1.38	0.00**
控制性积极反馈	0.13	0.14	15.01	2.99	0.00**
控制性消极反馈	0.03	0.04	4.07	-0.69	0.04*

注：n=159；** $p<0.01$，* $p<0.05$。

以上结果显示，控制性积极反馈能够促进个体的创造力（β=2.99，p=0.00），控制性消极反馈会阻碍个体的创造力（β=-0.69，p=0.04）；信息性积极反馈能够促进个体的创造力（β=2.89，p=0.00），信息性消极反馈会阻碍个体的创造力（β=-1.38，p=0.00）。从数据结论可以看出，积极反馈无论以控制性方式还是以信息性方式传递，对创造力影响的差异不明显；而消极反馈以控制性的方式传递对创造性的阻碍作用明显强于以信息性方式传递的影响效果。验证了假设5。

为证实综述中提出的反馈信息与反馈寻求对创造力存在交互作用影响，本章将信息性积极反馈、信息性消极反馈、控制性积极反馈、控制性消极反馈和反馈寻求、创造力做双因素单变量方差分析，其中创造力为因变量，结果如表4-4所示。

表 4-4　反馈寻求和反馈信息对创造力的交互作用分析

因变量　创造力	F	Sig.
1. 信息性积极反馈		
校正模型	7.48	0.03*
反馈寻求×信息性积极反馈	5.98	0.03*
2. 信息性消极反馈		
校正模型	28.20	0.00**
反馈寻求×信息性消极反馈	10.84	0.01*
3. 控制性积极反馈		
校正模型	6.48	0.00**
反馈寻求×控制性积极反馈	2.89	0.04*
4. 控制性消极反馈		
校正模型	14.21	0.00**
反馈寻求×控制性消极反馈	6.38	0.02*

注：n=159；** $p<0.01$，* $p<0.05$。

表 4-4 中数据显示，信息性积极反馈、信息性消极反馈、控制性积极反馈和控制性消极反馈校正模型（即总体结果）的 F 值分别为 7.48、28.2、6.48、14.21，显著性分别为 0.03、0.00、0.00、0.00，小于 0.05，说明检验结果显著。交互项的检验统计值 F 分别为 5.98、10.84、2.89、6.38，检验的概率 p 分别为 0.03、0.01、0.04、0.02，小于 0.05，说明四种反馈信息分别与反馈寻求对创造力的交互作用存在，验证了假设 6。

4.3　结论与讨论

本章通过对 159 名员工及其直接领导的问卷调查，深入探讨了员工反馈寻求对其创造力影响的动机机制，研究结论如下：反馈寻求、目标自我一致、不同的反馈信息对员工的创造力影响显著，目标自我一致在反馈寻求对员工创造力的影响中起中介作用，反馈信息和反馈寻求对创造力产生交互作用。传统上默认员工需要激励和领导，没有认识到员工的自我调节的潜力。本章研究认为创新不仅是组织驱动的，个人主体作用在产生创造力的过程中也起非常重要的作用。作为影响创造力的重要动机因素之一，目标自我一致会因为工作本身给个体带来的挑战性和乐趣而影响创造力。只有积极主动，愿意并乐于献身的个体，即目标与“自我”整合程度较高的个体，才能在创造性工作中有所成就。积极反馈的传递方式对员工的创造力的影响区别不大，而消极反馈以控制性方式传递比以信息性方式传递对员工创造力的阻碍作用更强烈，可见在实际工作过程中，消极反馈的传递方式尤为重要。

本章研究的主要理论和实践价值体现在以下三个方面：第一，反馈寻求的研究认为员工不只为反馈的被动接受者，还是主动寻求自己需要的信息来修正、实现自己目标的个体。第二，反馈寻求虽然已经逐步走进学者们的视野，但是目前的研究大多局限在反馈寻求的影响因素等方面，对于反馈寻求的影响结果少有研究，对于其中的作用机制的研究更少。本章基于自我决定理论探讨了反馈寻求行为与反馈信息的交互作用对创造力的动机机制，为反馈寻求与创造力的作用机制的研究开辟一个新途径。第三，基于反馈寻求与创造力的关系，管理者应该主动提供相关反馈、建立自主支持的环境，为员工主动寻求更多的反馈提供可能，同时提示管理者应注意激发员工对工作的内在兴趣与认可，从而使员工能够产生更高的创造力。

本章的局限主要表现为：创造力的评价结果可能会受到领导的个人特点、领导与员工的关系等因素的影响；反馈寻求本身有很多维度，本章只把反馈寻求作为单一维度进行研究，没有进行细化及深入的研究和探讨；本章的样本还需要进一步丰富。展望未来研究，在本章的基础上，对于反馈寻求的其他内容，例如问询式的反馈寻求和监控式的反馈寻求、反馈寻求频率和幅度、反馈寻求的目标源等进一步分析和探讨可以更明确地解释反馈寻求对创造力的影响以及比较几者之间对创造力影响的强烈程度；在以后的研究中可以结合问卷测评打分和实验方法同时进行，使研究方法科学化，最大程度地减少外部因素的影响。

5 创造性反馈环境的内容结构研究

5.1 问题的提出

反馈是影响创造力的重要环境因素之一（Ford，1996；Zhou & George，2001），但反馈对创造力提高效果不佳的问题使研究者认为不仅要关注单一的反馈干预，更要关注更广泛的心理觉知到的关注创造力提升的反馈情境（Steelman et al.，2004）。研究者提出的反馈环境的概念关注了反馈源、反馈信息、反馈方式等相融合的反馈情境，突出了反馈接收者对反馈有效性的建构和鼓励反馈寻求的作用，却忽视了对创造力提升的针对性。与传统反馈环境追求产品、服务的数量、速度、时间相比，创造性反馈环境又有其特点，因此就有必要在反馈环境研究的基础上，探讨创造性反馈环境的特征以不断丰富反馈环境的结构内容。基于上述论述，本章的主要目的有三个：一是基于扎根理论方法开发创造性反馈环境的构思；二是编制创造性反馈环境的量表；三是检验创造性反馈环境对创造力的影响，对比不同类型企业（创新型和非创新型）创造性反馈环境及对创造力影响的不同。

5.2 创造性反馈环境的构思开发

5.2.1 研究目的

本章将创造性反馈环境作为一个新的理论构思，其构思的开发与验证成为本章研究的第一环节。Bryman（2004）与 Conger（1998）指出，通过定性研究，可更全面、深入地刻画并阐释社会影响过程。针对探索创造性反馈环境这一复杂的环境，适于采用定性研究来描述和分析创造性反馈环境的结构内容、特征、影响因素以及影响过程，与之不同的是，扎根理论分析可通过多情境结合的方式将此过程记录下来（Egri & Herman，2000）。因此，本章将采用扎根理论方法来阐释创造性反馈环境独特而丰富的内涵，并开发创造性反馈环境的测评工具。

5.2.2 研究方法——扎根理论分析

作为一种定性研究方法，扎根理论（Grounded Theory）是由 Strauss 与 Glaser 在 1967 年提出来的，目前在社会科学研究的许多领域内得到了应用。其强调在研究过程中，研究主体应将研究之前的假设全部抛开，从原始资料中不断汇总并提炼出新观点。同时还指出，扎根理论是一种为了将新理论、新定义挖掘出来的、能够概念化的、自然的、依靠范围与特征构成的行为模式的一种理论方法，它并非只是纯粹地对探索的现象进行刻画，也不是对研究假设的理论观点进行的验证。

扎根理论主要被用于社会过程分析，而不是像团体、个人等非社会结构单元。实际上，扎根理论研究同问卷研究、案例研究等诸多描述性研究存在着巨大的差异，它对探索人际间的关系、个人过程、社会过程和个人之间的动态作用更为适用（Egri & Herman，2000）。因此，本章将选取创新型企业的研发人员、IT 工作人员作为研究的具体对象，针对创造性反馈环境影响的过程展开更深层次的探索与分析，“捕获”创造性反馈环境的关键特征。由于《高新技术企业认定管理办法（2016 版征求意见稿）》于 2016 年 1 月 1 日刚刚实施，新的认定工作刚刚开始，因此本章对创新型企业的选取标准是上一版认定管理办法即《高新技术企业认定管理办法》（国科发火字〔2008〕172 号）。

扎根理论方法已建立起整套健全的程序，也就是选择性编码、理论性取样、不断比较而逐渐形成理论以及开放性编码（Glaser，1992）。尽管 Corbin 等（1998）确立了严谨的扎根理论操作流程，大幅提高了新技术与新手段，如主轴编码和条件矩阵，但是 Glaser 和 Strauss（2010）强调，Corbin 谈到的扎根理论技术的应用过程太过公式化与程式化，与扎根理论的根本宗旨及精神相悖。所以，此次研究最终决定以 Glaser 等的经典扎根理论操作程序为依据逐步搭设创造性反馈环境的理论构思。

5.2.2.1 理论性取样

理论性取样指的是以建构理论的需求为依据，有针对性地挑选样本的选取被试的手段，它是对数据进行收集的整个过程的统称。相关研究人员结合自身需求以出现相关现象的某个样本为着眼点，边编码边收集并对数据进行解读，然后采取备忘录与编码分析的方式将下个环节中数据收集方式确定下来（Glaser & Strauss，2010）。数据收集的过程并不是预先确定的，而需由生成的理论实施管控。本章充分遵循理论性取样的一致性与典型性原则，将创新型企业的 IT 工作人员、研发人员当成研究目的，针对在创造性反馈环境内怎样才能在激烈的竞争中得以生存并实现可持续发展进行研究。Ireland、Hitt 和 Sirmon（2003）指出，理论性取样要尽可能地将企业发展生命周期的各个阶段囊括在内，做好数据收集、解读、编码工作，然后实施对比研究，直至理论饱和才可停止数据收集。

5.2.2.2　数据收集

在收集一手资料时，此次研究采取以半结构化深度访谈为主，网络搜索相关报道、企业网站信息、视频资料为辅的方式，以丰富关于创造性反馈环境的有关信息资料。在扎根理论研究过程中，主要通过深度访谈的方式收集数据。此次研究对 30 名创新型企业研发人员和 IT 工作者实施了半结构化深度访谈，了解激发创造力的反馈环境的概况。

整个访谈基本上采取面对面的方式进行，预先经中间人介绍，双方认识有利于被访者打开心扉接受访谈。考虑到现场突然提问的方式通常会让受访者感到紧张，因此会在访谈前让被受访者浏览访谈提纲，确定访谈的地点与具体时间。在访谈之前，要向被访谈者说明本次访谈的目的是学术研究且采取匿名的形式进行，使被访者敞开心扉回答相应问题。同时在访谈过程中紧紧围绕着提纲展开，并结合被访者的实际状况做延伸。首先，邀请受访者进行回忆：在工作过程中企业领导或同事和个体沟通、交流专业技术与工作经验的场景，其参与技术、产品、流程等创新活动的经历。然后，问及在前文提及的场景或经历中领导的实际反馈及其本人的心理感受。由被访者对相关事件进行回忆与表述所获取到的感知，既能由此得到心理层面的信息，又能为挖掘出创造性反馈环境奠定基础。另外，在访谈时要尽可能地使参访者积极、主动地加入讨论中，以追问的方式收集到更多的信息。

每例访谈的时间基本控制在 30~50 分钟，30 例访谈共 18 个小时。在这当中，有 25 例访谈是在公司现场展开的，同时一起工作，在现场进行参与式观察，侧重于对询问领导和同事对其创造性想法的反馈、反馈接收方对反馈的知觉进行观察，然后基于此进一步验证深度访谈获取到的数据的真实性与准确性。此外，还充分参考深度访谈的主要事件、企业网站信息以及新闻报道实施三角证据取证。

收集数据历时一个月，然后归纳整理通过现场参与式观察、深度访谈、搜集网站信息所获取到的文字资料、数据。在此次研究过程中以深度访谈整理的文本为对象进行编码分析，而其他途径获取到的资料则在事件佐证中使用。

5.2.2.3 编码分析

（1）开放式编码。按照理论性取样原则，以开放的研究态度，既施行开放式编码与数据分析，又进行数据收集（Glaser，1992）。针对全部材料进行逐行编码，通过分析研究每个事件编码，从中提取出定义，这样可以逐步实现扎根理论分析的契合性和相关性（Wertz et al.，2011）。在编码中尽量使用原生编码，即受访者自己表达的词语或句子，作为反映受访者谈话和意义的标识符号，这样可以反映创造性反馈环境这一特殊环境的特点，也有利于反映这一环境中员工对环境的真实情感与感知。由于访谈文本的归纳汇总会对逐行编码展现意义的效果形成影响，所以在此次研究过程中采取逐句编码、逐行编码、逐词编码相结合的方式，以数据特性为依据，自然、真实地展现文本数据的定义。最终自理论性取样的30例样本内的全部数据中提炼出452个概念，如表5-1所示。

（2）选择性编码。编码分析的第二步即选择性编码。这种编码方式的选择性、指向性以及概念性较逐句、逐行以及逐段编码要强得多（Glaser，1992）。选择性编码是以使用频率高、重要性更为显著的初始代码，经过筛选代码的方式将核心范畴提取出来，这里提及的核心范畴其实是在开放式编码过程中自然而然展现出来的，其具有频繁重现性与关联的重要性。此次研究把在开放式编码时提取出的初始概念实施对比研究，从数据中提炼出和创造性反馈环境有关的主要概念。此次研究过程中以创新型企业内共30名IT工作人员与研发人员为对象实施理论性抽样研究，然后归纳划分开放性编码内的452个概念，将出现概率更大、关联性更高的18个子范畴提取出来，实施划分合并，最终变成两个核心范畴，如表5-2所示。

表 5-1　研究对象 A1 的开放性编码示例

<table>
<tr><th rowspan="2">原始资料</th><th>开放性编码</th></tr>
<tr><th>初始概念</th></tr>
<tr><td rowspan="15">前段时间项目比较多，领导说看看有没有什么好办法，抓紧时间学，争取早点做完。在这种情况下，我会想有什么新的方法能让工作效率高一些，让做的项目出现的小错误少一些。然后我在网上搜索相关资料后，问同事有什么好办法。他们聊到一些同行有一些经验，比如……，那个公司在这个方面做得好，在一些细节处理上用了新的方法，如……
有些项目可能在一些方面比原来的项目要求更具体或更详细，比如计算、图纸等。然后征求领导意见的时候，领导觉得之前的做法能通过，那就按以前的做，这样稳妥一些。我觉得心里很不舒服，明明是要求更具体的，就跟同事唠叨领导的意见。有的同事就劝我：“既然领导说了按原来的做就按原来的做吧，出了问题又不是我们的，你动脑子想办法可能出力不讨好，万一弄不好别人会笑话你逞能。”
……</td><td>A1-1 领导说看看有没有好办法</td></tr>
<tr><td>A1-2 抓紧时间学</td></tr>
<tr><td>A1-3 我会想有什么新方法</td></tr>
<tr><td></td></tr>
<tr><td>A1-5 询问同事有什么好办法，同事介绍同行经验</td></tr>
<tr><td></td></tr>
<tr><td></td></tr>
<tr><td></td></tr>
<tr><td>A1-10 按照以前的做，稳妥一些</td></tr>
<tr><td></td></tr>
<tr><td></td></tr>
<tr><td></td></tr>
<tr><td>A1-14 动脑子可能出力不讨好</td></tr>
<tr><td></td></tr>
<tr><td>……</td></tr>
</table>

（3）理论性编码。它指的是针对实质性编码之间隐形的相互关系进行概念化处理，在书写并整理备忘录、编码时自然而然形成的系统的、全面的理论（Glaser，1992）。在选择性编码、就不同企业不同岗位员工对创造性反馈环境的感知与一般的反馈环境进行比较以及在所抽取概念之间进行比较（见表 5-3）。

表 5-2 选择性编码结果

核心范畴	子范畴	对初始概念的筛选与分类示例
领导创造性反馈环境	反馈源可信性	A1-23 我的领导对我们还是比较公平的；A3-5 在行业内我们经理是后起之秀；A4-10 头头是道；B1-3 专家就是专家……
	反馈质量	A1-16 他能讲出来龙去脉；A1-20 对工作很有帮助；A2-2 听他讲很有收获；A2-5 领导讲得很让人服气……
	反馈方式	A2-8 领导对人很和善；A2-12 我觉得我的想法不错的时候领导也会表扬我；A3-9 批评的时候比较委婉……
	反馈准确性	A1-14 我的新想法没成功，但领导仍然鼓励我不断学习；A2-10 及时给我纠正；A2-19 我能感到领导对我的认可……
	反馈可获性	A3-19 对一项工作是否开展我正犹豫的时候，领导能给我指点；B1-7 除了安排工作，他不跟我们交流……
	支持反馈寻求	A2-5 问问题他很有耐心；A3-13 我的领导一般不愿意让我们观察他的言行判断做得对错；A6-2 领导鼓励让多问问题……
	创新时间保障	A1-2 抓紧时间学；A2-23 想在短时间内完成领导让提的要求对我很有难度……
	创新的耐受性	A1-10 按照以前的做，稳妥一些；A1-14 动脑子可能出力不讨好；A4-12 主管对新想法有偏见……
	创新目标期待	A1-1 领导说看看有没有好办法；A2-28 鼓励我们多动脑子想新办法；A3-16 领导希望有新的方法解决问题……
同事创造性反馈环境	反馈源可信性	A1-27 别看是名校毕业，但好交流；A2-20 在一块能取长补短；A3-1 跟同事聊没距离，也都了解彼此的水平；A3-6 我们里面藏龙卧虎……
	反馈质量	A1-19 相互比较和学习让我思路开阔；A1-21 听他们讲讲一用还真省事；A2-4 他能给我讲点干货；A2-6 他讲的方法，我也不知道他怎么学的，挺有用……
	反馈方式	A3-11 办公室关系融洽；A3-20 大家交流起来很开心；A4-9 都很负责，包括别人的问题；B1-10 给我意见时很得体，我很愿意听他的看法……
	反馈准确性	A2-8 看问题很准；A3-22 他能给我的创意加分；A4-3 及时准确地给我意见；B2-17 有个错误他都没看出来……
	反馈可获性	A4-26 大家各忙各的；A4-29 他可能怕我超过他；B1-9 我有问题就问我的对桌，他很热心；B3-12 这个不会问那个……

续表

核心范畴	子范畴	对初始概念的筛选与分类示例
同事创造性反馈环境	支持反馈寻求	A1-5 询问同事有什么好办法，同事介绍同行经验；B2-11 同事之间忌讳观察别人的言行判断做得对错；A4-5 我问问题他爱答不理的……
	创新时间保障	A3-29 平时忙工作哪儿有时间想创新的事；A8-2 一块合作干活，为了不耽误别人时间，不得不按老方法做……
	创新的耐受性	A6-10 按部就班地做，同事们都这样，别想出新点子出风头；B1-21 要是创新不成，可让他们看笑话了……
	创新目标期待	A4-15 同事也希望我能有新想法能快点完成任务；B5-3 同事会劝我想想有没有好的新办法；B6-18 同事有时希望我有新的办法处理并跟他们分享……

表 5-3　不断比较：概念与范畴之间的比较以及与相关文献比较

理论性编码		相关文献比较与验证
核心范畴	子范畴	
领导创造性反馈环境	反馈源可信性	Albright & Levy, 1995；Steelman, Levy & Snell, 2004
	反馈质量	Greller, 1980；Herold, Liden & Leatherwood, 1987；Steelman, Levy & Snell, 2004
	反馈方式	Zhou, 2003；Steelman, Levy & Snell, 2004；Madjar, 2008
	反馈准确性	Jaworski & Kohli, 1991；Greller & Parsons, 1992；Steelman, Levy & Snell, 2004
	反馈可获性	George & Zhou, 2001；Steelman, Levy & Snell, 2004
	支持反馈寻求	Ashford, 1989；Steelman, Levy & Snell, 2004
	创新时间保障	Zapf, 1993；Baer & Oldham, 2006
	创新的耐受性	Hansen, 2007；Merrotsy, 2013
	创新目标期待	Lock & Latham, 1990；Tierner & Farmer, 2004；Unsworth, Wall & Carter, 2005

续表

理论性编码		相关文献比较与验证
核心范畴	子范畴	
同事创造性反馈环境	反馈源可信性	Albright & Levy, 1995; Steelman, Levy & Snell, 2004
	反馈质量	Greller, 1980; Herold, Liden & Leatherwood, 1987; Steelman, Levy & Snell, 2004
	反馈方式	Zhou, 2003; Steelman, Levy & Snell, 2004
	反馈准确性	Jaworski & Kohli, 1991; Greller & Parsons, 1992; Steelman, Levy & Snell, 2004
	反馈可获性	George & Zhou, 2001; Steelman, Levy & Snell, 2004
	支持反馈寻求	Ashford, 1989; Steelman, Levy & Snell, 2004
	创新时间保障	Zapf, 1993; Baer & Oldham, 2006
	创新的耐受性	Hansen, 2007; Merrotsy, 2013
	创新目标期待	Lock & Latham, 1990; Tierner & Farmer, 2004; Unsworth, Wall & Carter, 2005

5.2.3 理论建构

根据扎根理论分析研究得出，创造性反馈环境是指工作环境中针对员工工作中的产品、服务、程序以及过程提出新奇且又可行的想法而形成的领导与员工、同事与同事之间的反馈情境，主要由领导创造性反馈环境和同事创造性反馈环境两个维度组成。

领导创造性反馈环境是指针对员工工作中的产品、服务、程序以及过程提出新奇且又可行的想法，领导以得体的方式给予可信的、高质量的、准确的反馈信息，支持反馈寻求并给予创新的时间保障、耐受性和目标期待的情境。领导创造性反馈支持主要包括反馈源的可信性、反馈质量、反馈准确性、反馈方式、反馈的可获性、支持反馈寻求、创新时间保障、创新的耐受性和创新目标期待。通过扎根理论分析，领导反馈质量、反馈准确性、创新时间保障、创新的耐受性和创新目标期待是其中的重要方面。高质量的反馈具有跨时间的一致性，而且是准确的，能够让接收者感知到反馈非常有用，而低质量的反馈则会随着反馈源的心情、反馈目标的喜好或观察时机的变化而变化（如 C3-6 老板是个理性的人；D1-16 我们去汇报之前都先打听一下老板高兴吗；F2-3 几回汇报他的要求还是一样）。反馈的准确性表现在积极反馈和消极反馈的准确性两个方面。积极反馈的准确性是感受到的积极反馈的准确性（B3-5 这个突破受到了表扬），例如在自己看来工作表现出色的时候也受到了领导的赞许。同样，消极反馈的准确性是指感受到消极反馈的准确性（G1-9，我觉得这点可能有点问题，没想到他还真看出来了）。对反馈准确性的觉知也成为影响员工对于反馈源可信性的重要方面。由于新的可行的想法的产生需要一个过程，因此在领导创造性反馈环境中，应该更加鼓励员工把来自不同渠道的想法联系起来，这也是较针对一般绩效的领导反馈环境所不同的特点。员工要有创新，所投入的注意力是关键因素，此时的注意力集中在创造性工作而非其他工作中，需要有足够的时间保障。一旦环境中时间压力大，个体会感到手足无措，被多个目标牵引，无法在一个阶段内集中注意力在一个活动中，此时就会产生挫败感（E2-8 能者多劳，哎，没办法，好几个活儿都给我，哪个也都只能做个一般般；F1-5，时间紧就只能套原来的，创新难啊），从而不情愿再探索新的有用的方法、技术，也不会去思考如何全面地解决问题，更倾向于用老方法、老程序先完成任务再说。相反，没有时间压力的个体则有更多的时间和精力从多个角度创造性地思考问题。对创新的耐受性也是其中的重要方面。员工需要知道他们在一定范围内冒风险或者失败是可以接受的，他们不会受到惩罚，反而在创造力产生时会得到奖励。目标设定的基本动机假设为：假定可借助引导员工明晰目标的方式增强个体的注意力和努力程度。创新目标期待可以明确或模糊地让员工知道，如果要有效地进行工作，创造力是必需的（D2-10 领导对创新有奖励，有细则，我们可以对照执行）。

同事创造性反馈环境是指针对个体工作中的产品、服务、程序以及过程提出新奇且又可行的想法，同事以得体的方式给予可信的、高质量的、准确的反馈信息，支持反馈寻求并给予创新的时间保障、耐受性和目标期待的情境。和领导相似，同事创造性反馈支持主要包括反馈源的可信性、反馈质量、反馈准确性、反馈方式、反馈的可获性、支持反馈寻求、创新时间保障、创新的耐受性和创新目标期待。由于在工作环境中，同事之间有着很多接触，相比领导创造性反馈环境而言，同事反馈支持在反馈的可获性方面有着独特的优势，因此同事反馈支持可能在影响员工创造力方面发挥着不同的作用。在同事创造性反馈环境中，反馈方式、反馈可获性、创新时间保障、创新的耐受性和创新目标期待是影响反馈效果的重要方面。由于同事之间具有平等性，因此反馈提供者不仅应该学会提供什么样的反馈信息，更应该学会把握提供反馈的过程和举止表现的意图。正如 Ilgen、Peterson、Martin 和 Boeschen（1981）研究发现，提供反馈表现的关心与反馈的帮助性、对反馈本身的满意度正相关。同事之间的反馈更要把握反馈方式，尽量以关心的方式来表达反馈（C2-5 他总是以资格老教训人；D3-2 互相体谅着交流最好；G1-15 别人提个建议他总会指手画脚地提出无聊的问题）。通过访谈发现，反馈者与被反馈人员共处同一工作环境是影响反馈效果的很重要的因素，这就使同事反馈具有较领导反馈得天独厚的优势，空间距离、权力距离较领导都要小，交流更加方便。由于同事之间的平等性和创新带来的不确定性，个体同样看重同事对创新的看法。由于一些工作需要同事间共同合作完成，而一旦想要有新的想法就必然要投入精力，就需要有足够的时间保障。一旦环境中时间压力大，个体会感到周边同事按照老办法做事的速度和时间压力，使其不得不用老办法尽快完成任务。对创新的耐受性也是其中的重要方面。个体愿意冒风险和接受正常的失败是件很难的事情，这里需要依靠同事对创新的耐受性（G1-18 轻易别创新，弄不好别人会说你想逞能不成结果出丑了）。创新目标期待会有效地引导个体的注意力到任务的特定方面，这有利于反馈信息的获取，可以预见，创新目标期待会影响创造所需要的一些认知活动，例如帮助决定在哪里收集信息以及如何评估所收集信息的有用性（A3-22 用户体验需要改进，我们就得不断搜集信息来提高）。

5.3 创造性反馈环境的构思验证

5.3.1 研究目的

根据扎根理论相关研究，创造性反馈环境的构思以二维度的形式初步形成，但扎根理论主要在于理论构建，因此，在对该构思进行验证方面还缺乏一定的实证性，需要结合相应的变量以及定量等进行分析，从而确认其构思效度。同时，根据扎根理论所得出的创造性反馈环境的构思无法准确描述员工觉知到创造性反馈环境的支持程度，需要编制创造性反馈环境从而确保测量的真实性与有效性。本章所进行的研究主要针对创造性反馈环境的开发，并结合问卷调查的方式验证创造性反馈环境的结构维度，从而为创造性反馈环境的结构维度提供更加有力的实证依据，并为后续研究创造性反馈环境的形成及影响机制提供重要的测量工具。

5.3.2 量表开发

在检验创造性反馈环境构思的过程中，重点在于编制检验量表。根据上文所描述的扎根理论，本章可以确定有关创造性反馈环境构思的两大重点：一是核心维度，二是子范畴。扎根理论为验证创造性反馈环境构思提供了必要的理论基础。另外，结合以往的相关文献与研究资料，结合中国情境下的语言环境以及语言行为等进行描述，从而编制出以 100 个行为条目为主要内容的测量表。

笔者为充分确保测量表所展现的内容效度，邀请三位了解创造力研究背景以及研究历程，并对开发测量表有相关经验的研究人员对笔者所罗列的内容进行审核，确保研究内容的间接性、研究理论的维度以及研究条目的正确性等，同时也对本章研究提出一定的修改意见。本章所采用的量表研究法主要是内容效度比（Content Validity Ration，CVR），通过研究可以看出本章开发的创造性反馈环境量表内容效度较为理想。其中，两位专家认为“领导一般以比较得体的方式给予我绩效反馈”（题目 23）、“我珍惜从领导那里得到的工作评价”（题目 32）、“领导以比较委婉的方式对我的工作进行评价”（题目 33）、“同事一般以比较得体的方式给予我绩效反馈”（题目 75）此类表述太过宽泛，在创造性反馈环境研究中并不适用，因此笔者听从专家建议去除了以上 4 个条目，共由 96 个条目构成。将此 96 个条目按照不同的子维度打乱，避免同一维度的题目聚集在问卷的某一区域而引发问卷回答质量低的问题。

5.3.3 项目分析和探索性因子分析

5.3.3.1 样本

为了强化对创造性反馈环境构思的最终验证结果，笔者结合了两种检验方法：一是方便抽样法，二是判断抽样法。通过抽取山东省、山西省、江苏省、福建省、广东省、广西壮族自治区6个省份的22家工业企业尤其是创新型企业的研发部、技术部、财务部、人力资源部、市场部、销售部的530名员工作为调研对象，采取现场发放、现场回收问卷的方式完成创造性反馈环境量表。最终收回517份问卷，实现了97%的回收率，其中再去除12份空白问卷以及13份随意填写的问卷，最终得到505份有效问卷，样本的基本信息见表5-4。

表5-4 探索性因素分析的调研样本基本信息

维度	变量	人数（人）	百分比（%）
性别	男	279	55.2
	女	226	44.8
年龄	25岁及以下	146	28.9
	26~30岁	191	37.8
	31~35岁	108	21.4
	36岁及以上	60	11.9
工龄	1年及以下	74	14.7
	1~3年	233	46.1
	4~5年	111	22.0
	6年及以上	87	17.3
教育程度	大专及以下	232	45.9
	本科	223	44.2
	硕士及以上	50	9.9
公司类别	创新型企业	294	58.2
	非创新型企业	211	41.8

5.3.3.2 测量工具

有关创造性反馈环境的分析常用的调研问卷主要分为两部分：一是上述96个条目的创造性反馈环境测量表，即李克特（Likert）量表；二是以人口统计学为基础的变量信息。

5.3.3.3 分析过程与结果

要确保分析结果的可靠性与准确性，需要确保分析样本满足两个条件：一是样本数量要比研究题项多出 5 倍，二是样本的绝对值不能低于 100（Gorsuch，1983）。本章的样本数量高达 505 个，是题项数的 5.26 倍且大于 100，符合探索性因素分析的取样要求。

（1）预试量表题项的筛选与保留。项目鉴别度反映了预试题目能够对受测内容做出正确的判断，并且能够对个体之间的差异进行鉴别，是反映评价结果与筛选条件的重要指标。本章在筛选题项时采取的方法有三种：一是极端组检验法；二是同质性检验法；三是相关性检验法（吴明隆，2010）。

第一，本研究的 505 人中，27%作为区分总分最高与最低的分界线，即有 136 人获得最高总分，135 人获得最低总分，因此这两部分人最终划分为极端组，从两者之间取出平均数作为差异进行检验。通过分析，这两个极端组之中，t 检验值达到了较高的水平。t 值即决断值（Critical Ratio，CR 值），当 t 值达到相应的水平，也就是说这一时期的 t 值具有鉴别特质水平的能力，当 t 值没有达到相应的水平，那么就说明其鉴别能力处于较低值，不具备可靠性。根据 CR 值大于 3 的鉴别标准（吴明隆，2010），本研究结果显示，t 检验未达到 0.05 显著水平的有第 7、9、19、27、52、57、59、61、62、67、69、72、81、97 题，CR 值在项目上小于 3 的有第 6、26、55、56、65、70、75、86 题，这就说明这些题目具备相应的鉴别能力。

第二，要确保本研究内容的内部同质性的精确度，要将项目与总分充分结合，综合评估。此时常用的分析法是计算每个题目与总分的相关系数，该系数需要呈现显著相关且大于 0.4（吴明隆，2010）。统计结果表明，该项指标不理想的题目有 1、5、8、11、12、15、16、17、18、21、22、25、28、35、38、42、43、45、48、51、58、68、78、88、91、96、98 题。

第三，结合因素分析方法，可以明确当主成分存在时，就会产生相应的负荷量对其产生影响。通过分析，可以发现整个测量表所展现的同质性相对较高，达到了 0.93 的数值，这就说明量表各个项目之间具有高度的同质性。以 0.3 的标准作为负荷量的参考指标，低于 0.3 的则可进行剔除。据统计，研究题目中不达标的题目主要有 2、4、20、30、32、41、44、82、83、92、93 题。

（2）因素分析的主要过程与分析结果。在进行因素分析时首先要确认研究数据是否能够进行探索性因素分析。检验数据是否符合这一要求可利用 KMO 值和 Bartlett's 球形检验值来进行确认。其中，KMO 值一般以 0.6 作为标准，其中，如果 KMO 值越大，即在 0.7 以上，那么可认为其效果尚可，如果在 0.9 以上则表示其效果较好，如果低于 0.6，则说明其效果欠佳，如果低于 0.5，那便不能用于因素分析。Bartlett's 球形检验法主要通过卡方（Chi-square）值（即统计量）进行确认，如果该数值达到显著水平，那么就可以认为其可适用于探索性因素分析。通过分析本章的数据，结果发现其 KMO 值高达 0.92，并且卡方值也为 15911.94（$df=561$，$p<0.01$），这就是说本章的研究样本能够进行探索性因素分析。

（3）共同因子的提取。之所以进行因子分析，其目的在于获得有研究意义以及理论意义的因子，因此，研究者针对余下的 37 个测量题目采用了方差最大斜交旋转法，这一研究方法的重点在于建立分析旋转载荷矩阵，从而建立因子结构，并以荷重数值为标准进行分析，即交叉负荷少于 0.35 且荷重不低于 0.4，在这两者范围之内的都需要进行剔除。通过分析，本章中需要删除的题项有 71、74 和 84 题，保留剩余条目共 34 项，碎石图如图 5-1所示。

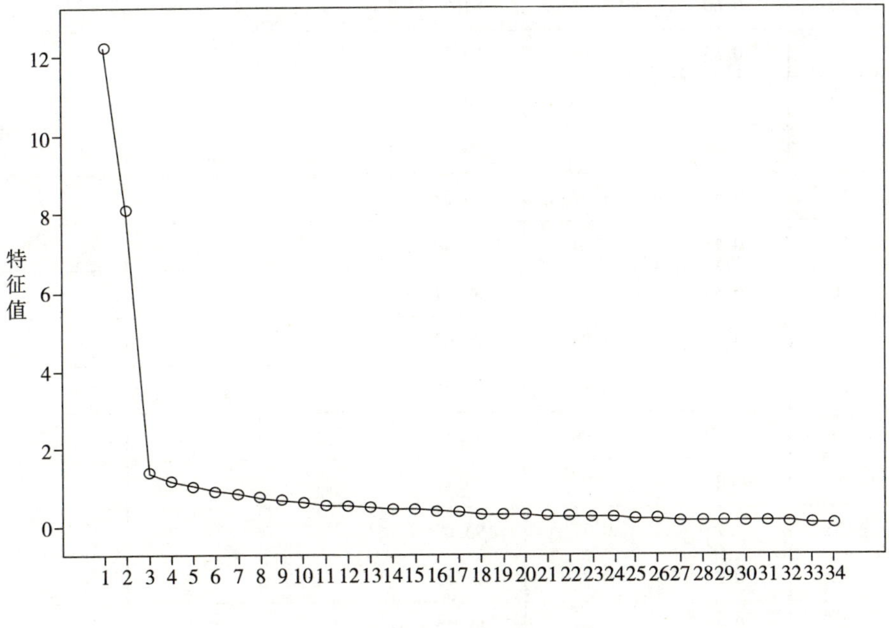

图 5-1　碎石图

通过因子分析得到两个有意义的因素，分别解释方差变异的 36.57%和 25.28%，累计解释方差变异的 61.85%（见表 5-5）。

表 5-5 创造性反馈环境量表总变异量解释

因素	初始特征值			旋转后特征		
	总计	变异的 %	累计 %	总计	变异的 %	累计 %
1	12.25	38.04	38.04	11.75	36.57	36.57
2	8.09	23.81	61.85	8.60	25.28	61.85
3	1.15	3.07	64.92			
4	1.01	3.00	67.92			
5	1.01	2.69	70.61			
6	0.88	2.54	73.15			
7	0.81	2.45	75.61			
8	0.75	2.06	77.67			
9	0.67	1.86	79.53			
10	0.60	1.64	81.17			
11	0.55	1.61	82.79			
12	0.52	1.59	84.38			
13	0.48	1.49	85.88			
14	0.44	1.33	87.21			
15	0.43	1.27	88.49			
16	0.38	1.11	89.61			
17	0.35	1.04	90.65			
18	0.31	0.92	91.58			
19	0.30	0.90	92.48			
20	0.28	0.84	93.32			
21	0.26	0.77	94.09			
22	0.25	0.75	94.85			
23	0.23	0.69	95.55			

续表

因素	初始特征值			旋转后特征		
	总计	变异的 %	累计 %	总计	变异的 %	累计 %
24	0.23	0.68	96.23			
25	0.20	0.58	96.82			
26	0.18	0.53	97.35			
27	0.15	0.44	97.80			
28	0.14	0.42	98.22			
29	0.13	0.40	98.62			
30	0.11	0.34	98.97			
31	0.11	0.33	99.30			
32	0.09	0.28	99.59			
33	0.07	0.23	99.828			
34	0.05	0.17	100.00			

通过对表 5-6 所示的依照斜交旋转后的因子载荷矩阵的观察，不难看出，因子 1 在题项 53、54、60、63、64、66、76、77、79、80、85、87、89、90、94、95、99、100 上有较大的载荷；因子 2 在题项 3、10、13、14、24、29、31、34、36、37、39、40、46、47、49、50 上有较大的载荷。

表 5-6 斜交旋转后的因子载荷矩阵

题项	因子	
	1	2
53	0.76	
54	0.83	
60	0.78	
63	0.79	
64	0.83	
66	0.82	
76	0.80	

续表

题项	因子	
	1	2
77	0. 83	
79	0. 80	
80	0. 83	
85	0. 85	
87	0. 84	
89	0. 83	
90	0. 85	
94	0. 84	
95	0. 89	
99	0. 82	
100	0. 80	
3		0. 73
10		0. 64
13		0. 74
14		0. 75
24		0. 76
29		0. 75
31		0. 79
34		0. 71
36		0. 68
37		0. 72
39		0. 67
40		0. 68
46		0. 67
47		0. 63
49		0. 71
50		0. 74

对两个因子所包含的主要内容进行分析，然后进行命名如下：因子1：同事创造性反馈环境。它是指针对个体工作中的产品、服务、程序以及过程提出新奇且又可行的想法，同事以得体的方式给予可信的、高质量的、准确的反馈信息，支持反馈寻求并给予创新的时间保障、耐受性的情境。如量表中提出的“当我工作干得好时，同事会称赞我”“当同事给予我绩效反馈时，会考虑我的感受”等。因子2：领导创造性反馈环境。它是指针对个体工作中的产品、服务、程序以及过程提出新奇且又可行的想法，领导以得体的方式给予可信的、高质量的、准确的反馈信息，支持反馈寻求并给予创新的时间保障、耐受性的情境。如量表中提出的“领导通常以鼓励、支持的方式给予我绩效反馈”“领导支持我们在日常工作中寻求对自己工作情况的评价”“领导能给我足够的时间来探索不同的观点和想法”等。

从分析探索性因素所得结果中可以看出，在扎根理论基础上发展起来的构思创造性环境完全可以得到验证。探索性因素分析是数据驱动的，还需要进一步通过验证性因素分析检验该量表的适用性与真实性。

5.4 验证性因素分析和信度、效度检验

5.4.1 样本

研究者通过对山东省、山西省、江苏省、广东省、广西壮族自治区5个省份的16家工业企业尤其是创新型企业的研发部、技术部、财务部、人力资源部、市场部、销售部重新选取445名员工作为调研对象，采取现场发放、现场回收问卷的方式完成创造性反馈环境量表。共收回问卷423份，回收率达到95%，其中有效问卷396份，剩余27份存在空白、回答随意或填写不完整的现象。若想实现验证性分析的目标，最终选定的样本数应不少于量表题目项目数的10倍的要求（侯杰泰、温忠麟和成子娟，2004）。样本的基本信息如表5-7所示。

表 5-7 验证性因素分析的调研样本基本信息

维度	变量	人数（人）	百分比（%）
性别	男	218	55.1
	女	178	44.9
年龄	25 岁及以下	117	29.5
	26~30 岁	153	38.6
	31~35 岁	81	20.5
	36 岁及以上	45	11.4
工龄	1 年及以下	63	15.9
	1~3 年	189	47.7
	4~5 年	84	21.2
	6 年及以上	60	15.2
教育程度	大专及以下	190	48
	本科	166	41.9
	硕士及以上	40	10.1
公司类别	创新型企业	239	60.4
	非创新型企业	157	39.6

5.4.2 测量工具

本次问卷调查内容包含样本人口统计学变量信息和由专家修订之后的 34 个创造性反馈环境测量条目的李克特量表两大部分。选择李克特七点量表主要是综合考虑信度指标（吴明隆，2010）、被调查者辨别能力和认真程度等多项因素。

5.4.3 分析过程与结果

信度检验主要是用来验证新量表是否可靠、稳定。Cronbach's α 系数是经常使用的检验方法，也就是所谓的折半信度（Split-half reliability）。吴明隆（2010）对比发现，内部一致性系数具有更高优越性。本次研究对象为问卷调查（396 份）中涵盖的 34 道题目，使用软件为 SPSS21.0，表 5-8 为获得的结果。从表中可看出，各因素 Cronbach's α 对应系数为 0.93、0.89。

另外，内部一致性 α 系数普遍超出 0.7，可判定为具有较高的可信度。如果除去该项目此时的矫正项目，总相关系数（CITC 值）全部不会高出每个维度目前的状态，从中可以看出全部项目都有较高的信度。另外，每个题目对应的“Alpha if Item Deleted”均是围绕 0.96 进行小范围波动。本章同时还测量了折半信度，目的是检验其内部比较信度。折半之后两部分信度均高于 0.6，分别为 0.87 和 0.89，高于标准。因此，通过以上结果分析，该量表信度较好。

表 5-8 创造性反馈环境量表信度分析

维度	条目	CITC 值	Alpha if Item Deleted	Cronbach's α
同事创造性反馈环境	53	0.51	0.960	0.93
	54	0.56	0.959	
	60	0.78	0.957	
	63	0.66	0.960	
	64	0.62	0.957	
	66	0.58	0.959	
	76	0.80	0.960	
	77	0.72	0.958	
	79	0.74	0.958	
	80	0.84	0.956	
	85	0.80	0.959	
	87	0.76	0.958	
	89	0.71	0.959	
	90	0.75	0.958	
	94	0.53	0.957	
	95	0.86	0.957	
	99	0.75	0.958	
	100	0.75	0.958	

续表

维度	条目	CITC 值	Alpha if Item Deleted	Cronbach's α
领导创造性反馈环境	3	0.70	0.950	0.89
	10	0.73	0.958	
	13	0.67	0.953	
	14	0.68	0.953	
	24	0.66	0.955	
	29	0.75	0.958	
	31	0.57	0.956	
	34	0.66	0.956	
	36	0.60	0.960	
	37	0.75	0.958	
	39	0.79	0.957	
	40	0.78	0.957	
	46	0.54	0.968	
	47	0.74	0.958	
	49	0.73	0.958	
	50	0.69	0.959	

验证分析所采用的方法为最大似然法，结合方程模型 AMOS 21.0，验证对象就是 396 个有效样本。判断模型拟合程度的指标非常多，比如，通过比较 χ^2/df、RMSEA 的接近程度即可判定模型是否具有较高拟合度，一般越靠近 0，代表拟合性能越优。通常情况下，χ^2/df 低于 3 表示拟合效果不错，若样本数量比较大，可将其扩大为 5。相应地，RMSEA 低于 0.08 则认为拟合效果不错。剩余指标如 RMR、IFI、NFI、RFI、CFI 等均在 0~1 范围内，而越靠近 1（或者高于 0.9）则代表模型拟合效果优良，高于 0.8 代表效果良好（侯杰泰等，2004）。

为了进一步验证和深入探索创造性反馈环境的构思效度，本次研究过程中建立了两大竞争模型，其中，M0 指的是变量彼此独立的虚无模型，M1

指的是所有变量均指向创造性反馈环境模型，属于典型的单维模型，而 M2 指的是按来源将创造性反馈环境区分为领导和同事创造性反馈环境的一阶双因子斜交模型。将模型与模型展开横向比较，挑选出适合度最优的模型，进而展开构思效度与效标关联度的研究与探索。

通过验证性因素分析的结果可知，模型 M1 内 34 个创造性反馈环境条目的标准化因素的负荷量全部大于 0.5；而模型 M2 的具体情况如图 5-2 所示，所有的行为条目对应的标准化因素中负荷全部大于 0.54，而且因素与因素之间在“创造性反馈环境”中的因素负荷在 0.5~0.89，直接表明该模

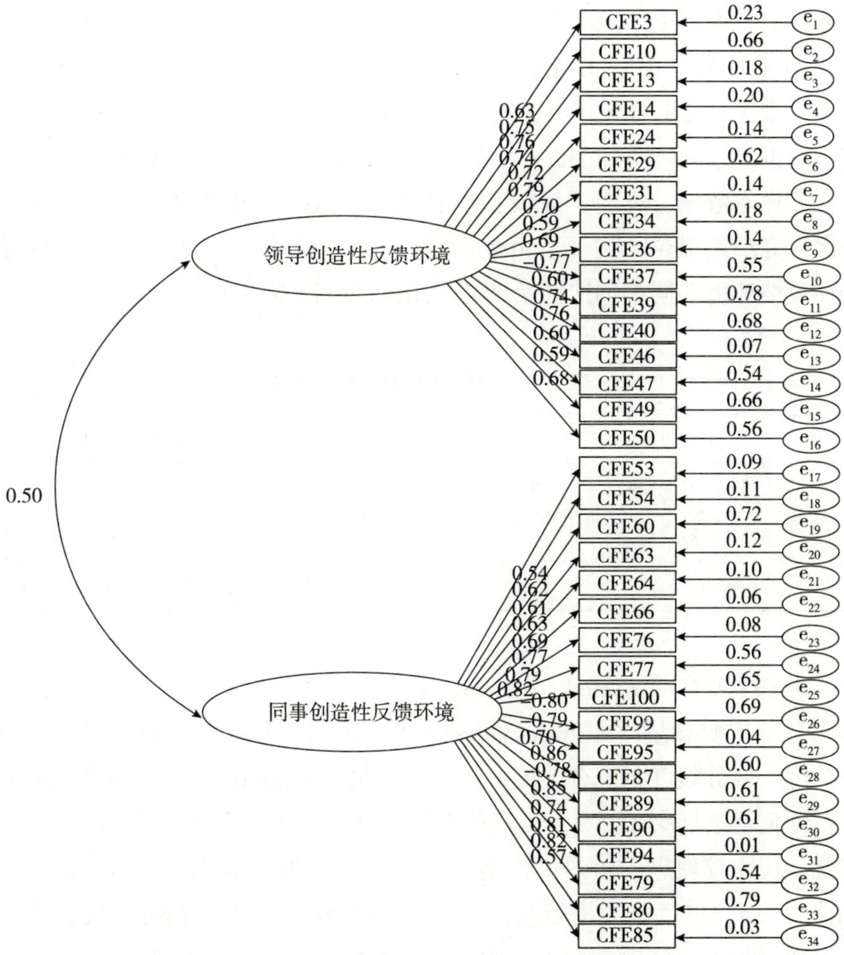

图 5-2　创造性反馈环境一阶双因子结构模型路径

型具有良好的适配度，潜变量间的相关系数为0.5，也就是说M2模型的适配度同样满足预期值。

各项指标对比均显示M2与实证数据的匹配程度最高。按照侯杰泰、温忠麟和成子娟（2004）对模型优劣的拟合指标标准，χ^2/df<3表示整体模型拟合非常好，RMSEA<0.08说明该模型的拟合度良好，而剩余的指标值——RFI、GFI、NFI、IFI、CFI均在0~1范围内，越趋近于1表明效果越好，其值大于0.9表明模型拟合非常好，大于0.8表明模型拟合性比较好。表5-9呈现了竞争模型的拟合情况，从表中可以看出，M2的χ^2/df为2.05，拟合非常好；RMSEA为0.06，模型拟合理想，IFI和CFI均大于0.9，拟合很好，RFI、GFI和NFI均大于0.8，拟合较好。为了检验一阶双因子模型M2的相对优越性，提出竞争模型——单因子竞争模型M1，但该模型的拟合程度均不如M2好。综合以上结果，一阶双因子模型更加优越地拟合了样本数据，证明了该模型的合理性。这一结果为基于扎根理论分析得出研究结论提供了佐证。由此确定，创造性反馈环境的结构是由领导创造性反馈环境和同事创造性反馈环境组成的一阶双因子模型。

表5-9 验证性因素分析拟合指标

模型	χ^2（df）	χ^2/df	RMSEA	RFI	GFI	NFI	IFI	CFI
M0	5340.92（554）	9.64						
M1	3180.83（520）	6.13	0.12	0.68	0.67	0.72	0.76	0.75
M2	946.69（461）	2.05	0.06	0.82	0.82	0.86	0.91	0.92

本章主要参照Fornell与Larcker在1981年给出的研究方案，借助组合信度与平均变异量（Average Variance Extracted，AVE）来研究创造力的构思效度、区分效度与聚合效度。最终的结果如表5-10所示，两个因素的组合信度值都远远大于0.9，而其标准值为0.7，也就是说创造性反馈环境的双维结构比较理想，达到了预期的效果；AVE值在0.51~0.69，其相关标准值为0.5，也就是说潜变量远远大于解释变量，间接表明该量表较为理想。通过相关运算模式发现，所有因素间的相关系数值均小于0.85，不会形成多重共线性问题。同时，它们的平方值小于平均变异抽取量，表明构

思结构具有良好的区分效度。

表 5-10 M2 最优模型的组合信度与平均变异量分析

维度	领导创造性反馈环境	同事创造性反馈环境
组合信度	0.90	0.91
AVE	0.52	0.51

为了更好地辨别创造性反馈环境的效度，本章在进行验证性因素分析的同时，还将继续检验创造性反馈环境的效标关联效度。效标关联效度能够被划分为两大类，具体包括预测效度与同时效度。本章将重点关注验证创造性反馈环境的同时效度。由于创造性反馈环境是针对创造力提升而形成的反馈环境，同时具有创造力和反馈的典型特征。依据扎根理论分析的结论并结合之前的文献回顾，本章认为通过创造性反馈环境的提升，能够增进上下级关系以及员工对反馈的满意度和利用反馈的程度，增加员工的反馈寻求频率，提高员工的创造力。下面将着重考察创造性反馈环境对领导员工交换（LMX）、反馈满意度、反馈寻求、创造力的影响。由此，期望验证如下假设：

假设 1：创造性反馈环境及其各维度与 LMX 显著正相关。

假设 2：创造性反馈环境及其各维度与反馈满意度显著正相关。

假设 3：创造性反馈环境及其各维度与反馈寻求显著正相关。

假设 4：创造性反馈环境及其各维度与创造力显著正相关。

在验证性分析取样过程中，引入 LMX 量表、反馈满意度量表、反馈寻求量表和创造力量表，结果如表 5-11 所示。

表 5-11 创造性反馈环境效标关联效度检测

	LMX	反馈满意度	反馈寻求	创造力
创造性反馈环境	0.65**	0.66**	0.46**	0.75**
领导创造性反馈环境	0.56**	0.52**	0.25*	0.71**
同事创造性反馈环境	0.50**	0.51**	0.52**	0.64**

注：n=396；* $p<0.05$，** $p<0.01$。

回归结果分析显示，创造性反馈环境总体及各维度对 LMX、反馈满意度、反馈寻求和创造力均呈显著正相关，结果验证了以上四个假设，反映了创造性反馈环境具有诱发创造力和提供反馈环境的双重功能，创造性反馈环境量表具有较好的效标关联效度。

5.5 创造性反馈环境的差异及对创造力影响差异的比较

根据被试样本特点，本章对创新型企业和非创新型企业（按照科技部标准划分，其核心指标包括研发经费投资力度、研究工作人员具备的发明专利数量、新产品实际销售额在所有销售额中占据的比例等）分别进行考察，国家、省、市评定标准不一。由于调研能力有限，难以考虑不同层次创新型企业在创造性反馈环境中的不同，因此本章调研的均为市级创新型企业的创造性反馈环境的总分与各维度得分，并对其结果进行独立样本 T 检验，结果如表 5-12 所示。

表 5-12　不同类型企业员工创造性反馈环境统计

维度	类型	N	平均数	标准差	标准误	T 值	p 值
创造性反馈环境	创新型	239	5.05	0.75	0.07	3.09	0.00**
	非创新型	157	4.68	0.74	0.06		
领导创造性反馈环境	创新型	239	4.87	0.76	0.11	2.95	0.00**
	非创新型	157	4.46	0.82	0.10		
同事创造性反馈环境	创新型	239	5.23	0.75	0.07	3.17	0.00**
	非创新型	157	4.90	0.73	0.08		

注：n=396；* $p<0.05$，** $p<0.01$。

从表 5-12 可以看出，创造性反馈环境在企业类型上存在显著差异（$p<0.01$），较非创新型企业中的员工而言，创新型企业的员工感知到的创造性反馈环境更强，其中在领导创造性反馈环境和同事创造性反馈环境两个维度创新型企业明显高于非创新型企业（$p<0.01$）。

为了进一步验证创造性反馈环境能正向影响创造力，且较反馈环境更能有效提高创造力，按照 Cohen 等（2015）对影响系数大小比较的方法，对比总体和不同类型企业创造性反馈环境对创造力的影响和反馈环境对创造力的影响，并进行 t 检验，结果如表 5-13 所示。

表 5-13　创造性反馈环境和反馈环境对创造力影响及大小对比

序号	路径系数	系数差异	系数差异结果
1	$\beta_{CFE\to CP}$ vs. $\beta_{FE\to CP}=0.36^{**}$ vs. 0.25^{**}	$t=2.56^{**}$	$\beta_{CFE\to CP}>\beta_{FE\to CP}$
2	$\beta_{CFE1\to CP}$ vs. $\beta_{FE1\to CP}=0.52^{**}$ vs. 0.39^{**}	$t=3.01^{**}$	$\beta_{CFE1\to CP}>\beta_{FE1\to CP}$
3	$\beta_{CFE2\to CP}$ vs. $\beta_{FE2\to CP}=0.23^{*}$ vs. 0.19	$t=2.38^{*}$	$\beta_{CFE2\to CP}>\beta_{FE2\to CP}$
4	$\beta_{CFE1\to CP}$ vs. $\beta_{CFE2\to CP}=0.52^{**}$ vs. 0.14	$t=5.19^{**}$	$\beta_{CFE1\to CP}>\beta_{CFE2\to CP}$

注：n=396，* p<0.05，** p<0.01。

$\beta_{CFE\to CP}$代表创造性反馈环境对创造力的影响系数，$\beta_{FE\to CP}$代表反馈环境对创造力的影响系数；$\beta_{CFE1\to CP}$代表创新型企业创造性反馈环境对创造力的影响系数，$\beta_{FE1\to CP}$代表创新型企业反馈环境对创造力的影响系数；$\beta_{CFE2\to CP}$代表非创新型企业创造性反馈环境对创造力的影响系数，$\beta_{FE2\to CP}$代表非创新型企业反馈环境对创造力的影响系数。

从表 5-13 可以看出，创造性反馈环境能够正向影响创造力（$\beta_{CFE\to CP}=0.36^{**}$），创造性反馈环境对创造力的影响比反馈环境对创造力的影响大且存在显著差异（p<0.01），创新型企业的创造性反馈环境对创造力的影响比反馈环境对创造力的影响大且存在显著差异（p<0.01），非创新型企业的创造性反馈环境对创造力的影响比反馈环境对创造力的影响大且存在差异（p<0.05），创新型企业的创造性反馈环境对创造力的影响比非创新型企业的创造性反馈环境对创造力的影响大且存在显著差异（p<0.01）。

以上分析说明，创造性反馈环境较反馈环境而言，能够更加促进创造力的提升，所编制的创造性反馈环境量表能够有效反映提高创造力所需要的反馈环境的主要内容。

5.6 讨论与结论

本章通过文献查阅、深度访谈、开放式问卷、专家鉴定等方法，基于扎根理论得到了一个反映中国情境下创造性反馈环境的构思，包含领导创造性反馈环境和同事创造性反馈环境两个核心范畴。结合定量分析，运用项目分析、相关系数法、因子分析法、信度效度分析等方法，对创造性反馈环境的构思进行验证。通过有针对性地前后收集到505份与396份有效调查问卷，引入SPSS21.0与AMOS21.0等统计软件，对创造性反馈环境问卷进行探索性因素分析和验证性因素分析。实证研究结果表明，创造性反馈环境包含领导创造性反馈环境和同事创造性反馈环境两个维度的具体情况，创造性反馈环境量表具有良好的信度效度，属于非常高效的测量手段。这种量表能够划分为34个简单短小的题目，通过专家的认真审核与项目的具体分析，所有的项目都能够准确地反映有利于员工提高创造力的反馈环境的内容。测试过程中，题目简单明了、方便人们理解，时间跨度维持在10分钟左右，能够在短时间内准确地展示出创造性反馈环境及其特征，具有很强的实用性。虽然关于反馈环境的研究越来越多，但本章开创性地针对员工的创造力而塑造的反馈环境，开发了创造性反馈环境的新构思，在理论上丰富了反馈环境的相关研究，在实践上也更加贴切、实际地为企业提高员工创造力、适应当今变革需要创新的发展节奏提供有效的支持。本章设计开发出相对全面的、符合心理测量的、可操作化的有效量表，为进一步研究创造性反馈环境的形成及影响机制提供了较为充分的理论基础。

本章基于扎根理论分析发现，创造性反馈环境是指日常工作环境中针对员工工作中的产品、服务、程序以及过程提出新奇且又可行的想法而形成的领导与员工、同事与同事之间的反馈情境。尽管Steelman等（2004）提出的反馈环境量表同样按照来源不同分为领导反馈环境和同事反馈环境，但其针对的主要是传统绩效，包含七个子维度：反馈源的可信度、反馈质量、反馈方式、积极反馈的准确性、消极反馈的准确性、反馈的可利用性和支持反馈寻求。创造力的发挥和一般绩效有所不同，而且对于大部分员工来讲，在处理不同的问题时，按照已经被证实的方法去做要比实验和尝试提出创造性的方式容易得多。因此通过一般的反馈环境提高创造力难度很大，还需要有更针对性的措施。创造性反馈环境量表不仅包含了以上维度中的内容，并将上述条目进行简化，更有效地体现了提高创造力的反馈环境所应具备的内容。具体体现在以下几个方面：

第一，要取得创造力必须通过投入大量思考工作才能实现。其中，进行复杂脑力劳动是所有个体对问题进行思考以得到新方法、新工艺的必要条件。比如，在思考过程中突破传统惯例形成新的认知往往需要付出很大的努力才能成功，同时也应该在研究问题时避免太早定结论，需要考虑逆向思维过程。通过反复利用上述思维技巧及方法，能够在一定程度上提升判断决策的正确性，但是在实现过程中需要付出较大的精力。创造性活动集中于识别问题、形成假设、与别人讨论想法，以及驳斥正常的所知和预期。因此，员工需要将来自多种渠道的想法联系起来，在未知的领域发现更好的或独特的解决问题的方法，或寻找完成工作的新方法（Drazin et al.，1999）。

第二，创造性工作需要时间（Gruber & Davis，1988）。提升研发人员创造力的因素是有充足的时间进行创造性思维、探索不同的观点，以及尝试想法。对于从事新技术的工程师来讲，不间断的时间保障是良好业绩的关键因素。处于时间压力下的个体明显不太可能进行创造性的认知过程。因此需要给员工提供足够的时间以进行创造，但是在快节奏、变化飞快的今天要做到这一点非常困难。

第三，创造是冒险的。个体趋向于规避风险而偏好更有把握的结果（Bazerman，1994）。创造力一般很难产生，因为这需要实施经常试错以及承担一定的风险，最终的成功往往与多次失败紧密关联。当员工无法承担这些失败风险，或是这些员工认为他们会因自身的失败结果而受到相应惩罚或者嘲笑的时候，对他们而言，继续采取与之前行为方式相同的熟悉模式则显得更为简单并且实用，因此会放弃承担风险追求更加高效或新颖的行为方式。因此领导和同事对创造性的想法的耐受性也是影响创造力的重要因素。

此外，Steelman 等（2004）提出的反馈环境只强调了组织环境中的非正式反馈，而不考虑正式反馈。而在管理实践中，正式反馈环境同样对明晰工作标准、绩效提升产生影响，且正式反馈环境也包含非正式反馈所包含的因素，这些因素构成的组织中定期的正式反馈环境也能影响反馈的有效性。本章提出的创造性反馈环境将正式和非正式反馈相结合，能够更加全面地体现工作环境中领导与员工、同事与同事之间的反馈情境。

综上所述，本章通过扎根理论分析、预测试和正式测试，探讨了创造性反馈环境的内容结构，并编制了创造性反馈环境量表，主要研究结果如下：

（1）本章通过文献分析、深度访谈、开放式问卷、专家鉴定等定性研究方法，应用扎根理论进行开放式编码和选择性编码技术，初步构建了创造性反馈环境的二维度构思，确定了创造性反馈环境的初始量表；通过对505份初测样本进行项目分析和探索性因素分析，形成了量表初始的两个维度及题目。

（2）通过正式施测的396个有效样本进行验证性因素分析，并将量表修正，形成的创造性反馈环境包含领导创造性反馈环境和同事创造性反馈环境两个维度的内容，且一阶双因素模型具有良好的拟合度，34个题目在各自对应的因素上都有较高的负荷。通过与单因素模型各个拟合指标的对比，一阶双因素模型具有较好的拟合度。综上说明了创造性反馈环境的一阶双因素模型具有更大的合理性。

（3）在上述定性和定量研究的基础上，获得的创造性反馈环境量表共34个题目，分为两个维度，具有较好的信度和效度指标，能够有效地预测创造力。通过对比分析创新型企业和非创新型企业，创新型企业员工感知到的创造性反馈环境及其各维度显著高于非创新型企业。创造性反馈环境对创造力的影响比反馈环境对创造力的影响大且存在显著差异，创新型企业的创造性反馈环境对创造力的影响比非创新型企业的创造性反馈环境对创造力的影响大且存在显著差异。以上说明，该量表为创造性反馈环境的评价和研究工作提供了有效与可靠的工具。

6　创造性反馈环境对创造力的影响机制研究

上述研究为组织管理者描绘了创造性反馈环境的内容结构，并证明了创造性反馈环境对创造力的正向影响，管理者可以通过营造创造性反馈环境来促进员工的创造力。反馈过程是外部反馈源与反馈接收者动态的双向互动的过程，进而影响反馈的效果（De Stobbeleir, Ashford & Buyens, 2011）。在互动过程中，个体间不仅包含情感交流，而且包括信息交流（王思斌，2010）。那么，创造性反馈环境在这个互动过程中是如何对创造力产生影响的，哪些因素可以改变创造性反馈环境对创造力的影响结果，如何使创造性反馈环境对创造力发挥出更大的作用成为下一步影响机制的关键问题，而从动态情感（情感交流）和反馈寻求（信息交流）角度分析创造性反馈环境对创造力的影响机制能够为解决这一问题提供方案。结合本书第二部分的综述，本章的子研究一将探讨影响的动态情感机制，子研究二将探讨反馈寻求和反馈寻求动机在其中的作用。

6.1　子研究一：创造性反馈环境影响的动态情感机制研究

6.1.1　研究目的

员工的创造力是促进企业创新、提高企业竞争力和获得竞争优势的主要源泉（Zhou & Shalley, 2008），较创造性人格和思维而言，环境因素更容易在管理实践中得到干预，在短时间内产生可觉察的效果，因此影响创造力的环境因素成为当今组织创造力研究领域中的热点。以往关于环境影响创造力的研究大多基于创造力成分理论（Amabile, 1996）探讨了动机在其中的中介作用（Zhou & Shalley, 2008）。近些年，Amabile 等（2005）改进了创造力的成分理论并提出情感—创造力循环模型，指出环境可以通过影响情感状态进而影响创造力。然而，以往研究只关注了静态情感的作用，检验了某一时间的情感状态对创造力的影响（Madjar et al.，2002），忽视了情感的作用是由于情感的动态变化引起注意力和思维方式的变化进而影响创造力这一事实（Bledow et al.，2013），形成了积极情感促进创造力的情感扩展—构建理论视角（Fredrickson，2001）和消极情感促进创造力的情感—信息视角（Schwarz & Clore，1983）两种视角，导致管理者不清楚应该诱发员工的积极情感还是消极情感。另外，以往研究多看重积极情感对创造力的影响（Isen，2012），然而对于积极情感是否可以单独激发创造力这一问题仍然存在着疑问（Zhou & Shalley，2008）。创造力产生的认知过程是从整体的情感经验中获得的，其中包括诸如焦虑、挫折和悲痛在内的消极情感（George & Zhou，2007）的作用，片面地聚焦于积极情感并不足以解释创造力的产生机制（Baas，De Dreu & Nijstad，2008）。有研究结果显示，一方面个人情感可以对产生创造力带来影响；另一方面创造力本身又是复杂情感的产物，情感状态相当于个体行为与情境之间的中介（De Dreu，Baas & Nijstad，2008），创造性反馈环境作为一个情境影响因素，可以体现出个人的工作行为状态，所以可以通过探究动态情感在情境对创造力影响中的作用，以解决以往研究只考虑静态情感的作用却忽视情感动态变化的作用、多强调积极情感的作用却忽视积极与消极情感共同影响的作用所带来的理论和实践中的矛盾。

关于其影响的情感机制，已有研究存在以下三方面的不足：一是缺少创造性反馈环境对情感的影响研究。简单采用二分法把反馈按照效价、方式和对象区分对比某一维度内的效果，造成研究结果的不一致，例如，有研究发现积极反馈促进积极情感，消极反馈会促进消极情感的产生（Ilgen et al.，1979），也有研究发现反馈的积极性或消极性与情感状态的积极性与消极性之间并不一定是完全对应一致的（London，2013）。因此，只考虑反馈干预的某一方面不能反映反馈全貌（Steelman et al.，2004）。二是看重积极情感的作用而忽视其中消极情感的作用。已有研究表明包含诸如幸福和热情等感受的积极情感会导致高创造力（Isen，2012），这说明可以通过培养幸福和热情的感受来激发员工的创造力（Amabile & Staw，2005）。然而，对于积极情感是否可以单独激发创造力这一问题仍然存在着疑问。作为复杂的心理功能之一，创造力产生的认知过程是从整体的情感经验中获得的，其中包括了诸如焦虑、挫折和悲痛在内的消极情感（Geogre & Zhou，

2007)，片面地聚焦于积极情感并不足以解释创造力的产生机制。三是不同情感的影响机制存在分歧。通过对情感与创造力关系的研究，已有研究形成了积极情感促进创造力的情感扩展—构建理论视角（Fredickson，2001）和消极情感促进创造力的情感—信息视角（Schwarz & Clore，1983）两个对立的视角。以往研究结果之所以存在分歧，一个主要原因是只关注了静态的情感，而忽视了个体情感在短时间内是处于波动状态这一事实（Judge & Ilies，2004），静态情感不能真实反映员工工作中的真实情感状态，导致研究与实践偏离，使研究结果无法应用到管理实践中。

本研究试图分析创造力受创造性反馈环境作用过程中积极情感与消极情感影响机制的平衡并给予动态的解释。第一，反馈是组织中影响员工情感的重要因素（Amabile et al.，2005），以往考察反馈的单一维度影响，各维度的分裂研究均无法反映员工对反馈的认知及反应规律（Mulder et al.，2013），反馈环境从整合角度关注反馈接收者对反馈源的可信性、反馈质量和方式、积极和消极反馈的准确性、反馈的可利用性和对反馈寻求支持的感知，体现了反馈的复杂性，突出了反馈接收者对反馈有效性的建构，关注了鼓励反馈寻求的作用和对创造力的针对性，探讨创造性反馈环境在其中的影响尤为必要。第二，新的观念常常出现在消极情感之后，并取决于消极情感。本研究认为创造力是经历了消极情感阶段，并在之后抛却了消极情感并进入一个高度积极情感阶段的动态过程的结果。过去对于情感、创造力相关的研究主要集中于积极情感，并且发现了积极情感与创造力之间的联系，却较少涉及关于消极情感在创造过程当中的作用，其中的研究结果也并不一致（Baas et al.，2008）。因此，就有必要探讨不同情感在其中的中介作用。第三，以往研究忽视了情感影响的动态本质，主要考虑静态情感，而不是将积极与消极情感间的相互动态影响行为结果作为创造力的决定因素。人的情感经历在不停变化，情感随着外界事件而起落，情感受此支配进行并逐渐改变（Weiss & Cropanzano，1996）。自我调节理论强调在影响与改变积极和消极情感中，变化起着关键作用（Kuhl，2000）。情感的变动体现了情感变化的具体形式和动态的情感矛盾，反映了个体在日常生活工作中的真实状态，能够弥补从静态情感角度研究的不足（Bledow et al.，2013）。因此，从动态情感的角度，探讨在创造性反馈环境中如何影响情感的变动，进而影响创造力尤为必要。

本研究的贡献在于：第一，探讨创造性反馈环境通过影响不同的情感进而影响创造力的关系，较反馈干预的单一维度视角研究创造力而言，更能综合反映反馈的本质和创造力的产生机制。第二，强调了消极情感在创造力产生中的作用。较以往着重单独强调积极情感作用而言，本研究分析了消极情感对创造力的作用及其与积极情感对创造力的交互作用，创新性地挖掘了消极情感在其中的作用。第三，转换了情感与创造力关系研究的视角。因为短期内的个体情感经常表现为一种波动状态，这使动态情感比静态情感更能真实体现个体情感状态。本研究将情感变化类型进行了归类，将其分成积极变化与消极变化两种情感变化方式，并研究了不同变化形式对个体创造力带来的作用效果；探究了创造力和动态情感变化间的调节与中介功能，得到了两者的“黑箱”关系，从而更加深入了解动态情感的变化过程。

6.1.2 研究假设

创造性反馈环境包括领导创造性反馈环境和同事创造性反馈环境两个方面，它不仅包含一般反馈环境的内容，还包含针对创造力进行的反馈引导。员工创造力受到创造性反馈环境的重要影响，原因如下：

第一，已有研究表明创造性反馈环境的一些维度能够影响员工的创造力。例如，在反馈方式上，创造性反馈环境清楚地告知员工反馈内容的目的和作用，这种反馈将会增强员工的创造力（Zhou，1998）；对于反馈有效性而言，反馈过程可以为员工的工作、学习绩效提升提供信息来源（Kluger & DeNisi，1996）；员工的反馈寻求行为能够对创造力产生积极影响（De Stobbeleir et al.，2011），如果支持员工的反馈寻求行为，则会影响员工寻求更多不同的信息以促进创造性想法的产生（Davidson & De Stobbeleir，2011）。

第二，创造性反馈环境具有支持性和鼓励性的特点，这些特点有利于提高创造力（Shalley & Zhou，2008）。创造性反馈环境包含了反馈环境的内容，支持性的反馈环境能够提供可信的、高质量的、准确的、有用的反馈信息，并以得体的方式给予反馈，同时鼓励员工的反馈寻求行为（Whitaker et al.，2007），这种反馈环境能使员工按照组织要求明晰自我绩效标准，表现出更少的不确定性和模糊性（Peng & Chiu，2010）。具体来说，良好的反馈环境会让员工感到被欣赏、被仔细地培养和受到领导的支持（Jennifer & Sabine，2008）。影响员工创造力的关键在于支持性（Shalley & Zhou，2008）。

无论实验研究还是调查研究都一致地发现，支持性和促进性的工作环境与创造力正相关，非支持性或控制性的工作环境与创造力负相关（Amabile et al.，2004；Amabile & Conti，1999；Madjar et al.，2002），而领导在这种支持性的反馈环境中起着重要作用（Amabile et al.，2004；Shin & Zhou，2003）。

第三，创造力的反馈环境是在创造力活动过程中由互动形成的环境，其针对创造力的提升需要在反馈环境中给予员工创新的时间、耐心，有区别于传统反馈环境的特点。反馈创新导向中创新时间压力是针对创造性工作需要更多的时间而产生，反馈中带有创新导向能够给予充足的时间来进行创造性的工作和思考，而创造性工作和思考需要集中于识别问题、形成假设、与别人讨论想法以及驳斥正常的所知和预期（Torrance & Torrance，1988），这就使创造性工作需要时间作为保障（Gruber & Davis，1988）。同时，创造非常冒险，而对决策的研究，个体趋向于规避风险而偏好更有把握的结果（Bazerman，1994），个体可能选择熟悉的行为模式，而不是采取更具有创造性的行动，这就要求外部环境要对创造力的产生过程具有耐受性，而创造性反馈环境恰恰具备这一点（Ford，1996）。因此，基于以上分析，提出如下假设：

假设1：创造性反馈环境对员工创造力产生正向影响。

组织环境中的情感变化较为复杂，这些情感因素对员工的行为意向起到了重要的引导作用；同时员工所具有的焦虑、快乐等情绪会受到工作状态以及工作结果的显著影响。因此，一方面情感体验可以塑造创造力，另一方面这种创造力又可以形成新的情感体验（Amabile，1996）。情感概念对于组织行为来说包括了各种体验过程。情感指的是持续时间很短、由特定因素引起的心理变化；而持续时间长、强度低并且无特定引发事件的心理过程是心境；个体的持久稳定情感差异则是特质性情感。心境与情感之间是紧密关联的，可以将心境看作一种持续发生的情感状态。根据正负效价的传统分类方式，可以将情感分成乐观的积极情感与焦虑、低落的消极情感两类。

组织环境中的行为与情感关系可以通过情感事件理论进行全面描述，这一理论指出，情感体验的差异性是由工作事件导致的，并对个体的行为造成影响，情感体验对于个体行为过程具有核心作用（Weiss & Cropanzano，1996）。研究显示，当人们获得积极反馈时会出现更加满意的心理情感，并视这种反馈内容是正确的；但是当人得到的反馈是批评时，则会对反馈结果产生怀疑，从而出现消极情感（Ilgen et al.，1979）。创造性反馈环境是一个包含积极反馈和消极反馈的综合概念，其中的反馈不仅具有效价的功能，还包含了准确性的判断，所以能够引发两种情感的产生。

人类自主适应过程依赖于积极情感与消极情感对知觉和认知的调控（Rothermund，Voss & Wentura，2008）。积极和消极情感随着时间的推移而有所波动，情感的波动会影响人的注意力和思维方式的变化（Friedman & Förster，2010）。积极情感和消极情感可以在同一时间内同时存在（Watson，Clark & Tellegen，1988），但是由于彼此抑制，高度积极和高度消极情感很少同时呈现（Fong，2006）。

个性系统相互作用（PSI）理论是一种结合了积极、消极情感如何影响调节心理机能的概念框架（Kuhl，2000）。该理论的独特性在于其聚焦于情感变化的影响，因此，可以将其作为研究创造力产生中的动态情感机制的理论基础。根据该理论，积极情感可以影响认知是处于可控、缓慢和连续模式（低积极情感）还是处于自动、快速、平行模式（高积极情感）。如果积极情感低，个体可以客观地分析情况并考虑潜在的做法（Kazén & Kuhl，2005）。随着积极情感的增加，行为将被激活，以达到之前的行为目的（Kuhl & Kazén，1999）。在积极情感增加之后，行为控制以直观和简单的方式进行，认知加工扩大而且包括了探索性的想法和行动（Fredrickson，2001）。消极情感会对注意力产生影响，即它是否是狭窄的并聚焦于各个分割开的要素（高消极情感），还是宽泛的、将研究范围全部包含在内的（低消极情感）（Baumann & Kuhl，2002）。如果消极情感度很高，那些危及个人目标的情况或事件就会被认真检验，而不一致的信息将会用相继分析的方法进行处理（Bless et al.，1996）。如果消极情感有所降低，则信息处理将从隔离要素处离开，并把更多范围包含在内（Förster & Higgins，2005），从而导致整体自我及环境表现基础的记忆联想网络被激活（Koole & Jostmann，2005）。记忆联想网络提供给个人关于内部状态的综合信息，如自传似的经验、采取行动的机会以及复杂认知操作形成的基础，如创造力（Bolte & Kuhl，2003）。当消极情感降低，在之前消极情感影响期间所处理的信息就会融入人的联想记忆网络。

根据该理论，可以得出两个与创造力相关的启示：一是积极和消极情感在创造力的产生中都扮演着重要角色，因为它们可以促进与创造力的不同认知功能相互联系。该命题与双调谐模型（George & Zhou, 2002, 2007）及双路创造力模型（De Dreu, Baas & Nijstad, 2008）不谋而合。两种模型均显示出积极和消极情感都可以导致创造力。更具体地来说，双调谐模型还认为，由于积极和消极情感在认知上的不同“调谐”效果，在一定程度上，它们对创造力而言都是必要的，但由于双调谐模型只反映了情感的静态性，不免带有局限性。二是情感的动态性影响在创造力的产生中尤为必要。根据该理论，动态情感将创造力所需要的认知功能集成在内。情感的变化包含了一些变化且矛盾的情感、认知以及观察，进而会改变个体集中注意力，因此和静态情感相比较，动态情感的变化会引起个体认知的变化，这样也会对创造性的效果产生影响（Amabile et al. , 2005）。

以往研究表明，积极情感的存在增加了新的有用的想法被开发的可能性（Baas et al. , 2008）。积极情感可以导向更大的创造力，这是因为它激发了认知，并增加了认知的灵活性（De Dreu et al. , 2008）。Amabile、Barsade、Mueller 和 Staw（2005）进行了深入的实地调查，例如，在几个月时间内，每天检验项目组成员的创造性效果，最后发现积极情感和创造性两者之间呈线性关系，参与者经历的积极事件越多，他们的积极情感程度越高，他们的创造力表现就越好。

消极情感可以为创造力奠定基础。在实验研究中，De Dreu 等（2008）发现消极情感的引入增加了参与人员所产生的新的思路，因为参与者显示出了对于工作的更高耐心（De Dreu et al. , 2008）。也有研究者发现，在环境支持下，如果积极情感等级也很高，那么职员的消极情感等级就和创造性呈正相关（George & Zhou, 2007）。不过调查大量研究性报告发现，创造性和消极情感的关系或者呈负相关，或者毫无关系（Baas et al. , 2008）。需要将时间因素考虑在内，来解决这些不一致的发现。在任何给定时刻，与消极情感相关联的注意范围狭窄都会阻碍而非促进创造力（Baumann & Kuhl, 2002），但是，消极情感对于创造力的贡献是一个延迟过程并且取决于后续存在的积极情感。消极情感能引发对于需要投入努力来解决的问题的关注并发出信号（Foo, Uy & Baron, 2009）。根据 PSI 理论，消极情感的阶段与一个自上而下的认知模式相关联，这个模式主要关注不一致的或者新的信息（Kuhl, 2000）。因此，可以产生对于事件的详细而具有目的性的理解（Spering，Wagener，Funke & Wagener，2005）。在消极情感阶段发现的问题也能引出在其后导致新思路的孵化过程。在其后的积极情感阶段，认知灵活性和激活作用增加，并以自上而下的方式处理信息（Baumann & Kuhl，2002）。积极情感的存在激发了创造力，新的思路往往在积极情感阶段显现出来。然而，如果没有消极情感在先前阶段为新思路奠定基础，积极情感与创造力之间的联系便不会那么紧密。因此，根据上文的分析提出以下几点假设：

假设2：积极情感t2在创新环境对创新绩效的影响中发挥中介作用。

假设3：消极情感t1调节积极情感t2在创造性反馈环境对创造力影响中的中介作用，具体来说，当消极情感t1较高时，积极情感t2对创造力的影响更大。

变异—选择—保留理论（Variation-Selective-Retention，VSR）最开始是从达尔文进化论模型演变而来，并经过后续研究者的不断整合后将其转化到创造力的应用研究之中。其中，变异过程（variation）指的是在原先方案或常规条件下经过转化得到的新方案（Ford，Kuenzi，Zhou & Shalley，2008）；选择过程（selection）指的是判断变异结果并得到新框架从而为后续行为提供指导；保留过程（retention）指的是对先前方案进行筛选、判断后保留有利用价值的方案。Ford等（2008）提出，变异过程会产生新的原创想法，而筛选与保留过程则能够实现保存有价值的想法，这些都有利于产生创造力，也就是个体形成新想法的过程。Amabile等（2005）提出，所有对认知具有影响以及形成变异的因素都能够激发创造力的生成，其中情感变动是上述变异过程的主要原因。

环境改变会显著增强个人感知周边环境的能力，并为之后意义构建的过程提供重要基础。环境的变化影响了变异，变异是个体和环境之间的互动过程，通常情况下是以先前的规则作为后续预测的参考。情感变动中包括多种个体认知以及大量的信息加工过程，并由此引起个体出现不同的行为结果（Ford et al.，2008）。由此也说明反馈在情感变化和创造力中的作用。创造性反馈环境能够为不确定的竞争环境带来准确的信息来评判个体创造力，给予有效的标准并树立创新的导向，这些有价值的反馈信息可能诱发即时积极情感（准确的积极反馈），也可能诱发即时消极情感（准确的消极反馈）。但创造性反馈环境能够在个体意识到消极反馈是准确时，消极情感会得到反转，而积极情感也会随之增加，此时随着消极情感不断消除后，个体在认知范围方面也会开始增大，从而突破原先的某一特定认知范围，不会受单一因素的干扰，个体处理的信息层面也增多，从而形成了一些具有创新性的思想与行为。之后，当消极情感与积极情感此消彼长，个体形成了更为灵活的认知思维，从而能够发挥出更好的创造力；相反，当个体在情感方面出现消极反转的情况时，此时积极情感不断降低，个体认知灵活性下降，同时认知范围不断缩小，并且当消极情感增加后，个体在思维空间方面也不断缩小，因此阻碍了形成创造力的结果。

动态情感涉及从 t1 到 t2 的积极情感增加和消极情感下降。从 t1 到 t2 的积极情感增加是动态情感的一个重要部分，因为由于消极情感经历的存在，t1 时的积极情感通常程度不会很高（Schmukle, Egloff & Burns, 2002）。由于在消极情感阶段之后的积极情感的增加，人们可以达到高度积极情感状态，这使引导创造力的思维灵活模式成为可能。即便是 t1 时，积极情感已经与消极情感同时发生，并在其后有所增加，则可以促进创造力。积极情感对创造力的强化效果会随着时间推移而逐渐扩大，且相对于短时积极情感而言，其在长时间内的影响更为显著（Amabile & Staw, 2005）。

伴随着消极情感的下降，积极情感的增加与创造力的关系会更为紧密。尽管消极情感可以为其后的创造力奠定基础，但是在既定的时间消极情感的存在会阻碍而非促进创造力。消极情感导致认知过程缩短，并转为缓慢和按序的认知处理模式。只要消极情感程度高，相距较远的概念之间的新关联将不大可能出现。根据 PSI 理论，消极情感会阻碍为复杂知觉运作奠定基础的记忆联想网络的可及性（Baumann & Kuhl, 2002）。例如，Baumann 和 Kuhl（2002）为远关联测试的参与者们提供了三个连贯词语（如“绿色”“通过”和“山羊”），这些词语是由普通概念（如“山”）联系在一起的。如果没有消极情感，参与者可以隐隐意识到，与随机词相比，这种连续词之间有着某种联系，但他们无法说清该概念。在消极情感存在时，参与者无法看到这种关联。消极情感起初会抑制遥远关联，而这种遥远关联正是创造力的一个重要组成部分。

如果消极情感降低，认知处理的聚焦将会扩大，它能够促成远距离相关概念之间的关联（Baumann & Kuhl, 2002）。PSI 理论认为，消极情感的下降过程对于创造力起到了至关重要的作用。在消极情感下降阶段后，个体联想网络更发达，即如果刚刚经历过消极情感，然后消极情感被调节下降，则联想网络的作用更强（Kuhl，2000）。由于记忆联想网络的激活，消极情感的下降会明显促进新的关联，使个体发现不被之前消极情感阶段的认知内容所限制的新想法。然而新想法应该与先前处理的不一致信息有关。通过情感转换的方式，将会形成新的关联，其中会整合在负面情感期间所处理的不一致信息与扩展记忆网络所代表的固有知识。例如，未能完成某项重要工作的人将会经历消极情感，然后发展出一个目标并对其仔细分析。在消极情感下降之后，形成新关联的能力会明显增强。如果先前失败经历的认知经验仍然可用，与失败经历相关的新的关联则会形成并整合失败经验。例如，其他任务中的如何取得成功的相关知识会与失败经历联系起来，使人们产生处理任务的新策略。

如果积极情感的增加伴随着消极情感的下降，高度创造力将会作为结果出现。积极情感的增加会导致更高的认知激活，以及对已有知识的灵活的自上而下的加工。消极情感的下降会激活记忆联想网络，并会启用在消极情感阶段中用自下而上方式加工的信息集成（Baumann & Kuhl，2002）。因此消极情感的变化能够调节积极情感变化与创造力之间的关系。因此，根据上文的分析提出以下几点假设：

假设 4：在创造性环境中，积极情感对创造力起中介作用。

假设 5：消极情感的变化调节积极情感变化在创造性反馈环境对创造力影响中的中介作用，具体来说，较消极情感提高的个体而言，个体消极情感的降低使积极情感的增加对创造力的正向影响更大。

本研究拟通过对以上假设的验证，检验如下模型（见图 6-1）：

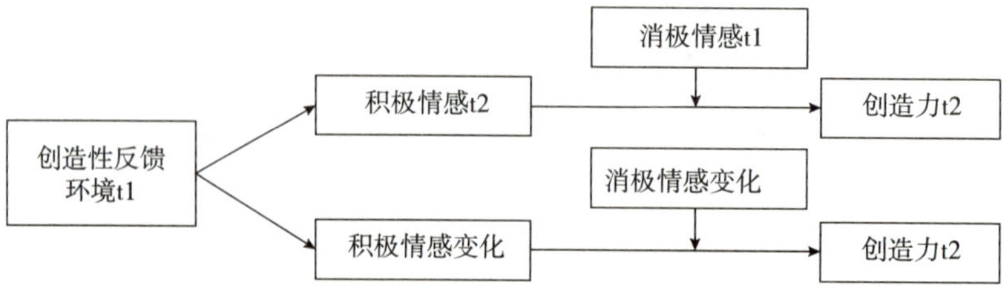

图 6-1　拟验证模型

6.1.3 研究方法

6.1.3.1 研究样本及程序

本研究的研究对象是来自山东省的7家创新型企业，主要选取研发部、市场部、技术部、人力资源部、销售部等部门的389名员工。在施测之前单独询问每个样本是否愿意参与一项工作行为方面的科学研究，362个样本愿意参与该研究；对愿意参与该研究的被试继续询问他们的工作是否需要新的有用的想法或思路，346个样本表示需要新的想法或思路。最终选择这346个员工作为本研究的样本。数据的采集按以下步骤操作：第一步，对346名样本在工作日内上班后的一个小时发放包含人口统计学变量、创造性反馈环境、情感（PANAS）的问卷；第二步，在对应的工作日当天下班前的一个小时发放情感问卷（PANAS）和创造力问卷（自评）。对7个企业的调研遵循提前一周联系、下周的周一筛选被试、周二到周五选择一天调研的方式，7个企业交叉进行历时一个半月，最后回收问卷321份，问卷回收率达到92.8%，除掉一些空白问卷、缺失关键数据以及胡乱回答的问卷15份，上午和下午无法配对的问卷42份，有效问卷为264份。其中男性样本134例，女性样本130例，分别占样本总数的50.8%和49.2%；样本年龄分布较为集中，均为25~35岁，其中30岁及以下的样本共235例，占89%；工龄5年以下的样本245例，占92.6%；教育程度在本科及以上的样本180例，占68.2%，被试样本的教育水平较高。有效问卷样本的基本信息如表6-1所示。

表6-1 动态情感影响机制的调研样本基本信息

维度	变量	人数	百分比（%）
性别	男	134	50.8
	女	130	49.2
年龄	25岁及以下	119	45.1
	26~30岁	116	43.9
	31~35岁	29	11

续表

维度	变量	人数	百分比（%）
工龄	1 年及以下	45	17
	1~3 年	150	56.8
	4~5 年	50	18.9
	6 年及以上	19	7.2
教育程度	大专及以下	84	31.8
	本科	150	56.8
	硕士及以上	30	11.4

6.1.3.2 测量工具

创造性反馈环境问卷。采用研究一编制的创造性反馈环境问卷，该量表包含三个维度，共 34 个题目，为李克特七点量表。经验证该量表有较好的内容效度和建构效度，问卷的 Cronbach's α 系数为 0.93，各维度的一致性系数也在 0.7 以上，说明该量表有很高的可信度。

所谓情感问卷，采用的是 PANAS（积极情感与消极情感量表），由 Watson 等人在 1988 年开发（Watson et al., 1988）。该量表分为两部分——积极情感和消极情感，题量都是 10 个，要求员工必须根据自己当时的情感状态选择，有 5 个等级，“1”代表没有感觉，“5”代表感觉非常强烈，从而算出消极和积极情感的成绩。t1 积极情感 Cronbach's α 系数为 0.88，消极情感 Cronbach's α 系数为 0.88，t2 积极情感 Cronbach's α 系数为 0.75，消极情感 Cronbach's α 系数为 0.77，均大于 0.7，表明该量表的信度较好。利用 AMOS 21.0 统计软件包中的验证性因素分析工具对模型进行结构效度检验，t1 情感问卷模型拟合指数如下：χ^2/df 为 3.63，小于 5，拟合性较好，RMSEA 为 0.061，小于 0.08，是较好的拟合，RFI、NFI、GFI、CFI 和 IFI 分别为 0.94、0.94、0.95 和 0.96，均超过 0.9，是较好的拟合；t2 情感问卷模型拟合指数如下：χ^2/df 为 3.92，小于 5，拟合性较好；RMSEA 为 0.07，小于 0.08，是较好的拟合；RFI、NFI、GFI、CFI 和 IFI 分别为 0.95、0.94、0.96 和 0.96，均超过 0.9，是较好的拟合，说明本量表的结构效度较好。

创造力问卷。采用 Zhou 和 George（2001）编制的创造力量表，该量表只有一个维度，包含 13 个题目。由于问卷收集难度较大和调研时间较长，本研究采用一种员工自评的量表对员工每天的创造力进行评判，采用李克特七点量表，总共 13 个题目，最后取平均值则代表员工每天的创造力水平，问卷的 Cronbach's α 系数为 0.92，表明该量表的信度较好。利用 AMOS 21.0 统计软件包中的验证性因素分析工具来分析模型的结构效度，其中模型拟合指数有：χ^2/df 为 2.52，小于 5，拟合性较好；RMSEA 为 0.06，小于 0.08，是较好的拟合；RFI、NFI、GFI、CFI 和 IFI 分别为 0.95、0.95、0.96 和 0.96，均超过 0.9，是较好的拟合，说明本量表的结构效度较好。

控制变量。将员工的性别、年龄、工龄和教育水平等人口统计学变量归为控制变量在统计中予以控制。

6.1.4 研究结果

表 6-2 列出了各个变量的均值、标准差和它们之间的相关系数。除可直接测量所得的变量之外，根据以往的研究（Förster & Higgins，2005），积极情感和消极情感两个变量在 t1 到 t2 的改变按照以下方法得到：将积极情感和消极情感在 t1 时间的得分对其在 t2 时间的得分进行回归，得到的残差即为该变量在 t1 到 t2 的改变量。从表中可以看出，创造性反馈环境和创造力（$r=0.68$，$p<0.01$）、积极情感 t2（$r=0.27$，$p<0.01$）、积极情感变化（$r=0.17$，$p<0.05$）均显著正相关，与消极情感 t2 相关系数为-0.09、消极情感变化相关系数为-0.1，负相关关系不显著；积极情感 t2（$r=0.42$，$p<0.01$）、积极情感变化（$r=0.22$，$p<0.01$）、消极情感 t1（$r=0.46$，$p<0.01$）、消极情感变化（$r=-0.42$，$p<0.01$）和创造力存在显著相关。以上为检验创造性反馈环境对情感和情感变化的影响（除对消极情感 t2 的影响之外），以及通过积极情感 t2 或积极情感改变影响创造力，并探讨消极情感 t1 或消极情感改变在其中的调节作用提供支持。另外，人口统计学变量方面分别对性别、年龄、工龄、教育程度等变量进行了相关分析，在下面的回归分析中需要对上述人口统计学变量实施管控。

以创造性反馈环境为自变量，以性别、年龄、工龄、教育程度为控制变量，分别对创造力、积极情感 t2、消极情感 t2、积极情感变化和消极情感

表 6-2　变量均值、标准差和相关系数矩阵

	均值	标准差	1	2	3	4	5	6	7	8
1. 创造性反馈环境 t1	2.36	0.72	–							
2. 积极情感 t1	2.21	0.66	0.18*	–						
3. 消极情感 t1	2.14	0.60	0.17*	-0.79**	–					
4. 积极情感 t2	2.09	0.69	0.27**	0.79**	-0.74**	–				
5. 消极情感 t2	1.94	0.58	-0.09	-0.76**	0.71**	0.80**	–			
6. 积极情感变化	0.30	0.42	0.17*	0.26**	0.20**	0.62**	0.31**	–		
7. 消极情感变化	0.59	0.18	-0.10	-0.17	-0.21**	-0.50**	0.79**	-0.17*	–	
8. 创造力 t2	2.71	1.12	0.68**	0.41**	0.50**	0.46**	0.42**	0.22**	-0.42**	–
9. 性别	–	–	-0.37**	-0.09	-0.11	-0.10	-0.08	-0.04	-0.09	-0.05
10. 年龄	1.66	0.67	-0.07	-0.03	-0.09	-0.14	-0.06	-0.18	-0.06	0.02
11. 工龄	2.16	0.79	-0.21**	0.03	0.00	0.04	0.05	0.03	0.05	0.09
12. 教育程度	–	–	0.13	-0.03	-0.05	0.15	0.03	0.06	0.03	0.26

注：n=264；* $p<0.05$，** $p<0.01$。

变化做回归分析（以上变量均已中心化），研究结果显示（见表6-3），创造性反馈环境对创造力（模型1：$\beta=0.59$，$p<0.01$）、积极情感t2（模型2：$\beta=0.17$，$p<0.01$）、积极情感变化（模型4：$\beta=0.17$，$p<0.01$）均存在显著正向影响，对消极情感t2（模型3：$\beta=-0.09$，*ns*）和消极情感变化（模型5：$\beta=-0.13$，*ns*）存在负向影响但不显著。

表6-3 回归分析结果

自变量	因变量				
	模型1	模型2	模型3	模型4	模型5
	创造力t2	积极情感t2	消极情感t2	积极情感变化	消极情感变化
创造性反馈环境t1	0.59**	0.17**	-0.07	0.17**	-0.09
性别	0.06	-0.15	-0.13	-0.05	-0.04
年龄	-0.21	-0.45**	-0.24**	-0.32**	-0.07
工龄	0.25	0.36**	0.20**	0.25**	0.06
教育程度	-0.66	0.06	0.06	0.06	0.02
R^2	0.08	0.12	0.04	0.15	0.05
调整后R^2	0.07	0.10	0.03	0.13	0.03
F	4.97**	7.06**	2.63*	8.73**	2.63*

注：n=264；* $p<0.05$，** $p<0.01$。

根据相关学者（Preacher & Hayes，2008）建议，需要对加入中介变量后的间接效应进行Bootstrap5000次检验，检验Bootstrap95%的置信区间是否包含0。在分析之前，所有变量均进行了中心化处理（Aiken，West & Reno，1996）。由表6-3可知，自变量创造性反馈环境对中介变量积极情感t2（$\beta=0.17$，$p<0.01$）影响显著，对因变量创造力（$\beta=0.59$，$p<0.01$）影响显著。将自变量和中介变量共同进入回归方程预测因变量后，经过多层线性回归分析（见表6-4）可知，中介变量积极情感t2对创造力影响显著（模型1：$\beta=0.76$，$p<0.01$），而自变量创造性反馈环境的影响变成了不显著（模型1：$\beta=0.06$，*ns*）。这个结果与Baron和Kenny在1986年提出的标准

符合。同样，自变量创造性反馈环境对中介变量积极情感变化（$\beta=0.12$，$p<0.01$）影响显著，对因变量创造力（$\beta=0.59$，$p<0.01$）影响显著。将自变量和中介变量共同进入回归方程预测因变量之后，再通过多层线性回归分析可以得出，积极情感变化这个中介变量对创造力影响显著（模型 3：$\beta=0.56$，$p<0.01$），而自变量创造性反馈环境的影响变为不显著（模型 3：$\beta=0.06$，*ns*）。

表 6-4　创造性反馈环境对创造力的多层线性回归分析

	模型 1	模型 2	模型 3	模型 4
截距	1.15**	2.63**	2.41**	2.51**
创造性反馈环境 t1	0.05	0.03	0.06	0.09
积极情感 t2	0.76**	0.29*	0.56**	
消极情感 t1		0.71**		
积极情感 t2×消极情感 t1		0.37*		
积极情感变化				0.28*
消极情感变化				-0.32*
积极情感变化×消极情感变化				-0.72**
$\triangle R^2$	0.18	0.07	0.02	0.05
F	35.29**	7.98**	6.84**	3.60**

注：n=264；* $p<0.05$，** $p<0.01$。

为了检验加入中介变量后的间接效应，本研究应用 PROCESS 插件（Hayes，2013），结果显示（见表 6-5），创造性反馈环境通过积极情感 t2 这一中介变量影响创造力的间接效应显著（95% CI=［0.04，0.23］），创造性反馈环境通过积极情感变化这一中介变量影响创造力的间接效应显著（95% CI=［0.02，0.13］）。验证了假设 2 和假设 4。

表 6-5　中介变量的间接效应检验

	Effect	SE	z	p	LL95%CI	UL95%CI
以积极情感 t2 为中介	0.12	0.05	2.66	0.01	0.04	0.23
以积极情感变化为中介	0.06	0.03	2.15	0.03	0.02	0.13

注：n=264；* $p<0.05$，** $p<0.01$。

假设 3 和假设 5 拟检验消极情感 t1 和消极情感变化在创造性反馈环境影响创造力中的有调节的中介作用。为了检验有调节的中介作用，需要满足以下条件（Muller，Judd & Yzerbyt，2005；Preacher & Hayes，2008）：一是积极情感 t2 在创新环境对创造力的影响中发挥中介作用；二是消极情感 t1 和积极情感 t2 的交互项、积极情感变化和消极情感变化的交互项对创造性反馈环境影响显著；三是在高低不同的消极情感 t1 和消极情感变化水平上，创造性反馈环境通过积极情感 t2 或积极情感变化影响创造力的间接效应不一样。

为了考察积极情感 t1 在创新环境对创造力的影响中是否起有调节的中介作用，表 6-4 研究结果显示，消极情感 t1 和积极情感 t2 的交互项对创造性反馈环境影响显著（模型 2：$\beta=0.37$，$p<0.05$）。在高低不同的消极情感 t1 水平上，创造性反馈环境通过积极情感 t2 影响创造力的间接效应不同，总体有调节的中介效应显著（index = 0.06，SE = 0.04，95% CI = [0.01，0.16]）。具体来说，在消极情感 t1 处于低水平时，积极情感 t2 的间接效应较弱且不显著（Conditional indirect effect = 0.01，SE = 0.03，95% CI = [-0.04，0.08]）；在消极情感 t1 处于高水平时，积极情感 t2 的间接效应较强且显著（Conditional indirect effect = 0.08，SE = 0.04，95% CI = [0.02，0.19]），如表 6-6 所示。

表 6-6　不同消极情感 t1 水平上积极情感 t2 的中介效应对比

中介变量	消极情感 t1 水平	Mean	Conditional indirect effect	SE	下限	上限
积极情感 t2	低（M-1SD）	1.55	0.01	0.03	-0.04	0.08
积极情感 t2	中	2.14	0.05	0.03	0.01	0.12
积极情感 t2	高（M+1SD）	2.74	0.08	0.04	0.02	0.19

为了更清晰地说明调节变量影响中介变量的效应，本研究绘制趋势线来说明问题。图 6-2 表明了这种影响模式，根据 Cohen 等（2015）的程序，以高于均值一个标准差和低于均值一个标准差为基准绘制了不同消极情感 t1 水平中积极情感 t2 对创造力影响的差别。进一步应用 Johnson-Neyman 方法分析显示，消极情感 t1 大于 2.06 时，积极情感 t2 的中介效应总是显著的，在本研究中有 54.17%的被试积极情感 t2 的间接效应较强且显著。

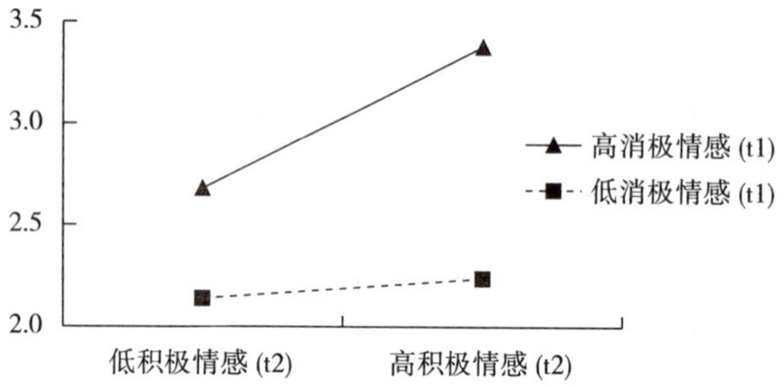

图 6-2　消极情感 t1 和积极情感 t2 对创造力的交互影响

为了检验消极情感变化在创造性反馈环境影响创造力中的有调节的中介作用，表 6-4 研究结果显示，消极情感变化和积极情感变化的交互项对创造性反馈环境影响显著（模型 4：$\beta=-0.72$，$p<0.05$）。在高低不同的消极情感变化水平上，创造性反馈环境通过积极情感变化影响创造力的间接效应不同，总体有调节的中介效应显著（index = -0.06，SE = 0.04，95% CI = ［-0.17，-0.01］）。具体来说，在消极情感变化处于低水平时也即消极情感降低时，积极情感变化的间接效应较强且显著（Conditional indirect effect = 0.04，SE = 0.02，95% CI = ［0.01，0.10］）；在消极情感变化处于高水平时即消极情感提高时，积极情感变化的间接效应较弱且不显著（Conditional indirect effect = -0.02，SE = 0.02，95% CI = ［-0.08，0.02］），如表 6-7 所示。

为了更清晰地说明调节变量影响中介变量的效应，本研究绘制趋势线来说明问题。图 6-3 表明了这种影响模式，根据 Cohen 等（2015）的程序，以高于均值一个标准差和低于均值一个标准差为基准绘制了不同消极情感变化水平中积极情感变化对创造力影响的差别。进一步应用 Johnson-

Neyman 方法分析显示，消极情感变化大于-0.41 时（也即消极情感降低了0.41 以上），积极情感变化的中介效应总是显著的，在本研究中有 71.48% 的被试积极情感变化的间接效应较强且显著。

表 6-7　不同消极情感变化水平上积极情感 t2 的中介效应对比

中介变量	消极情感变化水平	Mean	Conditional indirect effect	SE	LL 95%CI	UL 95%CI
积极情感变化	低（M-1SD）	-0.65	0.04	0.02	0.01	0.10
积极情感变化	中	-0.20	0.01	0.02	-0.01	0.06
积极情感变化	高（M+1SD）	0.25	-0.02	0.02	-0.08	0.02

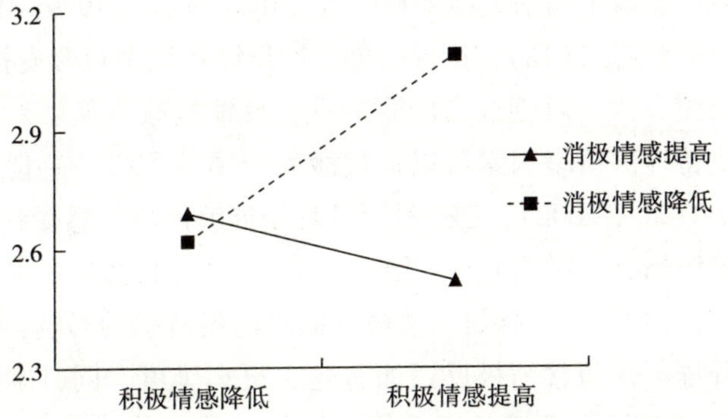

图 6-3　消极情感变化和积极情感变化对创造力的交互影响

6.1.5　讨论与结论

关于反馈对创造力的影响机制研究取得了一些成果，如动机、认知和情感机制，但是由于员工获得创造力要比一般绩效付出更多努力，当面临更多的不确定性时，往往更直接地会引发强烈的情感反应，进而影响他们创造力的发挥（George & Zhou, 2007），情感可能较动机、认知而言更好地将情境因素和创造力联系起来（Madjar et al., 2002）。以往研究多从静态角度出发比较积极和消极情感的影响机制，然而在实际工作和生活中，个体的情感在短时间内是不断变化的（Judge & Ilies, 2004），通过不同的情感变化形式传递出来的信息对个体认知的影响是有所区别的，但目前却鲜有研究涉及动态情感及其对个体创造力的影响。本研究响应研究者（Bledow et al.，2013；George & Zhou，2007）的号召，探索了积极情感 t2 在创造性反馈环境对创造力影响中的中介作用和消极情感 t1 的调节作用，以及积极情感变化在创造性反馈环境对创造力影响中的中介作用和消极情感变化的调节作用，检验了其中的动态情感影响机制，这对于创造力领域的理论和创新管理实践均具有重要的意义。

总结而言，本研究主要有以下三点理论贡献：第一，超越单一反馈干预，从更具针对性、更综合的角度研究了创造性反馈环境对情感的影响。本研究结果表明创造性反馈环境对积极情感以及积极情感变化有影响，对消极情感以及消极情感变化没有影响。尽管以往研究支持对反馈的某一维度对比对不同情感的影响，但作为一个更加综合的概念，创造性反馈环境在对积极情感的影响上与前人结果相一致（Ilgen et al.，1979；Madjar et al.，2002；巩振兴和张剑，2016），这说明创造性反馈环境中包含支持性的因素，例如得体的反馈方式、对创造力的耐受性，反馈接收方能够对反馈更加满意，而这种支持性的情境因素可以通过激发个体的积极情感促进创造力的提升（Madjar et al.，2002），创造性反馈环境能够使员工感受到更多的积极体验。在对消极情感的影响上研究结果与 Ilgen 等（1979）的结果相反，这是由于 Ilgen 等（1979）只探讨了消极反馈对消极情感的影响，而本研究的创造性反馈环境不仅包含消极反馈而且包含更多维度，同时本研究中消极反馈的条目是基于消极反馈的准确性，但是对消极情感的负影响不显著，这是由于这种支持性的环境在给予支持的同时，又给予员工提高创造力的压力，使对消极情感的作用变得更为复杂，所以更不存在消极反馈在其中的中介作用，这也与 Madjar、Oldham 和 Pratt（2002）的研究——消极情感在支持性环境对创造力的影响中的中介作用不显著相一致。

第二，重视消极情感在创造力产生中的作用。尽管消极情感对创造力的影响也没有统一的结论（George & Zhou，2007），但是本研究还是基于情感—信息视角（Schwarz & Clore，1983）证明了消极情感对创造力的正影响。正如 Bledow、Schmitt、Frese 和 Kuehnel 发现，软件工程师在经历了例如失败等消极情况之后，会显示出高水平的工作投入，消极情感之所以可以引发创造力，因为其将认知处理集中在差异信息方面，以便人们可以详细并有目的性地了解情况。情感变化会激活记忆联想网络，以形成新的关联（Bledow et al.，2013），创造力可能会被个体在消极情感阶段所处理的信息和情感变化时联想网络激活效果所影响。研究结果也发现，t1 时的消极情感和 t1 到 t2 时的消极情感减小，解释了创造力的增加变化，这支持了创造力由两种调解过程影响的假设。

第三，从动态情感的角度分析了创造性反馈环境影响创造力的机制。根据 George（2011）的建议，本研究关注了组织情感研究的积极和消极情感相互作用的方面。研究表明，在创造性反馈环境中，如果个体早上有着消极情感，后来消极情感减少而积极情感增加，则会导致高度创造力。以往研究把积极情感和消极情感当作情感研究的两极，孤立地对比两者的作用，这种对比会阻碍理解他们的独特功能（Bledow et al.，2013）。而本研究将焦点放在情感动态及影响情感动态变化的机制上，可以为创造力研究发现新的见解并重新解释 。例如，在引起消极情感之后有所增加的创造力的实验研究中，通常归因于人们的情感状态（De Dreu et al.，2008）。而以往研究忽视了消极情感对创造力的作用，可能是由于积极情感与创造力之间的紧密关联造成的，也是因为消极情感在概念上与积极情感相对立而成。本研究将重点放在消极情感与积极情感相呼应，两者对于创造力也有作用。消极情感阶段会对随后的高度创造力形成奠定基础，而消极情感的减小起到了一种独特作用。因此，与情感和创造力相关的动态观点认为，消极情感的调节为达到高度创造力起到了关键作用。一方面，人们需要具有忍耐消极情感阶段的能力；另一方面，将消极情感调小的能力至关重要。

另外，本研究在分析方法上也有一定的创新之处。根据方杰等（方杰、温忠麟、张敏强和孙配贞，2014）的汇总，到 2014 年 6 月 9 日国内学者在考查有调节性的中介模型时，主要运用亚组分析法和差异分析法，但是这两种都有一些缺陷需要改进。2015 年 Hayes 提出一种新型的方法——系数乘积法，是目前国际上公认的比较理想并且比较容易操作的方法。本研究在国内可以算是比较早采用这种方法来验证的。在使用这种方法的同时，本研究也采用了 SPSS 语法程序（Preacher，2008）来得到需要的数据，应用 Johnson-Neyman 的方法显示整个有调节的中介效应并反映影响的全过程，而不是国内以往文献只采用简单斜率分析来反映问题。所以，本研究采取的一些创造性的方法是非常有意义的。

本研究的主要发现对管理实践有着重要启示。本研究指向情感变化的重要性，对于增加组织中的创造力和创新而言，情感变动就像潜在的推动器。以往研究未能意识到情感变化如何对认知处理和创造力产生影响。意识到并了解积极情感和消极情感的相互作用可能是更好地利用自己的创造潜能并帮助促进其他人创造力的第一步。因此片面聚焦在增加积极情感来促进创造力是不明智的。创造力要求在情感和认知过程方面的相互影响的复杂性，以及这种复杂性的集成（Bledow et al.，2013）。情感变动在这种集成以及维持积极情感和消极情感之间的适应平衡中起到了关键作用。首先，提高积极情感和引导积极情感变化尤为必要。对于创造力的提高和积极情感的产生与增加而言，塑造创造性反馈环境十分重要。对于领导和同事而言，以合适的方式给予准确的反馈，同时能够给予其他个体产生创造力所必要的耐受性。其次，降低消极情感并提高对消极情感的忍耐力。对于想要增加员工创造力的企业而言，片面聚焦于积极情感并不够。如果周围人可以了解并影响积极情感与消极情感间的动态相互作用，会变得更有效率。在某些情况下，领导者们可以将员工的注意力转移到问题方面并引起消极情感。这种策略的有效性的先决条件是员工可以处理消极情感。如果消极情感已经存在，帮助员工减小消极情感并增加积极情感则是一种对于增加创造力而言特别有效的策略。此外，个体可能面对不同挑战来激发他们的创造力，这具体取决于他们如何调节情感，此时对于不同的个体最好采用不同的方法。对于长期处于会导致消极情感的认知加工模式中的个体而言，利用自我放松和寻找社会支持的工作环境可以促使其调节消极的想法和感觉，相反，对那些能够快速调整消极情感的人们的创造力会受益于消极想法和感受的耐受性增加，因为消极情感不会马上消失。企业有意识地将精力集中在引出消极情感的那些信息可能会有效果，例如询问最佳的方案或仔细考虑阻碍达成目标的障碍（Oettingen，Mayer，Thorpe，Janetzke & Lorenz，2005）。

本研究也存在一些不足，这也为将来的研究提供了一个明确的方向。第一，本研究中的所有变量的测量均为自评，这会带来共同方法变异等问题。对于创造力而言，虽然有研究者认为自我报告法可能是对于研究特定工作日的人们的创造力的最生动的测量方法（Shalley et al.，2009），因为在一天的时间框架之内的新的有用的思维的开发并不说明人们会立刻讨论这些思维或实施，任何一天的创造力可能并非其他人可以立刻观察到或以客观结果的方式反映出来，但是自评方法还会带来共同方法变异的问题。对于情感而言，情感的测量采用自评的方法的局限在于被试只是报告了能够意识到的积极或消极情感，但对于情感的变化只有部分是有意识的（Quirin, Kazén & Kuhl, 2009），这表明本研究只是抓住了实际情感过程的一些方面，而情感变化对于创造力的整体影响可能更加显著。对于两者关系而言，t2 时的积极情感与创造力是同时测量的，积极情感的增加和消极情感的减少有可能是创造力的结果而非其原因。因此在今后的研究中，可以采用实验法、日记法等方法来弥补问卷测量法对于创造力、情感以及两者关系研究的不足。

第二，只研究了在一个工作日内的情感整体变化与整体创造力的关系。然而在一个工作日内，有着许多短时情感变化和多种不同等级的创造力。未能检验出短时情感变化是否与具体思路的出现相关联。还有一个进一步研究的问题是有关情感变化发生的时间框架，以及在不同时间框架内，是否会产生类似结果。时间框架可以从毫秒到年，不同时间框架内的情感变化互相交织。在创造力巅峰时期，可能会存在对某一特定艺术品的创造力表现产生影响的短时的情感变化。因此未来研究可以探讨更加细微或者更长时间段的不同的创造力。

第三，情感变化所带来的认知过程尚待研究。尽管结果证明消极情感可以引发创造力，可能因为其将认知处理集中在差异信息方面，以便个体可以详细并有目的性地了解情况，但是并没有细致地分析那些对随后创造力产生影响的、人们在消极情感阶段中处理的信息的程度。情感变化会激活记忆联想网络，以形成新的关联。创造力可能会被人们在消极情感阶段所处理的信息和情感变化时联想网络激活效果所影响。研究结果发现，t1 时的消极情感和 t1 到 t2 时的消极情感减小，解释了创造力的增加变化，这支持了创造力由两种调解过程影响的假设。但由于本研究并未测量个体处理的信息和创造力的内容，而其中过程的相关作用及其相互影响却无法检验，因此，在创造力产生过程中的情感变化的影响和认知之间的相互作用需要在未来研究中加以关注，可以考察情感变化对认知功能整体的影响，如何影响特定的认知内容的处理，如识别工作中的问题和创造性解决方案的产生。

总之，本研究的结果表明，情感变化在创造性反馈环境影响创造力中起重要作用，具体而言，t1 消极情感能够调节 t2 积极情感在创造性反馈环境影响创造力中的中介作用，当消极情感 t1 较高时，创造性反馈环境通过积极情感 t2 对创造力的影响更大；消极情感变化能够调节积极情感变化在创造性反馈环境影响创造力中的中介作用，较消极情感提高的个体而言，个体消极情感的降低使创造性反馈环境通过积极情感的增加对创造力的正向影响更大。

6.2 子研究二：基于反馈寻求的创造性反馈环境的影响机制研究

6.2.1 研究目的

以往关于反馈影响创造力的机制大多基于创造力的成分理论和交互作用理论，只强调个体内在心理机制如动机、认知的作用（Zhou & Shalley, 2011），忽视了个体与外界的互动在其中的作用。然而现实中的员工是在与领导和周围其他人的互动中形成对创造力是否新颖和有价值的标准，这就导致创造力的改变并对其产生持续影响（Hargadon & Bechky, 2006）。以往研究视个体为被动接受的对象，忽视反馈接收方的反馈寻求的作用，导致管理者重视反馈环境的作用，员工却仍处在“反馈真空”的状态（Ashford & Tsui, 1991）。反馈寻求作为个体的一种主动行为能够更好地体现创造力产生过程中的互动，弥补“反馈真空”的不足（Anseel et al., 2007; Hays & Williams, 2011）。因此有必要探讨创造性反馈环境激发反馈寻求来促进创造力的路径。

以往的研究表明，反馈寻求行为形成的关键前提条件是反馈环境（Dahling & O'Malley, 2011）。支持性的反馈环境中领导和同事更易于接近，能提供高质量和准确的反馈等（Steelman et al., 2004），能够鼓励反馈寻求行为的发生，且反馈寻求可以在某些情况下提高员工绩效。但是，以往研究的不足在于：一是割裂领导和同事反馈环境的作用，分别考察对领导和同事反馈寻求的影响。以往研究采用的对象对应性虽然能更直观地验证假设，却忽视了领导和同事所共同组成的反馈环境能够对反馈寻求产生交叉作用且能够共同影响不同源的反馈寻求。尽管这一思路被应用到政治知觉的研究中，并发现了领导反馈环境影响同事政治行为、同事反馈环境影响领导政治行为进而影响交换行为（如在工作中接收到有利于绩效的信息）（Rosen et al.，2006），却很少应用到类似于交换行为中信息交换的反馈寻求行为研究中来。二是没有根据来源、方式来更加细致地区别反馈寻求行为与创造力的关系。关于反馈寻求行为，虽然进行了大量的研究，或者未将反馈寻求做任何区分考察其形成机制，或者仅考虑反馈源的因素考察领导反馈环境对领导反馈寻求的作用，或者仅考虑询问式反馈寻求的形成（Dahling，Chau & O'Malley，2012；Linderbaum & Levy，2010），导致反馈环境是否会反馈寻求的冲突。例如，Anseel 等（2015）对反馈寻求的元分析发现，反馈环境对反馈寻求的影响是正向、负向还是没有影响存在较大分歧。Morrison（2002）指出，将反馈寻求行为区分测量能够解决有关解释和结论的冲突。虽然有研究对反馈寻求做了方式上的区分，但关注的焦点仅在询问式反馈寻求，而忽视了观察式反馈寻求的作用，对于中国这种高权力距离和高面子文化的社会，也许员工更多采用的是观察式的反馈寻求方式，所以区别测量影响不同来源的不同方式的反馈寻求才更加精确。三是以往研究大都假设反馈环境具有刺激反馈寻求行为的工具性动机的作用（Dahling et al.，2015），从而会有积极的效果。员工们可以选择性地反馈寻求以促进他们社会形象的提升，例如寻求积极反馈或从宽厚的管理者和同事处寻求反馈（Morrison，1993）。但也有研究认为当由自我增强动机激发而非工具性激发时，反馈寻求对创造性有着不同影响，包括会阻碍积极效果的产生（Sedikides & Strube，1997）。例如，Anseel 等（2015）对反馈寻求的元分析发现，反馈寻求对绩效包括创造力并不一定具有积极作用，其发挥积极作用还受到调节因素的制约，同时对反馈寻求动机划分也有不合理之处。以往研究大多以 Ashford 和 Cummings（1983）提出的反馈寻求动机为分类标准，把反馈寻求动机分为工具性动机、自我保护动机以及印象管理动机三种。而事实上，工具性动机是自我评价动机和自我提升动机的组合，而自我保护动机和印象管理动机事实上是自我增强动机的两个方面，同时还缺少了对自我验证动机的研究（Sedikides & Strube，1997），在反馈寻求动机上难以全面反映寻求者的真实情况。

本研究认为创造性反馈环境作为一个整体能够通过影响反馈寻求动机进而影响不同源、不同方式反馈寻求行为，且不同的反馈寻求动机在反馈寻求影响创造力中发挥不同的调节作用。因此本研究的贡献在于：第一，从整体环境的角度探讨创造性反馈环境对反馈寻求的影响，较全面地体现了创造性反馈环境的作用路径；第二，区分两种反馈寻求方式的不同影响因素和作用路径，突破以往研究没有区分或只强调询问式反馈寻求的局限，有助于解决在结论上的冲突；第三，突破以往研究大多以 Ashford 和 Cummings（1983）提出的反馈寻求动机框架为主，响应 Anseel 等（2015）的号召依照自我动机理论区分四种反馈寻求动机，引入反馈寻求与创造力关系的研究中，丰富了创造性反馈环境对创造力的影响路径研究。

6.2.2 研究假设

创造性反馈环境是一个包含多维结构的概念，它不仅能够以反馈的方式给予员工来自领导和同事方面的支持，能够以得体的方式提供可信的准确的反馈信息，而且还鼓励员工反馈寻求（Whitaker et al.，2007），使员工能够通过反馈感受到组织对提高员工创造力的导向。创造性反馈环境与员工和组织的一些结果变量相关，例如高情感承诺、高道德感，低组织政治感以及对工作信息、决策的控制感（Dahling et al.，2015）。很多研究表明反馈环境与反馈寻求行为有很强的相关关系（Linderbaum & Levy，2010；Whitaker et al.，2007），反馈寻求行为能够通过反馈环境给予个体工作相关的信息，促使个体的角色和目标清晰进而提高绩效（London，2003）。反馈环境对工作中的行为有工具性的作用，这些行为与高绩效和高薪酬相关，能够在出现期待的工作成果后给予激励（Steelman & Rutkowski，2004）。研究表明，反馈寻求行为能够提高领导对员工绩效的评价。这些绩效评价的获得归因于学习，并提高了角色和目标的清晰性，进而帮助员工在工作中表现出更高的绩效（Renn & Fedor，2001）。

反馈寻求理论与传统的反馈相比，前者认为反馈接受者具有一种自我调节的能力，应该积极主动地去表现。自我调节理论指的是个体有实力通过自己的努力来规划自己前进的方向，最后实现自己的目标。个人的创造性在发展过程中可能会受到社会外界的影响，不过其他人的鼓励也会促进其提高创造性（Perry-Smith & Shalley，2003）。研究表明，如果在工作中多和相关的个体交流会大大提高其创造力（Madjar et al.，2002）。与此同时也说明了频繁的反馈也会对个体的工作带来一些有用的建议，这些建议可能会随着时间的推移慢慢地使用到自己的工作中来，同时也为个体提供不同的视角，这样有助于个体产生更多有趣的点子，并且促进了创造力（De Stobbeleir et al.，2011）。

领导反馈环境能够影响同事的包括保持沉默静待好处的同事政治行为，进而影响员工间的信息交换，同事反馈环境能够影响领导的包括组织政治性的政策的领导组织行为，影响领导和员工的信息交换（Rosen et al.，2006）。可见，领导和同事创造性反馈环境也是作为一个整体影响领导与员工、员工与员工信息交换，从而影响员工向领导、同事反馈寻求的行为。因此，基于以上分析，提出如下假设：

假设1：领导询问式、观察式反馈寻求在创造性反馈环境对创造力的影响中起中介作用。

假设2：同事询问式、观察式反馈寻求在创造性反馈环境对创造力的影响中起中介作用。

Sedikides和Strube（1997）提出的自我动机理论关注动机如何影响人们获得评价、寻求信息的途径。该理论认为，自我是社会认知、情绪、动机和社会行为的中心，自我动机驱动人选择、处理、记忆信息并对这些信息产生反应，能够从更广阔的社会心理学视角更全面地反映反馈寻求动机的本质。自我动机理论将人们获得评价、寻求信息的动机分为四类，分别是自我验证动机、自我加强动机、自我评价动机和自我提高动机。其中，自我验证动机主要是为了加强人们的预测感和控制感，自我验证有助于形成稳定的自我概念，让别人对自己的看法和自己对自己的看法是相同的，这样个体在社会中和别人交往就可以大概有个判断，互相交往也就更加顺利。自我增强动机旨在提高自我的良好形象，从消极的评价信息中产生自我保护，自我增强动机强的个体更倾向于积极评价而不是消极评价，偏爱对自己有利的社会评价，会投入很多精力去思考积极的反馈信息。一般的情况下，个体在自我评价动机的推动下会比较偏爱外界的反馈，因为他们想了解外界对于他们的外表、能力以及特质的看法。自我提升的动机旨在提高个体的知识、能力和技能，倾向于向上比较，而这种比较是个体学习达到目标的方法，自我提升动机关心能力的真正改善和自我概念的改变。自我动机模型在内容上增加了自我验证动机这一项，单从分类的角度来说，又可以把工具性动机分为自我认识动机和自我提高动机，并且把内容比较相似的自我保护动机与印象管理动机合成自我增强动机，这样也就可以补充Ashford 和 Cummings（1983）反馈寻求动机观点的不足。不同反馈寻求动机能够影响个体的积极自我评价，产生的创造力也不同。创造性反馈环境能够减少反馈寻求的成本，使高层领导更有可能提供反馈（Whitaker et al.，2007），这种情境能够创造提高个体积极自我评价的机会，而这种自我评价是由于自我提高和自我增强的动机所决定的。创造性反馈环境提供了低成本、精准、可信的反馈，这些都有可能吸引员工通过反馈寻求提升个体公众形象（Morrison，2002）。

大部分个体通过营造自我的社会环境和主观上歪曲现实情况这两种途径来验证自我。营造自我的社会环境包括自我选择愿意交往的朋友和适合自己的环境、故意显露自己的身份线索以及通过交往来自我验证。主观上歪曲现实就是选择性的选取、认知以及理解。而自我增强动机强的个体更倾向于积极评价而不是消极评价，偏爱对自己有利的社会评价，会投入很多精力去思考积极的反馈信息。反馈研究相关文献认为，个体出于强印象管理动机的反馈寻求其动机只是为了树立良好的公共形象，对学习、提高绩效和纠正潜在的错误并不感兴趣（Morrison，2002），所以这种印象管理的动机可能弱化反馈寻求对创造力的影响。因此，自我验证和自我增强动机在 SCENT 理论看来属于战术的部分，并非针对创造力，因此可能会弱化反馈寻求，而在自我评价动机的作用下，个体想知道对于其外表、能力、性格和特质的客观评价，这种自我评价动机一般都有以下三种想法：第一，减少一些不确定的东西；第二，个体想知道自己在别人眼中真正的样子；第三，当认清自己真正的样子后会更加实现自己的一些小目标。自我提升动机与其他三种动机有本质不同，自我增强动机关心的是自己的问题，自我提升动机考虑的是自己的能力能否真正提高；自我验证动机考虑的是能不能与自我概念一致；自我评价动机关心自我认知的准确性，自我提升动机关心自我概念向更好的方向发展，而不关心其准确性。和 SCENT 模型一致，个体出于坦诚的反馈寻求而非战术的反馈寻求能够增强个体积极自我评价，并产生真正的个体成长。因此，自我评价和自我提升动机在 SCENT 理论看来属于战略的部分，是针对创造力提升的，因此可能会强化反馈寻求的中介作用。基于以上研究分析，提出如下假设：

假设 3：自我评价动机调节领导、同事询问式、观察式反馈寻求在创造性反馈环境影响创造力中的中介作用。

假设 4：自我提升动机调节领导、同事询问式、观察式反馈寻求在创造性反馈环境影响创造力中的中介作用。

假设 5：自我增强动机调节领导、同事询问式、观察式反馈寻求在创造性反馈环境影响创造力中的中介作用。

假设 6：自我验证动机调节领导、同事询问式、观察式反馈寻求在创造性反馈环境影响创造力中的中介作用。

本研究拟通过对以上假设的验证，检验如下模型（见图 6-4）：

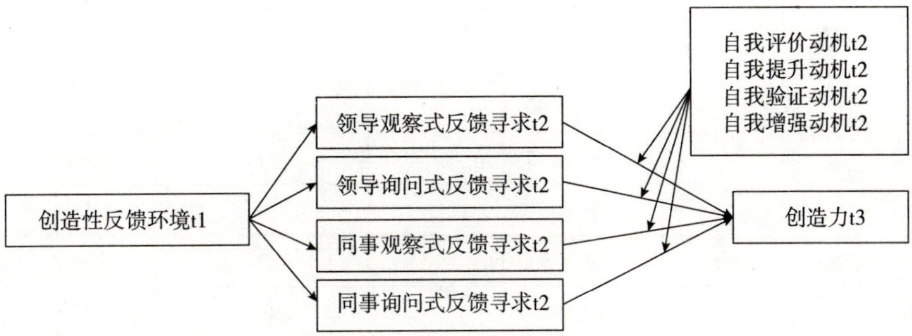

图 6-4　拟验证模型

6.2.3　研究方法

6.2.3.1　研究被试及程序

研究者通过对山东省、山西省、江苏省、广东省、广西壮族自治区 5 个省份 13 家工业企业尤其是创新型企业的研发部、技术部、财务部、人力资源部、市场部、销售部重新选取 315 名员工作为调研对象，采取现场发放、现场回收问卷的方式完成本纵向研究。问卷调研共分三个阶段完成，按照前人相关研究的时间间隔（Gabriel，Frantz，Levy & Hilliard，2014），本研究每个阶段之间间隔 3 个月。第一次向员工发放创造性反馈环境问卷和人口统计学变量相关题目；第二次向员工发放反馈寻求问卷和自我动机问卷；第三次向员工的直接领导发放创造力问卷。共收到员工三阶段匹配的问卷 264 份，其中有效问卷 235 份，占参与调研人数的 74.6%。

在这当中，男性、女性样本分别为 132 例、103 例，在整个样本总量中的占比分别为 56.2%、43.8%；样本年龄呈集中式分布，其中年龄不超过 35 岁的样本共有 205 例，占 87.2%；工龄 5 年以下的样本 190 例，占 80.9%；教育程度在本科及以上的样本 192 例，占 81.7%，被试样本的教育水平较高。有效问卷样本的基本信息如表 6-8 所示。

表 6-8 调研样本基本信息

维度	变量	人数（人）	百分比（%）
性别	男	132	56.2
	女	103	43.8
年龄	25 岁及以下	67	28.5
	26~30 岁	93	39.6
	31~35 岁	45	19.1
	36 岁及以上	30	12.8
工龄	1 年及以下	38	16.2
	1~3 年	106	45.1
	4~5 年	46	19.6
	6 年及以上	45	19.2
教育程度	大专及以下	43	18.3
	本科	106	45.1
	硕士及以上	86	36.6
公司类别	创新型企业	193	82.1
	非创新型企业	43	18.9

6.2.3.2 测量工具

创造性反馈环境问卷。采用研究一编制的创造性反馈环境问卷，该量表包含 2 个维度，共 34 个题目，为李克特七点量表。

反馈寻求问卷。采用 Callister、Kramer 和 Turban 发表于 *AMJ* 上的反馈寻求量表（Callister & Turban，1999），该量表克服了 Ashford（1986）和

Ford 等（1992）关于反馈寻求量表只区分观察式和询问式反馈寻求的不足，将观察式和询问式反馈寻求又按照不同来源如领导和同事进一步区分。其中，领导观察式和询问式反馈寻求均为 2 个题目，同事观察式反馈寻求 3 个题目，询问式反馈寻求 4 个题目。采用员工自评的方式，是从 1（一点也没有）到 7（非常明显）的李克特七点量表。

自我动机问卷。采用 Gregg 等（2007）编制的自我动机问卷，该问卷包括 4 个子问卷，分别对应自我增强动机、自我评价动机、自我验证动机、自我提升动机（Gregg, Hepper & Sedikides, 2007）。该问卷按照 Gregg 等的要求不能加总后得出自我动机的总分数来判断，而需要区分每个维度来判断每种动机的大小。因此本研究将此视为具有 4 个因子的概念，每个子问卷 2 道题目，采取员工自评的方式，是从 1（一点也没有）到 7（非常明显）的李克特七点量表。

创造力问卷。采用 George 和 Zhou（2001）编制的创造力量表，该量表只有一个维度，包含 13 个题目，采用前人所用的主观评价方式，要求主管根据员工的创造力表现打分，从 1（一点也没有）到 5（非常明显）进行选择，13 个题目的加总平均代表每天员工的创造力水平。

控制变量。将员工的性别、年龄、工龄和教育水平等人口统计学变量归为控制变量在统计中予以控制。

6.2.4 研究结果

此次研究的效度分析是以区分效度与聚敛效度为着眼点展开研究分析的，采用了下面几个指标实施效度检验，判定标准为：χ^2/df（<5）、CFI（>0.90）、χ^2（$p>0.05$）、TLI（>0.90）、RMSEA（<0.08）、SRMR（<0.08）（括号内为适配指标值的可接受标准）（Hu & Bentler, 1999）。此次研究过程中以各构念的测量模型为对象采用 AMOS 统计软件的结构方程技术实施验证性因素分析，结果表明，各问卷指标拟合良好，平均变异萃取量 AVE（>0.50）与组合信度 CR（>0.50）都符合要求，t 值达到了显著性水平。从整体上讲，此次研究谈到的四个测量量表的聚敛性都非常好，详见表 6-9。

在对区分效度进行检验的过程中，本研究选取竞争模型比较法分别比较十因子模型、八因子模型（反馈方式按来源和方式区分为两个模型）、一因子模型、七因子模型（不区分反馈寻求来源和方式）。一系列结果显示，

表 6-9　构念测量模型的整体拟合结果

变量	χ^2	df	χ^2/df	CFI	TLI	RMSEA	SRMR	CR	AVE	因子载荷
创造性反馈环境	1035.41	461	2.25	0.91	0.91	0.07	0.03	0.87	0.96	0.50~0.89
反馈寻求	71.85	35	2.05	0.98	0.97	0.06	0.03	0.70	0.96	0.78~0.89
自我动机	17.88	8	2.24	0.98	0.95	0.07	0.04	0.64	0.90	0.65~0.80
创造力	2.53	1	2.53	0.99	0.98	0.08	0.01	0.67	0.84	0.61~0.85

十因子的基准模型拟合的理想度最高，也就是说核心概念之间的区分效度较好，如表 6-10 所示。

表 6-10　变量区分效度验证性因素分析结果

模型	因子	χ^2	df	χ^2/df	CFI	TLI	RMSEA	SRMR
模型 1（十因子）	CFE 、LM、LI、CM、CI、SE、SA、SV、SI、CP	233.65	138	1.68	0.84	0.82	0.07	0.06
模型 2（八因子）	CFE 、LM+LI、CM+CI、SE、SA、SV、SI、CP	272.15	140	1.94	0.82	0.79	0.08	0.06
模型 3（八因子）	CFE 、LM+ CM、LI+CI、SE、SA、SV、SI、CP	269.28	140	1.92	0.80	0.78	0.08	0.06
模型 4（七因子）	CFE 、LM+LI+CM+CI、SE、SA、SV、SI、CP	281.73	141	2.00	0.79	0.77	0.08	0.08
模型 5（一因子）	CFE 、LM、LI、CM、CI、SE、SA、SV、SI、CP	379.45	148	2.56	0.78	0.76	0.09	0.10

注：表中 CFE 表示创造性反馈环境；LM 表示领导观察式反馈寻求；LI 表示领导询问式反馈寻求；CM 表示同事观察式反馈寻求；CI 表示同事询问式反馈寻求；SE 表示自我增强动机；SA 表示自我评价动机；SV 表示自我验证动机；SI 表示自我提升动机；CP 表示创造力。

此次设计采取 SPSS21.0 统计分析软件针对各个量表实施信度检验，Cronbach's α 系数都超过了 0.7，具体参考表 6-11，这就意味着各个量表的信度较好。

表 6-11 信度分析结果

变量	题项数	Cronbach's α 系数
创造性反馈环境	34	0.94
反馈寻求	11	0.80
自我动机	8	0.85
创造力	13	0.86

此次研究选取 Harman 单因素检验的方式，认真地检验同源方差的严重程度，把问卷的全部题项集中起来进行探索性因素分析，选取主成分分析，没有旋转，将特征值超过 1 的因子全部提取出来。在这当中，第一主成分对 22.63%的变异量做出了阐释，比建议值 40%低，由此可见，变量同源方差并不会影响最终的结论。此外，以方差膨胀因子（VIF）媒介针对变量之间的多重共线性效应进行检验。最终结果表明，此类相关变量的 VIF 值都处在 1.23 至 2.52 的范围内，比临界值 10 小得多，这就意味着不存在共同方法偏差问题。

表 6-12 列出了各个变量的标准差、均值及其之间的相关关系，研究发现，创造性反馈环境 t1 和领导询问式反馈寻求 t2（$r=0.41$，$p<0.01$）、领导观察式反馈寻求 t2（$r=0.44$，$p<0.01$）、同事询问式反馈寻求 t2（$r=0.44$，$p<0.01$）、同事观察式反馈寻求 t2（$r=0.41$，$p<0.01$）、创造力 t3（$r=0.38$，$p<0.01$）显著正相关；自我增强动机 t2（$r=0.22$，$p<0.01$）、自我评价动机 t2（$r=0.19$，$p<0.05$）、自我验证动机 t2（$r=0.37$，$p<0.01$）、自我提升动机 t2（$r=0.28$，$p<0.01$）、领导询问式反馈寻求 t2（$r=0.37$，$p<0.01$）、领导观察式反馈寻求 t2（$r=0.28$，$p<0.01$）、同事询问式反馈寻求 t2（$r=0.25$，$p<0.01$）、同事观察式反馈寻求 t2（$r=0.25$，$p<0.01$）和创造力 t3 显著正相关，这种相关关系为下一步验证不同源、不同形式反馈寻求的中介作用和不同反馈寻求动机的调节作用打下了基础。另外，人口统计学变量方面分别对性别、年龄、工龄、教育程度等变量进行控制。

表 6-12　变量均值、标准差和相关系数矩阵

	均值	标准差	1	2	3	4	5	6	7	8	9
1. 创造性反馈环境 t1	4.57	0.66	-								
2. 自我增强动机 t2	5.01	1.22	0.29**	-							
3. 自我评价动机 t2	5.74	1.07	0.11	0.33**	-						
4. 自我验证动机 t2	5.11	1.21	0.23**	0.58**	0.32**	-					
5. 自我提升动机 t2	5.58	1.01	0.18**	0.43**	0.60**	0.52**	-				
6. 领导询问式反馈寻求 t2	4.38	1.23	0.41**	0.22**	0.03	0.28**	0.13*	-			
7. 领导观察式反馈寻求 t2	5.03	1.12	0.44**	0.37**	0.12	0.30**	0.29**	0.60**	-		
8. 同事询问式反馈寻求 t2	5.02	1.25	0.44**	0.32**	0.22**	0.25**	0.26**	0.49**	0.49**	-	
9. 同事观察式反馈寻求 t2	5.23	1.26	0.41**	0.51**	0.33**	0.28**	0.38**	0.32**	0.55**	0.69**	-
10. 创造力 t3	4.21	1.23	0.38**	0.22**	0.19*	0.37**	0.28**	0.37**	0.28**	0.25**	0.25**
11. 性别	-	-	-0.06	0.03	0.16*	-0.01	0.05	-0.05	0.02	-0.01	0.07
12. 年龄	2.21	1.09	0.11	-0.08	-0.05	-0.06	-0.01	0.14*	0.03	0.01	0.03
13. 工龄	2.49	1.11	0.11	0.01	0.04	0.01	0.08	0.17*	0.08	0.13	0.09
14. 教育程度	-	-	0.05	0.02	0.02	0.10	0.01	0.03	0.14	-0.05	-0.06

注：n=235；* $p<0.05$，** $p<0.01$。

假设1和假设2拟验证不同源、不同反馈寻求方式的中介作用。按照Baron和Kenny的标准（Baron & Kenny，1983），以及Preacher和Hayes（2008）的建议还需要对加入中介变量后的间接效应进行Bootstrap5000次检验，检验Bootstrap95%的置信区间是否包含0（Preacher & Hayes，2008）。在分析之前，所有变量均进行了中心化处理（Aiken et al.，1996）。

由表6-13可知，自变量创造性反馈环境对中介变量领导观察式反馈寻求（β=0.89，p<0.01）、领导询问式反馈寻求（β=0.96，p<0.01）、同事观察式反馈寻求（β=0.70，p<0.01）、同事询问式反馈寻求（β=0.83，p<0.01）影响显著，对因变量创造力（β=0.59，p<0.01）影响显著。将自变量和中介变量共同进入回归方程预测因变量后，经过多层线性回归分析可知，中介变量领导询问式反馈寻求（模型7，β=0.19，p<0.01）、同事观察式反馈寻求（模型8，β=0.15，p<0.05）对创造力影响显著，自变量创造性反馈环境的影响变小（模型7，β=0.51，p<0.01；模型8，β=0.56，p<0.05），符合Baron和Kenny（1986）关于部分中介的标准。而中介变量领导观察式反馈寻求（模型6，β=0.14，*ns*）、同事询问式反馈寻求（模型9，β=0.11，*ns*）对创造力影响不显著，自变量创造性反馈环境的影响变小（模型6，β=0.59，p<0.01；模型9，β=0.60，p<0.01），不符合Baron和Kenny（1986）关于中介效应的标准。

检验间接效应乘积项，依照间接效应在95%置信区间是否涵盖了0来对中介效应是否显著做出准确的判定。所以，此次研究最终决定采用PROCESS插件（Hayes，2013），通过Bootstrap 5000分析结果显示，创造性反馈环境t1通过领导观察式反馈寻求t2对创造力t3的标准化间接效应95%置信区间涵盖0，这就意味着间接效应不显著，换言之，领导观察式反馈寻求t2在创造性反馈环境t1对创造力t3的影响中不起中介作用；创造性反馈环境t1通过领导询问式反馈寻求t2对创造力t3的标准化间接效应95%置信区间没有涵盖0，说明间接效应显著，即领导询问式反馈寻求t2在创造性反馈环境t1对创造力t3的影响中起中介作用；创造性反馈环境t1经过同事观察式反馈寻求t2对创造力t3的标准化间接效应95%置信区间不涵盖0，说明间接效应显著，即同事观察式反馈寻求t2在创造性反馈环境t1对创造力t3的影响中起中介作用；创造性反馈环境t1经过同事询问式反馈寻求t2对创造力t3的标准化间接效应95%置信区间涵盖0，说明间接效应不显著，即

表 6-13　以反馈寻求为中介的创造性反馈环境对创造力的多层线性回归分析

自变量	因变量								
	模型 1	模型 2	模型 3	模型 4	模型 5	模型 6	模型 7	模型 8	模型 9
	领导观察式反馈寻求 t2	领导询问式反馈寻求 t2	同事观察式反馈寻求 t2	同事询问式反馈寻求 t2	创造力 t3				
截距	0.26	−0.43	1.79**	0.93	1.57*	1.34**	1.67**	1.55**	1.49**
创造性反馈环境 t1	0.89**	0.96**	0.70**	0.83**	0.68**	0.59**	0.51**	0.56**	0.60**
领导观察式反馈寻求 t2						0.14			
领导询问式反馈寻求 t2							0.19**		
同事观察式反馈寻求 t2								0.15*	
同事询问式反馈寻求 t2									0.11
ΔR^2	0.19	0.16	0.17	0.18	0.13	0.01	0.05	0.02	0.02
F	12.79**	10.72**	10.38**	11.66**	10.41**	8.45**	10.53**	8.87**	8.28**

注：n=235；$^{*}p<0.05$，$^{**}p<0.01$。

同事询问式反馈寻求 t2 在创造性反馈环境 t1 对创造力 t3 的影响中不起中介作用。部分验证假设 1、假设 2（见表 6-14）。

表 6-14 中介效应检验的 Bootstrap 分析

自变量	中介变量	因变量	完全标准化间接效应	BOOT SE	95%置信区间	
					下限	上限
创造性反馈环境 t1	领导观察式反馈寻求 t2	创造力 t3	0. 13	0. 07	-0. 01	0. 26
创造性反馈环境 t1	领导询问式反馈寻求 t2	创造力 t3	0. 18	0. 06	0. 06	0. 32
创造性反馈环境 t1	同事观察式反馈寻求 t2	创造力 t3	0. 15	0. 06	0. 02	0. 22
创造性反馈环境 t1	同事询问式反馈寻求 t2	创造力 t3	0. 09	0. 07	-0. 03	0. 22

对不同自我动机对领导询问式反馈寻求—创造力关系调节作用分析结果（见表 6-15）显示，模型 2 领导询问式反馈寻求 t2 和自我评价动机 t1 交互项的回归系数（β=0. 12，p<0. 01）和模型 4 领导询问式反馈寻求 t2 和自我提升动机 t1 交互项的回归系数（β=0. 11，p<0. 05）显著，而模型 1 领导询问式反馈寻求 t2 和自我增强动机 t1 交互项的回归系数（β=0. 01，*ns*）和模型 3 领导询问式反馈寻求 t2 和自我验证动机 t1 交互项的回归系数（β=0. 04，*ns*）不显著，说明自我评价动机和自我提升动机对领导询问式反馈寻求—创造力的关系有调节作用。

表 6-15 自我动机的调节效应检验的回归分析结果

	模型 1	模型 2	模型 3	模型 4	模型 5	模型 6
截距	3. 19**	6. 03**	3. 34**	4. 75**	4. 23**	3. 03*
创造性反馈环境 t1					0. 48**	0. 42**
领导询问式反馈寻求 t2	0. 18	0. 46*	0. 01	0. 37*	0. 53*	0. 37*

续表

	模型 1	模型 2	模型 3	模型 4	模型 5	模型 6
自我增强动机 t1	0.12					
自我评价动机 t1		0.37*			0.40*	
自我验证动机 t1			0.15			
自我提升动机 t1				0.15		0.14
领导询问式反馈寻求 t2×自我增强动机 t1	0.01					
领导询问式反馈寻求 t2×自我评价动机 t1		0.12**			0.12**	
领导询问式反馈寻求 t2×自我验证动机 t1			0.04			
领导询问式反馈寻求 t2×自我提升动机 t1				0.11*		0.10*
R^2	0.18	0.21	0.25	0.24	0.25	0.27
$\triangle R^2$	0.01	0.03	0.01	0.02	0.04	0.03
F	0.09	8.42**	1.10	6.26**	9.73**	10.92**

注：n=235；* p<0.05，** p<0.01。

通过对 West 和 Aiken（1991）给出的意见的分析，最终绘制出基于不同的自我评价动机调节创造力与领导询问式反馈寻求之间的关系图（见图 6-5）。由此可知，当自我评价动机的水平处于高水平时，意味着表示领导询问式反馈寻求和创造力之间关系的直线由近似于平行于横轴（k=0.11，*ns*）变化为较为陡峭的、斜率为正（k=0.38，p<0.01）的直线，表示自我评价动机越高，领导询问式反馈寻求和创造力的正向关系就越强。进一步应用 Johnson-Neyman 方法分析显示，自我验证动机在 4.81 以上时，领导询问式反馈寻求和创造力的关系是显著的，在本研究中有 85.11%的被试领导询问式反馈寻求对创造力正向影响强而显著。这就为下一步验证有调节的中介作用提供了基础。

同时还绘制了在不同自我提升动机上领导询问式反馈寻求和创造力之间的关系图（见图 6-6），由此可见，由于自我提升动机的水平在不断提高，表示领导询问式反馈寻求和创造力之间关系的直线由近似于平行于横轴（k=0.13，*ns*）变化为较为陡峭的、斜率为正（k=0.35，p<0.01）的直线，表示自我提升动机越高，领导询问式反馈寻求和创造力的正向关系

就越强。进一步应用 Johnson-Neyman 方法分析显示，自我提升动机在 4.6 以上时，领导询问式反馈寻求和创造力的关系是显著的，在本研究中有 81.7%的被试领导询问式反馈寻求对创造力正向影响强而显著。这就为下一步验证有调节的中介作用提供基础。

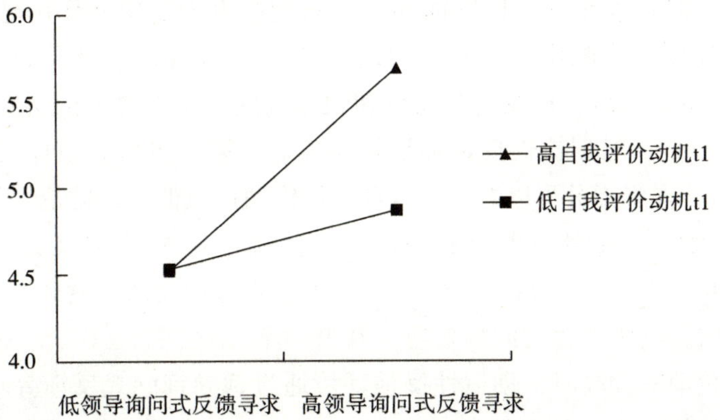

图 6-5　不同自我评价动机在领导询问式反馈寻求影响创造力中的调节作用

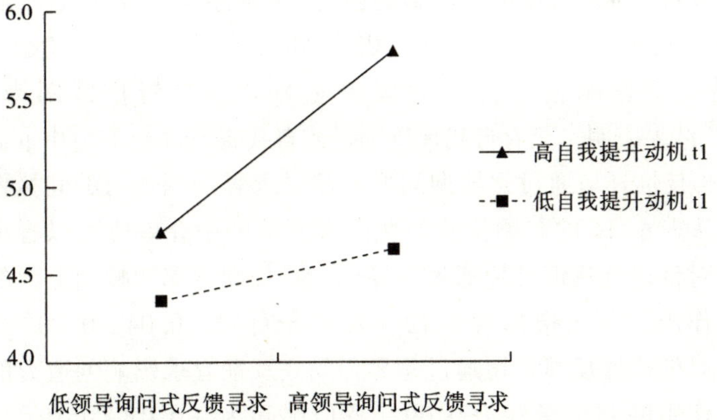

图 6-6　不同自我提升动机在领导询问式反馈寻求影响创造力中的调节作用

为了检验有调节的中介功能，需符合如下要求（Muller, Judd & Yzerbyt, 2005; Preacher, Rucker & Hayes, 2007）：一是领导询问式反馈寻求在创造性反馈环境影响创造力中起中介作用；二是在自变量、中介变量、调节变量以及交互项进入方程后，自我评价动机和领导询问式反馈寻求、自我提升动机和领导询问式反馈寻求的交互项对创造性反馈环境影响显著；三是在高低不同的自我评价动机和自我提升动机水平上，创造性反馈环境通过领导询问式反馈寻求影响创造力的间接效应不同。按照上述步骤，第一步领导询问式反馈寻求在创造性反馈环境影响创造力中起中介作用已被验证。第二步交互项的影响中，自我评价动机和领导询问式反馈寻求的交互项（β=0.12，$p<0.01$）、自我提升动机和领导询问式反馈寻求的交互项（β=0.10，$p<0.05$）对创造性反馈环境影响显著。第三步检验条件间接效应，从表6-16中左半部分可以看出，当自我评价动机较低时，创造性反馈环境通过领导询问式反馈寻求影响创造力的间接效应为0.04（置信区间为［-0.09，0.19］），当自我评价动机适中时，创造性反馈环境通过领导询问式反馈寻求影响创造力的间接效应为0.16（置信区间为［0.05，0.28］），当自我评价动机较高时，创造性反馈环境通过领导询问式反馈寻求影响创造力的间接效应为0.28（置信区间为［0.14，0.44］）；当自我提升动机较低时，创造性反馈环境通过领导询问式反馈寻求影响创造力的间接效应为0.07（置信区间为［-0.06，0.22］），当自我评价动机适中时，创造性反馈环境通过领导询问式反馈寻求影响创造力的间接效应为0.17（置信区间为［0.05，0.29］），当自我评价动机较高时，创造性反馈环境通过领导询问式反馈寻求影响创造力的间接效应为0.26（置信区间为［0.09，0.42］）。结果表明，只有自我评价动机或自我提升动机取适中或高值的时候，创造性反馈环境通过领导询问式反馈寻求影响创造力的间接效应才是显著的。从表6-16的右侧检验的两个有调节的中介效应可以看出，自我评价动机对创造性反馈环境通过领导询问式反馈寻求影响创造力的中介效应的调节作用的判定指标为0.12（置信区间为［0.04，0.20］），自我提升动机对创造性反馈环境通过领导询问式反馈寻求影响创造力的中介效应的调节作用的判定指标为0.09（置信区间为［0.01，0.19］），由于这两个置信区间都不包含0，因此说明这两个有调节的中介作用都是显著的。

表 6-16 条件间接效应检验结果

调节变量		条件间接效应				有调节的中介效应			
		Effect	SE	下限	上限	Index	SE	下限	上限
自我评价动机	低值	0.04	0.07	-0.09	0.19	0.12	0.04	0.04	0.20
	中值	0.16	0.06	0.05	0.28				
	高值	0.28	0.07	0.14	0.44				
自我提升动机	低值	0.07	0.07	-0.06	0.22	0.09	0.05	0.01	0.19
	中值	0.17	0.06	0.05	0.29				
	高值	0.26	0.08	0.09	0.42				

对不同自我动机对同事观察式反馈寻求—创造力关系调节作用分析结果（见表 6-17）显示，模型 2 同事观察式反馈寻求 t2 和自我评价动机 t1 交互项的回归系数（$\beta=-0.13$，$p<0.01$）显著，其余四个模型的交互项均不显著，说明自我评价动机对同事观察式反馈寻求—创造力的关系有调节作用。

表 6-17 自我动机的调节效应检验的回归分析结果

	模型 1	模型 2	模型 3	模型 4	模型 5
截距	3.42**	-0.50	3.68	1.96	-2.43
创造性反馈环境 t1					0.59
同事观察式反馈寻求 t2	0.12	0.99**	-0.12	0.27	0.83*
自我增强动机 t1	0.07				
自我评价动机 t1		0.67*			0.66*
自我验证动机 t1			0.07		
自我提升动机 t1				0.34	
同事观察式反馈寻求 t2×自我增强动机 t1	0.02				
同事观察式反馈寻求 t2×自我评价动机 t1		-0.13**			-0.12**
同事观察式反馈寻求 t2×自我验证动机 t1			0.06		

续表

	模型 1	模型 2	模型 3	模型 4	模型 5
同事观察式反馈寻求 t2×自我提升动机 t1				-0.01	
R^2	0.12	0.13	0.21	0.15	0.20
$\triangle R^2$	0.01	0.02	0.01	0.01	0.07
F	0.11	4.44**	1.63	0.06	7.10**

注：n=235；* p<0.05，** p<0.01。

按照 Aiken 和 West（1991）的建议，本研究在图中绘制了在不同的自我评价动机上同事观察式反馈寻求和创造力之间的关系图（见图 6-7）。可以看到，随着自我评价动机的水平由低到高，代表同事观察式反馈寻求和创造力之间关系的直线由较为陡峭、斜率为正（k=0.42，p<0.01）变化为较为平缓的直线（k=0.15，*ns*），表示自我评价动机越高，同事观察式反馈寻求和创造力的正向关系就越弱。进一步应用 Johnson-Neyman 方法分析显示，自我验证动机在 6.64 以下时，同事观察式反馈寻求和创造力的关系是显著的，在本研究中有 78.29%的被试同事观察式反馈寻求对创造力正向影响强而显著。这就为下一步验证有调节的中介作用提供基础。

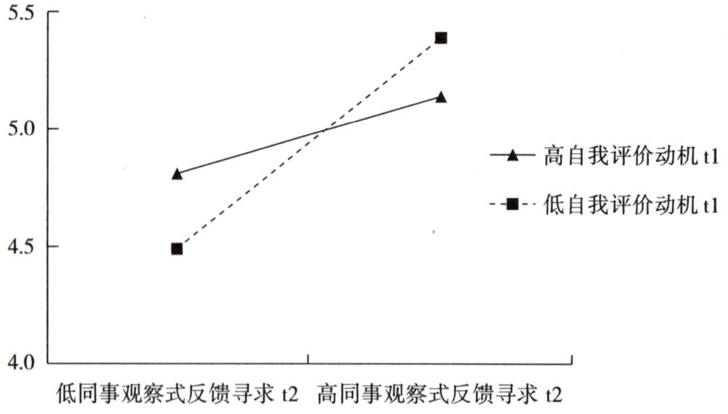

图 6-7　不同的自我评价动机上同事观察式反馈寻求和创造力之间的关系

为了检验有调节的中介作用，需要满足以下条件（Muller et al.，2005；Preacher & Hayes，2008）：一是同事观察式反馈寻求在创造性反馈环境影响创造力中起中介作用；二是在自变量、中介变量、调节变量以及交互项进入方程后，自我评价动机和同事观察式反馈寻求的交互项对创造性反馈环境影响显著；三是在高低不同的自我评价动机水平上，创造性反馈环境通过同事观察式反馈寻求影响创造力的间接效应不同。按照上述步骤，第一步领导询问式反馈寻求在创造性反馈环境影响创造力中起中介作用已被验证。第二步中交互项的影响，自我评价动机和同事观察式反馈寻求的交互项（β=-0.12，p<0.01）对创造性反馈环境影响显著。第三步检验条件间接效应，从表 6-18 中左半部分可以看出，当自我评价动机较低时，创造性反馈环境通过同事观察式反馈寻求影响创造力的间接效应为 0.19（置信区间为［0.06，0.36］），当自我评价动机适中时，创造性反馈环境通过同事观察式反馈寻求影响创造力的间接效应为 0.1（置信区间为［-0.04，0.23］），当自我评价动机较高时，创造性反馈环境通过同事观察式反馈寻求影响创造力的间接效应为 0.01（置信区间为［-0.17，0.17］）。结果表明，只有自我评价动机取低值的时候，创造性反馈环境通过同事观察式反馈寻求影响创造力的间接效应才是显著的。从表 6-18 的右侧检验的有调节的中介效应可以看出，自我评价动机对创造性反馈环境通过同事观察式反馈寻求影响创造力的中介效应的调节作用的判定指标为-0.08（置信区间为［-0.19，-0.01］），由于这个置信区间不包含 0，因此说明这个有调节的中介作用是显著的。

表 6-18 条件间接效应检验结果

调节变量		条件间接效应				有调节的中介效应			
		Effect	SE	下限	上限	Index	SE	下限	上限
自我评价动机	低值	0.19	0.08	0.06	0.36	-0.08	0.05	-0.19	-0.01
	中值	0.10	0.07	-0.04	0.23				
	高值	0.01	0.09	-0.17	0.17				

综上，本部分验证了如下模型（见图 6-8）：

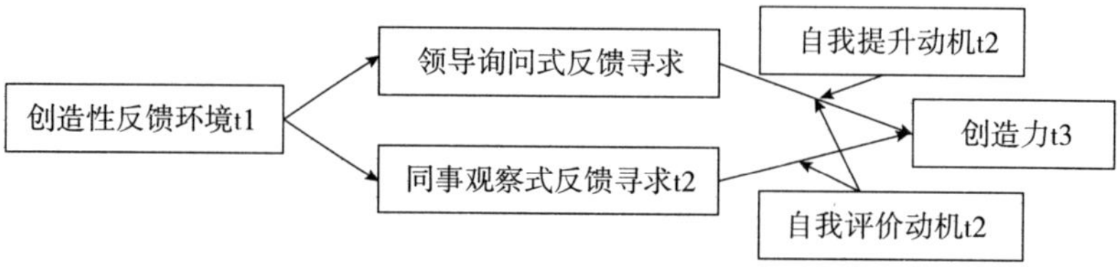

图 6-8　本部分验证的模型

6.2.5　讨论与结论

以往研究大多看到了反馈寻求的工具性动机的作用，反馈寻求动机也存在分类不清、内容不全的问题，而且反馈寻求未根据反馈源和反馈方式进行细分导致结果的不一致。本研究根据研究者（Dahling et al.，2012；Linderbaum & Levy，2010）的建议，从自我动机的角度，探讨创造性反馈环境在影响创造力中反馈寻求、反馈寻求动机的作用。研究结果表明，领导询问式反馈寻求和同事观察式反馈寻求在创造性反馈环境对创造力的影响中起中介作用；值得一提的是，自我提升动机和自我评价动机调节领导询问式反馈寻求的中介作用，自我评价动机调节同事观察式反馈的中介作用，其中自我提升动机和自我评价动机越高，领导询问式反馈寻求对创造力的积极影响越大，自我评价动机越低，同事观察式反馈寻求对创造力的积极影响越大。这在实践层面上与理论层面上对反馈领域的理论的发展有着深远的影响。

此次研究大致有以下两点理论贡献：第一，在测量上，区分两种反馈寻求方式的不同作用路径，突破以往研究没有区分或只强调询问式反馈寻求的局限，有助于解决在结论上的冲突。本研究证明了领导询问式反馈寻求和同事观察式反馈寻求在创造性反馈环境对创造力的影响中起中介作用，这一结论类似 Dahling 等（2011）关于询问式反馈寻求起中介作用的结论。由于 Dahling 等（2011）只考虑了询问式，也没有区分反馈寻求的对象是领导还是同事，这样既忽略了重要的反馈寻求形式，又模糊了反馈寻求成本的问题。虽然有研究探寻了某一种反馈寻求的作用机制，但关注的焦点仅在询问式反馈寻求，而忽视了观察式反馈寻求的作用，对于中国这种高权力距离和高面子文化的社会，也许员工更多采用的是观察式的反馈寻求方式。而且一项关于反馈寻求的元分析指出，反馈寻求的成本与询问式反馈寻求负相关，与观察式反馈寻求无关，绩效与询问式反馈寻求正相关，与观察式反馈寻求不相关（Anseel et al.，2015）。本研究根据以上分析，准确地分析了创造性反馈环境影响创造力的路径。从结果可以看出，由于创造性反馈环境提供了对反馈寻求的支持、减少了反馈寻求的成本，因此就会促进领导询问式反馈寻求；而由于在我国个体比较注重面子，所以在平级的反馈寻求中面子因素是要考虑到的，所以在同事反馈寻求的时候更多地采用观察式的反馈寻求方式，在不丢面子的情况下使自己的能力得到提高。

第二，以自我动机为视角，验证了不同反馈寻求发挥积极作用的条件。关于反馈寻求动机的调节作用，尽管以往研究探讨了询问式反馈寻求与绩效评价正相关，然而也有研究认为反馈寻求会使个体创造力减少，由于员工向他人求助过程中会获取到许多数据信息，导致信息冗余问题凸显（Perry-Smith，2006）。在得到帮助时，反馈寻求者会感到巨大的回报压力，此类压力会让寻求者更愿意助人（Bergeron，2007）。因为助人行为会耗费大量精力与时间，所以寻求者回报的助人行为越多，个体创造力和求助行为之间的正向关系越差（Mueller，Goncalo & Kamdar，2011）。所以不仅要探讨反馈寻求在解决员工需求被阻碍时如何提高创造力，还要更深入地探讨如何发挥反馈寻求的积极作用。由于动机是推动人们活动的直接原因，因此研究者视反馈寻求动机为关注的焦点，认为反馈寻求的出现和效果与寻求动机密切相关，探讨反馈寻求的动机在反馈环境对创造力中的作用能够从根本上解释为什么会反馈寻求以及反馈寻求的效果差异（Anseel et al.，2007）。本研究证实了自我提升动机和自我评价动机调节领导询问式反馈寻求的中介作用，自我评价动机和自我提升动机越高，领导询问式反馈寻求对创造力的影响越大，这与SCENT模型的预测相一致（Sedikides & Strube，1997）。由于自我评价的影响，个体更偏爱准确的、客观的外界反馈，从而满足自身对能力、优势、外表、性能的客观评价的需求。Swann等（1987，2002）强调，为得到对外界的预测感与控制感，个体会寻找和自我概念相同的反馈，以保持和原有的自我概念的一致，而这却是被以往研究所忽略的。本研究也创新性地验证了自我验证动机在反馈寻求中的作用方式。自我提升的动机旨在提高个体知识、能力和技能，倾向于向上比较，而这种比较使个体学习达到目标的方法，自我评价动机对自我认知的精准性更为重视，自我提升动机更为注重自我概念向更好的方向发展，而不关心其准确性。因此两者对于领导询问式反馈寻求中介作用的调节是正向的。对于自我评价动机调节同事观察式反馈的中介作用，其中自我评价动机越低，同事观察式反馈寻求对创造力的影响越大。个体之所以用观察的方式来向同事反馈寻求，其动机源于自我验证和自我增强，这就使其对信息的筛选、分析与反馈发出方的初衷不一样（Sedikides & Strube，1997），同事观察式反馈寻求的信息准确性就难以保证，自我评价动机的个体对准确的外界反馈更为偏爱，若想获取到对能力、特点、外表以及性格的客观评价，这两者的信息在准确性上不免有冲突，造成信息冗余，所以就会削弱对创造力的影响，所以对于同事观察式反馈寻求中介作用的调节是负向的。

因此，在管理实践中，构建有利于创造力的反馈环境是非常重要的，在企业中要努力营造高水平的反馈环境，提高反馈可信性，支持员工主动寻求反馈的行为，提高自身反馈的质量并在进行反馈时多考虑员工的心理体验等方面。在企业管理实践中，不仅要实现反馈的自上而下流通，同时更要保证反馈的平行沟通。应该鼓励员工的反馈寻求行为，帮助他们找到合适的反馈寻求的方法，确保反馈环境鼓励员工能够自主地寻求工作相关的帮助。特别是在当今竞争激烈的工作环境中，让员工感受到更多的自主权能够进一步塑造更好的工作环境。同样，利用好员工对创造性反馈环境的感知引发的反馈寻求动机和行为也具有相当重要的价值。本研究的结果突出了管理者需要关注在给出反馈之后的员工行为和后果，管理者如何感知员工对于反馈的认识并深入反思和监控反馈交流的结果十分重要，然而这却是在绩效管理过程中容易被忽略的步骤。

此次研究中有许多不足，这些不足将会是未来研究工作中的重要研究方向。第一，本研究将重点放在四种自我动机的影响上。反馈研究学者们已经认定了多种可以影响反馈寻求行为的动机（Anseel et al.，2015），但检验多种动机之间相互影响的实证研究还很有限。未来研究的重点应放在诱发反馈寻求行为的动机和其他阻止反馈寻求的理论动机上，未来研究中应包括更宽泛的范围，以弄清这些动机如何同时形成反馈寻求行为以及反馈信息如何在工作实践中产生影响。第二，从领导和其他反馈源角度看，领导和其他反馈源对员工反馈寻求的反应也很重要，但至今没有研究涉及这个方面（Anseel et al.，2015）。未来研究应该检验领导对员工反馈寻求行为的动机进行归因导致员工反馈寻求后的不同反应和领导对员工的反应。例如，领导将员工反馈寻求归因于印象管理，那么就会影响其以后给予有用的反馈（Stobbeleir, Ashford & Luque, 2010）。第三，尽管本文对反馈寻求对信息的认知处理归纳入动机作用的过程，但并未验证这种动机过程，而这种认知过程对于不同源、不同反馈寻求方式发生积极作用还是消极作用非常重要。有研究表明，在员工缺乏情境判断能力的时候，主动性人格付出的成本与工作满意度呈反比，他们会面对更多的人际冲突，个人组织匹配能够保证主动性行为的积极作用，反社会的主动行为对个体、社会和组织有破坏作用（Harvey, Blouin & Stout, 2006）。研究者也发现，个体持续的主动帮助行为会带来压力的增大、角色超载、工作家庭冲突，主动行为也会随时间而下降（Bolino & Turnley, 2005）。所以在未来研究中，不仅要检验反馈寻求的积极作用，也要关注反馈寻求的阴暗面，特别是反馈寻求破坏或偏离了任务、规定的角色、现有的规范，研究者就有可能发现反馈寻求在个体、团体和组织层面积极和消极方面的混合影响。关于员工主动行为的双面性问题，国外已有研究人员涉足相关研究，尽管相关研究成果对我国有一定借鉴作用，但由于中华传统文化的影响，中国人十分讲究颜面，提倡人与人之间和谐共处，行为作风更为含蓄，上下级之间的联系比较敏感，因此，下属的主动行为的内涵更深，其复杂程度也许会高于西方，进一步探究此领域有着巨大的价值。

7 创造性反馈环境的形成机制研究

研究一取得了创造力的内容结构，并验证了其对创造力的预测作用；研究二检验了动态情感和反馈寻求在创造性反馈环境对创造力影响的中介作用。如何才能营造良好的创造性反馈环境成为下一步创造性管理的关键问题。反馈回路是反馈过程的重要环节，其中一种是一个反馈回路，另一种则包括多个子反馈回路，但无论如何都是闭合的回路。环境、个体行为和行为结果之间能够相互影响（Ford，1996），环境在影响个体行为和行为结果的同时，个体行为和行为结果也会影响环境，创造性反馈环境的形成也存在一个闭合的回路。从反馈回路的视角看，在行为与环境之间的回路中，反馈寻求能够影响创造性反馈环境；在总体的行为结果与环境的回路中，创造力的变化也会影响行为的改变进而影响创造性反馈环境的变化。因此，探索反馈寻求如何影响创造力的形成、创造性反馈环境如何随着创造力的变化而变化、如何促进两者的共同提升成为本章的关键问题。

7.1 子研究一：反馈寻求对创造性反馈环境的影响机制研究

7.1.1 研究目的

在当代经济与商务环境中，产品和技术更新速度越来越快，企业要想赢得并维持竞争优势，就需要在组织、控制、规划、领导等诸多方面进行强化提升。但无论是在学术研究还是社会实践中却普遍存在夸大领导作用的倾向（Avolio，Walumbwa & Weber，2009），而员工作为领导的追随者的作用却经常被低估、被忽视（Bjugstad，Thach，Thompson & Morris，2006）。由于社会文化价值观的多样化发展、市场竞争激烈程度的增加以及技术创新的发展，企业管理人员不能只靠原先的经验与企业家精神就能管理好企业，而应凭借着技术与能力尤其是创新能力更强的员工的主观能动性与积极性（Bjugstad et al.，2006），研究也从领导者中心视角转向追随者中心视角

(Landino, Koumas, Mason & Alston, 2006)。员工不再是消极地接受管理指令，而是能靠自身积极主动行为来影响领导、同事及其行为结果（Bjugstad et al., 2006)。创造性反馈环境是影响创造力的重要环境因素之一（Zhang & Gong, 2015)，以往关于创造性反馈环境的研究集中在其结果变量上，关于其形成机制主要考察了外部反馈源对创造性反馈环境形成的作用，个体自身只考察了诸如知识、能力、价值观等既成的短时间难以改变的因素(Andrews & Kacmar, 2001)，视个体为被动接受创造性反馈环境影响的对象，忽视了个体主动性在创造性反馈环境形成中的作用，既会造成外部反馈源无法感受到个体对反馈的需求，又会导致个体感知到创造性反馈环境难以给予有用的反馈，从而导致“反馈真空”（De Stobbeleir et al., 2011)。因此就有必要探讨员工的主动行为在创造性反馈环境形成中的作用。

创造力的集体互动理论（Hargadon & Bechky, 2006）认为，现实中的员工是在与领导和周围其他人互动中形成对创造力是否新颖和有价值的标准，高寻求的员工能够通过成员之间、领导员工之间互相帮助导致创新行为的改变，而建立与帮助和改变基础上的循环会在动态上对成员创新进行持续影响，进而表现出高创造力。研究者提出了反馈寻求的定义，其强调反馈需求是一种个体主动、积极地寻求组织中有价值的信息从而迎合个人与组织发展的需求的主动性行为（Ashford et al., 2003)，反馈寻求可以充分、全面地体现创造力产生过程中给予反馈和寻求反馈的互动，发挥员工的主动性，弥补“反馈真空”的不足（Anseel et al., 2007)。然而以往关于反馈寻求和反馈环境的关系多集中在反馈环境激发反馈寻求进而影响创造力的路径上，认为反馈环境具有支持反馈寻求的因素，所激发的反馈寻求行为能够使个体从环境中获取更多有用的信息，通过对反馈信息的识别和应用，增加了对反馈的认同，从而能够更好地融入组织，表现出更多的创造力（De Storbbeleir et al., 2011)，却忽视了从反馈回路的角度对反馈寻求作为一种积极主动的行为影响反馈环境路径的探讨（Anseel et al., 2015)。

本研究认为，个体反馈寻求既可得到有关信息，促进自我实施优化调整，又会对反馈者的行为理念形成影响，而非只是一味地迎合。Shamir (2007) 关于领导力研究中描述的“因果倒置”的观点认为，员工作为领导的追随者其特征和行为可以影响领导者的特征和行为。这一点让本研究认识到管理者会根据下属的行为改变自己的行为，员工的反馈寻求行为有助于改善创造性反馈环境，而认同在其中发挥重要的中介作用。研究认为，认同的发展是由自上而下和自下而上的意义搜集、意义差异和意义建构结合而成，认同发展过程的关键因素是接收、整合相关的反馈信息。员工的反馈寻求能够获取领导和同事的反馈（意义搜集），反馈能够给予他们与领导和团队要求匹配和不匹配的地方（意义差异），继而员工通过对自我态度、行为的判断来分析来自外部的反馈（意义建构）（Young & Steelman, 2014）。反馈寻求越多，越能够挖掘反馈的意义，促使行为与外部相一致。作为对员工认同的回报，反馈寻求越多，外部反馈源会提供更多高质量、可利用的反馈信息，给予更好的反馈环境（Young & Steelman, 2014），进而为提高创造力提供更多有用的信息。因此，探讨反馈寻求如何通过对不同来源的认同进而影响创造性反馈环境成为本研究所要探讨的问题。

7.1.2 研究假设

反馈寻求指的是员工主动进行互动的过程，员工积极地实施反馈寻求的频率越高，意味着其对任务的了解越清晰，越精通任务，工作绩效水平越高（Whitaker et al., 2007）。反馈寻求的过程包括三个阶段：反馈寻求的期望阶段、反馈寻求的认知处理阶段（成本、价值感知）和反馈寻求的决定阶段。在这个过程中包含了对反馈寻求频率、方法和寻求反馈源的选择（De Stobbeleir et al., 2011）。角色理论中描述的“因果倒置”的观点认为，员工作为领导的下属，他的行为与特质可被视作自变量，而领导或管理者的行为与特质可被视作调节变量或者因变量，关注点在员工的特征、风格、角色导向、认同及行为如何塑造领导者的态度，这一点让研究者认识到管理者也会服从下属，根据下属的行为改变自己的行为。组织中反馈系统在本质上是一个动态过程，反馈系统结构不过是动态过程的外部表现。反馈系统要素之间的相互作用是反馈系统存在的内在依据，同时也构成反馈系统演化的根本动力。环境的塑造和能力的提升都处在一个动态过程中，反馈寻求既作为一种行为又作为一种能力，既可以由于创造性反馈环境能够给予准确、有用的信息并支持反馈寻求而被环境所塑造，又可以由于反馈寻求带来管理者改善反馈环境的积极性从而又会反向塑造环境。员工的反馈寻求行为可能被领导和同事认为是积极工作的表象，可能给予更多的支持性的、准确的、可信的反馈，能更加鼓励其反馈寻求行为（De Stobbeleir ct al.，2011）。可以说，自上而下的反馈环境和自下而上的反馈寻求从反馈系统的两个方向相互促进了反馈系统的不断完善，研究者从理论的角度提出绩效、环境的不确定性和角色模糊既能够影响反馈寻求行为，又能够被反馈寻求行为影响，但还是一个缺乏实证研究的问题（Anseel et al.，2015）。基于以上研究分析，提出如下假设：

假设1：领导观察式反馈寻求、询问式反馈寻求对创造性反馈环境有正向影响。

假设2：同事观察式反馈寻求、询问式反馈寻求对创造性反馈环境有正向影响。

目前关于意义建构方面的研究都将重点放在其认知方面，而更多可观察的表现诸如反馈寻求是在交互过程中出现的（Press & Arnould，2011）。反馈寻求是个体为了确定其表现可接受性所做的努力（Anseel et al.，2015）。寻求更多反馈的员工想要接收更多的有关他们如何适应特定组织或角色关系的准确信息，这些信息会引导他们更好地理解其在组织或关系中的角色（Anseel et al.，2007）。对该角色有了更好的理解，员工们会感觉到与团队或角色关系之间的联系更紧密。反馈寻求是一种策略，可以让人们发现当他们弄清其新旧认知时面对的内部问题（我有多么了解目标?）的答案。反馈寻求越多，就越倾向于有人可以指出如何适应其工作组或与其他管理者相处。

组织激励管理者向员工提供绩效反馈，使员工更好地了解组织目标。以情感为基础的反馈在早期的管理者—下属关系中就已存在，它与相关认同相关，是因为它传达了尊严、尊敬和对绩效的满意度，强调态度和价值中的相似处，增加下属对于外部反馈源的认同，而来自管理者的反馈可能是个体可以使用并形成他们自己的观点的最重要的来源（Lord，Brown & Freiberg，1999）。社会化和角色采用方面的文献解释了组织如何使用制度化社会策略来确定组织信任的方法。组织可以通过这些策略以明确组织成员身份和使用有经验员工来帮助他们的方式，来给出反馈（Pratt，1998）。因此，很容易了解为什么个人从高级组织成员（管理者）处寻求和接收反馈，可以帮助理解该个人对于角色关系的适应。另外，同事可以在该过程中进行协助，提供频繁、高质量反馈的同事能够使个体更易于融入工作团体。员工更可能从有利于同事反馈环境中的同事那里寻求并接收有价值的反馈，而这会促进与工作组的认同。最后，假定组织认同在同事间有相关目标时更为活跃，则当两个个体有共同目标时，关系认同也会更为活跃（Pratt，1998）。因此，个体可以从他们的管理者处寻求并接收反馈，并从中受益。类似的过程还出现在同一工作组中需要给予彼此对于共同工作的反馈的员工之间。那些从其同事处寻求反馈的人往往更易于理解他们被期望为群体功能做出怎样的贡献。基于以上研究分析，提出如下假设：

假设 3：领导观察式反馈寻求、询问式反馈寻求对领导认同有正向影响。

假设 4：同事观察式反馈寻求、询问式反馈寻求对领导认同有正向影响。

员工可以对工作环境之内的多种来源认同（Pratt，1998）。认同是通过意义给予过程发生的，在这个过程中个人与身份以及组织源之间的差距变得更加明显，同时意义建构、信息综合和差距消除也在进行。通过这种从环境中的重要来源中反馈信息的寻求、接收、解释和合成信息的过程，而员工会认同这些来源（Pratt，1998）。Vough（2012）进行了定性研究，来识别人们在认同过程之中所用信息的类型。他认为，当员工有知识且与目标团体成员间的人员交流，他们更会认同那个目标。当个体感觉掌握了某项工作的更多知识以及日常活动时，他们更倾向于通过熟悉的路径来认定一个目标。与工作相关的反馈和反馈过程可以通过与绩效期望、认知的使用效果等级、工作目标和完成工作更优方式等相关信息的分享，帮助建立熟悉和认同。当人们感觉到共同点时，他们也可以认同他人。当员工相信目标与其有着相似思想意识或世界观时，他们更倾向于认同其他人。还可以通过正在进行的反馈，建立起对于分享的意识形态的理解。人们还认同那些他们认为可以从中获益的目标（简称为利益逻辑）。如果管理者或同事定期为某人提供建设性的反馈，即那些让某人获得更多社会经验和有形利益的反馈，根据社会交换理论，他/她更可能理解关系的利益，并且更加依附于组织。

社会认同理论认为，个人想要将自己归入相应的团体之中，以便简化其世界（Reid，1987）。反馈寻求可以允许一种个人在相关有用信息的环境中去寻求如何融入工作相关的社会团体，以及哪种行为可以达到此目的。社会认同理论暗示了人们拥有自我提升动机（Anseel et al.，2007），他们想要寻求团体内的积极认同或角色关系，来增进其个人地位。此外还有另一种比自我认同和自我提升更为重要的动机，即“从属需求”。这种从属需求描述了人们需要成为比他们自己更强大的事物中的一部分的天然需求。已有学者对该领域进行了研究，且已经有新的研究重新检验其在解释人们为何认可他们的工作环境来源方面所起到的重要作用（Sluss & Ashforth，2008）。在这个领域中，有些人认为人类有着从属的基本动机，而这也驱使了自愿和非自愿行为。为了满足这种需求，必须满足两个条件：必须有频繁并非反感的相互作用；相互作用应发生在稳定且持久关系的条件下（Baumeister & Leary，1995）。反馈寻求可以通过寻求的信息进行自我调整，达到他人要求后，个体能够感觉到对工作的从属感。

在组织快速变化需要员工不断适应的背景下，认同更加重要，已有研究认为认同能够增加绩效（Van Knippenberg，2000）、减少离职率（Mael & Ashforth，1995）。领导和下属间的关系会对下属的绩效、动机产生较大的影响，领导的能力越强，其认同会促使这种影响力扩大（Sluss & Ashforth，2008）。由于领导认同体现的是下属依赖领导的水平，领导能力越强，表明下属对其依赖度会越高。一旦下属获得了能力较强的领导的认同，那么其往往会更加关注并期待这段上下级关系得到维持与发展。领导若能获取下属的认同，那么可促进下属逐步了解到自我概念中包含的和领导类似的价值观，从而在价值观方面和领导者之间更为类似。一系列研究结果显示，领导认同会对个体的行为和体验、新入职人员的适应形成巨大的影响（Sluss & Ashforth，2008）。同样的逻辑也适用于同事反馈寻求对同事认同的关系。作为对员工认同的回报，反馈寻求越多，外部反馈源会提供给越多高质量、可利用的反馈信息，给予更好的反馈环境（Young & Steelman，2014），以提高管理有效性。基于以上研究分析，提出如下假设：

假设5：领导认同在领导观察式反馈寻求、询问式反馈寻求对创造性反馈环境影响中起中介作用。

假设6：同事认同在同事观察式反馈寻求、询问式反馈寻求对创造性反馈环境影响中起中介作用。

本研究拟通过对以上假设的验证，检验如下模型（见图7-1）：

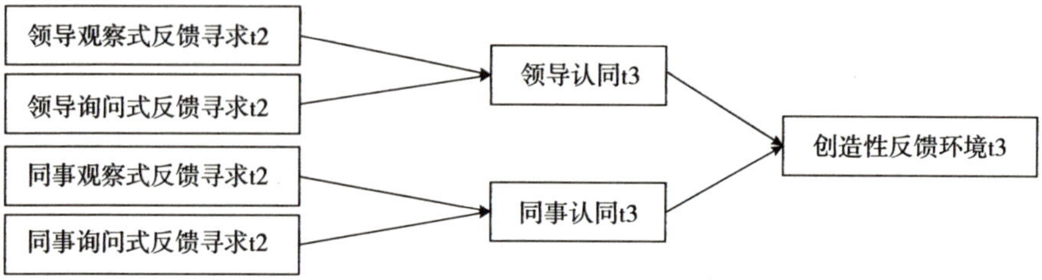

图 7-1　拟验证模型

7.1.3　研究方法

7.1.3.1　研究样本及程序

本研究者通过对山东省、山西省、江苏省等 5 个省份的 13 家工业企业尤其是创新型企业的研发部、技术部、财务部、人力资源部、市场部、销售部选取 315 名员工作为调研对象，采取现场发放、现场回收问卷的方式完成本纵向研究。由于本研究假设的是创造性反馈环境和反馈寻求的反馈回路，因此以该样本 t2 时间发放的反馈寻求问卷为基础，在 t3 时间发放认同和创造性反馈环境问卷，问卷调研共分两个阶段完成，时间间隔 3 个月。第一次向员工发放领导反馈寻求问卷、同事反馈寻求问卷和人口统计学变量相关题目；第二次向员工发放领导认同、同事认同问卷和创造性反馈环境问卷。共收到员工两阶段匹配的问卷 264 份，其中有效问卷 235 份，占参与调研人员的 74.6%。

在这当中，男性样本与女性样本分别有 132 例、103 例，在所有样本中的占比分别是 56.2%、43.8%；样本年龄呈集中式分布，其中年龄不超过 35 岁的有 205 例样本，占 87.2%；工龄 5 年以下的样本 190 例，占 80.9%；教育程度在本科及以上的样本 192 例，占 81.7%，被试样本的教育水平较高。有效问卷样本的基本信息如表 7-1 所示。

表 7-1　样本基本信息

维度	变量	人数（人）	百分比（%）
性别	男	132	56.2
	女	103	43.8

续表

维度	变量	人数（人）	百分比（%）
年龄	25 岁及以下	67	28.5
	26~30 岁	93	39.6
	31~35 岁	45	19.1
	36 岁及以上	30	12.8
工龄	1 年及以下	38	16.2
	1~3 年	106	45.1
	4~5 年	46	19.6
	6 年及以上	45	19.2
教育程度	大专及以下	43	18.3
	本科	106	45.1
	硕士及以上	86	36.6
公司类别	创新型企业	193	82.1
	非创新型企业	43	18.9

7.1.3.2 测量工具

创造性反馈环境问卷。采用研究一编制的创造性反馈环境问卷，共 34 个题目，李克特七点量表。

反馈寻求问卷。采用 Callister、Kramer 和 Turban（1999）发表于 *AMJ* 上的反馈寻求量表（Callister & Turban, 1999），该量表克服了 Ashford（1986）和 Ford 等（1992）关于反馈寻求量表只区分观察式和询问式反馈寻求的不足，将观察式和询问式反馈寻求又按照不同来源如领导和同事进一步区分。其中，领导观察式和询问式反馈寻求均为两个题目，同事观察式反馈寻求三个题目，询问式反馈寻求四个题目。采用员工自评的方式 1（一点也没有）到 7（非常明显）的李克特七点量表。

认同问卷。领导和同事认同问卷采用 Edwards 和 Peccei（2007）的六点量表，领导和同事认同问卷各包含六个题目。

控制变量。将员工的性别、年龄、工龄和教育水平等人口统计学变量归为控制变量在研究中予以控制。

7.1.4 研究结果

此次研究过程中将以区分效度与聚敛效度为着眼点对效度分析展开具体的研究，采用如下六个指标实施效度检验，并对其判别要求予以说明：χ^2/df（<5）、CFI（>0.90）、TLI（>0.90）、RMSEA（<0.08）、χ^2（>0.05）、SRMR（<0.08）（括号内为适配指标值的可接受标准）（Hu & Bentler，1999）。此次研究采用 AMOS 统计软件的结构方程技术，以各构念的测量模型为对象展开验证性因子分析，结果表明，领导观察式反馈寻求问卷各项指标拟合良好，各题项的标准化因子载荷的范围是 0.82~0.88，平均变异萃取量 AVE（>0.50）与组合信度 CR（>0.50）都符合相关要求，t 值也达到了显著性水平。其他变量的各项指标同样拟合良好，标准化因子载荷（>0.50）以及平均变异萃取量 AVE（>0.50）都符合要求，t 值都达到了显著性水平。从整体上讲，此次研究过程中七个测量量表的聚敛性都比较好（见表 7-2）。

表 7-2 构念测量模型的整体拟合结果

变量	χ^2	df	χ^2/df	CFI	TLI	RMSEA	SRMR	CR	AVE	因子载荷
反馈寻求	66.88	30	2.23	0.99	0.98	0.05	0.02	0.72	0.96	0.79~0.89
领导认同	8.12	5	1.62	0.99	0.98	0.05	0.03	0.59	0.86	0.65~0.79
同事认同	7.47	5	1.49	0.99	0.99	0.05	0.02	0.63	0.91	0.70~0.87
创造性反馈环境	1048.39	503	2.08	0.93	0.92	0.07	0.03	0.85	0.95	0.52~0.89

在对区分效度进行验证时，此次研究采取的是竞争模型比较法，分别比较领导观察式反馈寻求、领导询问式反馈寻求与领导认同、创造性反馈环境的三因子、二因子和单因子模型，另外分别比较同事观察式反馈寻求、同事询问式反馈寻求与同事认同、创造性反馈环境的三因子和单因子模型。试验证明，各组合的三因子的基准模型拟合效果最佳，详见表 7-3。

表 7-3 变量区分效度验证性因子分析结果

模型	因子	χ^2	df	χ^2/df	CFI	TLI	RMSEA	SRMR
模型 1（三因子）	LM、SI、CFE	169.92	72	2.36	0.88	0.86	0.07	0.06
模型 2（单因子）	LM+SI+CFE	233.25	75	3.11	0.81	0.77	0.09	0.08
模型 3（三因子）	LI、SI、CFE	177.12	72	2.46	0.87	0.85	0.08	0.06
模型 4（单因子）	LI+SI+CFE	240	75	3.20	0.80	0.76	0.10	0.08
模型 5（三因子）	CM、TI、CFE	170.4	71	2.40	0.88	0.86	0.08	0.07
模型 6（单因子）	CM+TI+CFE	276.76	74	3.74	0.76	0.72	0.11	0.09
模型 7（三因子）	CI、TI、CFE	193.39	83	2.33	0.88	0.86	0.07	0.07
模型 8（单因子）	CI+TI+CFE	319.92	86	3.72	0.75	0.71	0.11	0.09

注：表中 LM 表示领导观察式反馈寻求；LI 表示领导询问式反馈寻求；CM 表示同事观察式反馈寻求；CI 表示同事询问式反馈寻求；SI 表示领导认同；TI 表示同事认同；CFE 表示创造性反馈环境。

此次研究过程中借助 SPSS21.0 统计分析软件的方式针对各量表实施信度检验，Cronbach's α 系数都超过了 0.7，详细参考表 7-4，结果显示各个量表的信度水平较好。

表 7-4 信度分析结果

变量	题项数	Cronbach's α 系数
反馈寻求	11	0.89
领导认同	6	0.85
同事认同	6	0.93
创造性反馈环境	34	0.94

本研究通过 Harman 单因素检验，检验了同源方差的状况，综合分析了问卷中的所有题目，通过主成分分析，未旋转，选择特征值大于 1 的影响因素，其中首要的影响因素仅造成 24.71%的变异量，不高于建议值 40%，可知所检验的因子同源方差现象基本对结果不会造成太大的影响，可以忽略不计（Podsakoff，MacKenzie，Lee & Podsakoff，2003）。此外，利用方差膨

胀因子（VIF）针对变量之间的多重共线性效应进行检验，相关结果表明此类变量的 VIF 值处在 1.15~1.91 的范围内，和临界值 10 存在很大的差距，这就意味着不存在共同方法偏差问题。

表 7-5 列出了各个变量的标准差、均值及其两者间的有关系数，通过对表 7-5 的分析可知，领导观察式反馈寻求和领导认同（$r=0.47$，$p<0.01$）、创造性反馈环境（$r=0.44$，$p<0.01$）均显著正相关；领导询问式反馈寻求和领导认同（$r=0.36$，$p<0.01$）、创造性反馈环境（$r=0.41$，$p<0.01$）均显著正相关；同事观察式反馈寻求和同事认同（$r=0.42$，$p<0.01$）、创造性反馈环境（$r=0.41$，$p<0.01$）均显著正相关；同事询问式反馈寻求和同事认同（$r=0.32$，$p<0.01$）、创造性反馈环境（$r=0.44$，$p<0.01$）均显著正相关；领导认同（$r=0.40$，$p<0.01$）和同事认同（$r=0.26$，$p<0.01$）也和创造性反馈环境显著正相关。

表 7-5　变量均值、标准差和相关系数矩阵

	均值	标准差	1	2	3	4	5	6
1. 领导观察式反馈寻求 t2	5.10	1.29	–					
2. 领导询问式反馈寻求 t2	4.55	1.55	0.60**	–				
3. 同事观察式反馈寻求 t2	5.31	1.08	0.55**	0.32**	–			
4. 同事询问式反馈寻求 t2	4.97	1.21	0.49**	0.49**	0.69**	–		
5. 领导认同 t3	5.12	1.12	0.47**	0.36**	0.29**	0.28**	–	
6. 同事认同 t3	5.67	1.05	0.23**	0.09	0.42**	0.32**	0.52**	–
7. 创造性反馈环境 t3	4.76	0.63	0.44**	0.41**	0.41**	0.44**	0.40**	0.26**
8. 性别	–	–	0.22	−0.05	0.07	−0.01	−0.14*	0.07
9. 年龄	2.21	1.09	0.27	0.14*	0.03	0.10	0.02	0.12
10. 工龄	2.49	1.12	0.08	0.17*	0.09	0.13	0.19*	0.18*
11. 教育程度	–	–	0.14*	0.03	−0.06	−0.05	0.08	−0.04

注：$n=235$；* $p<0.05$，** $p<0.01$。

本研究拟验证领导认同和同事认同在领导反馈寻求和创造性反馈环境、同事反馈寻求和创造性反馈环境之间的中介效应。依据 Kenny（1981）与 Baron（1981）要求的步骤，检验了其中的中介效应。根据 Preacher 和

Hayes（2008）的建议还需要对加入中介变量后的间接效应进行 Bootstrap 5000 次检验，检验 Bootstrap 95%的置信区间是否包含 0。在分析之前，所有变量均进行了中心化处理（Aiken et al.，1996）。

由表 7-6 可知，自变量领导观察式反馈寻求（β=0.39，$p<0.01$）、领导询问式反馈寻求（β=0.24，$p<0.01$）对中介变量领导认同影响显著，领导观察式反馈寻求（β=0.22，$p<0.01$）、领导询问式反馈寻求（β=0.16，$p<0.01$）对因变量创造性反馈会形成显著影响，把中介变量与自变量均代入回归方程对因变量进行预测后，经过多层线性回归分析可知，中介变量领导认同对创造性反馈环境影响显著（模型 4：β=0.17，$p<0.01$；模型 6：β=0.12，$p<0.01$），而领导观察式反馈寻求（β=0.14，$p<0.01$）、领导询问式反馈寻求（β=0.17，$p<0.01$）对因变量创造性反馈环境影响依然显著，完全符合 Baron 和 Kenny（1986）关于部分中介的标准。

表 7-6 领导反馈寻求对创造性反馈环境的多层线性回归分析

自变量	因变量					
	模型 1	模型 2	模型 3	模型 4	模型 5	模型 6
	领导认同 t3		创造性反馈环境 t3			
截距	3.07**	3.93**	3.64**	3.21**	3.94**	3.29**
领导观察式反馈寻求 t2	0.39**		0.22**	0.17**		
领导询问式反馈寻求 t2		0.24**			0.16**	0.12**
领导认同 t3				0.14**		0.17**
ΔR^2	0.20	0.10	0.19	0.04	0.15	0.07
F	15.88**	9.06**	12.07**	12.77**	9.55**	12.29**

注：n=235；* $p<0.05$，** $p<0.01$。

由表 7-7 可以得知，自变量同事观察式反馈寻求（β=0.39，$p<0.01$）、同事询问式反馈寻求（β=0.26，$p<0.01$）对中介变量同事认同影响显著，同事观察式反馈寻求（β=0.24，$p<0.01$）、同事询问式反馈寻求（β=0.23，$p<0.01$）对因变量创造性反馈会形成显著影响，把中介变量与自变量均代入回归方程对因变量进行预测后，经过多层线性回归分析可知，中介变量同事认同在自变量为同事观察式反馈寻求时对创造性反馈环境影响

不显著（模型 4：$\beta=0.06$，*ns*），而当自变量为同事询问式反馈寻求时，中介变量同事认同对创造力反馈影响显著（模型 6：$\beta=0.08$，$p<0.05$），完全符合 Baron 和 Kenny（1986）关于部分中介的标准。

表 7-7　同事反馈寻求对创造性反馈环境的多层线性回归分析

自变量	因变量					
	模型 1	模型 2	模型 3	模型 4	模型 5	模型 6
	同事认同 t3		创造性反馈环境 t3			
截距	3.08**	3.78**	3.38**	3.16**	3.52**	3.29**
同事观察式反馈寻求 t2	0.39**		0.24**	0.22**		
同事询问式反馈寻求 t2		0.26**			0.23**	0.21**
同事认同 t3				0.06		0.08*
$\triangle R^2$	0.16	0.09	0.17	0.01	0.18	0.02
F	11.45**	7.06**	10.35**	9.11**	11.65**	10.64**

注：n=235；* $p<0.05$，** $p<0.01$。

Mackinnon 等（2002）关于检验间接效应乘积项提出了自己的看法，以间接效应处于 95%置信区间是否涵盖 0 为依据针对中介效应是否显著做出了准确的判定。所以，借助 PROCESS 实施 Bootstrap 5000 分析，最终发现，领导观察式反馈寻求通过领导认同对创造性反馈环境的标准化间接效应 95%置信区间没有涵盖 0，反映了间接效应显著，换言之，就是领导认同在领导观察式反馈寻求对创造性反馈环境的影响中起中介作用；领导询问式反馈寻求通过领导认同对创造性反馈环境的标准化间接效应 95%置信区间没有涵盖 0，反映出间接效应显著，也就是说领导认同在领导询问式反馈寻求对创造性反馈环境的影响中起中介作用；同事观察式反馈寻求通过同事认同对创造性反馈环境的标准化间接效应 95%置信区间涵盖 0，反映出间接效应不显著，也就是说同事认同在同事观察式反馈寻求对创造性反馈环境的影响中不起中介作用；同事询问式反馈寻求通过同事认同对创造性反馈环境的标准化间接效应 95%置信区间没有涵盖 0，这就意味着间接效应显著，也就是说同事认同在同事询问式反馈寻求对创造性反馈环境的影响中起中介作用（见表 7-8）。

表 7-8　中介效应检验的 Bootstrap 分析

自变量	中介变量	因变量	完全标准化间接效应	BOOT SE	95%置信区间	
					下限	上限
领导观察式反馈寻求 t2	领导认同	创造性反馈环境 t3	0.05	0.02	0.02	0.16
领导询问式反馈寻求 t2	领导认同 t3	创造性反馈环境 t3	0.04	0.01	0.02	0.07
同事观察式反馈寻求 t2	同事认同 t3	创造性反馈环境 t3	0.02	0.02	-0.01	0.06
同事询问式反馈寻求 t2	同事认同 t3	创造性反馈环境 t3	0.02	0.01	0.01	0.06

通过上述分析，验证了如下模型（见图 7-2）：

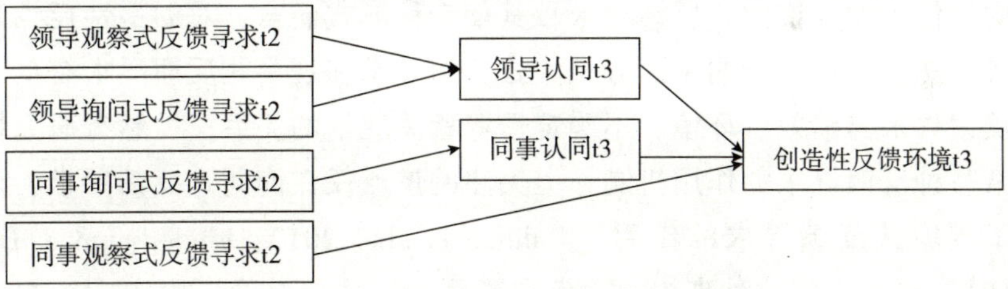

图 7-2　本部分验证模型

7.1.5　讨论与结论

关于影响反馈环境的前因变量已经产生了一些成果，认为组织、任务、领导、同事和员工自身价值观（Andrews & Kacmar, 2001）能够影响反馈环境，但上述因素视员工为被动接受的对象，忽视了员工在反馈中的主动性，少有研究将员工反馈寻求引入反馈环境的形成中来（De Stobbeleir et al., 2011），从反馈寻求角度探讨创造性反馈环境形成机制。本研究根据 Anseel

等（2015）的建议，探索不同源、不同反馈寻求形式从动态角度通过认同的中介影响创造性反馈环境的路径，这对于反馈理论的研究和创新管理实践具有重要意义。

总体而言，本研究主要理论贡献如下：第一，从不同源、不同形式的反馈寻求的角度探讨了创造性反馈环境的形成机制。本研究的结果表明，领导观察式反馈寻求、领导询问式反馈寻求、同事观察式反馈寻求、同事询问式反馈寻求对创造性反馈环境的形成均存在正向影响，这一结果与Anseel等（2015）提出的反馈寻求的动态可逆模型相一致。该模型认为，低工作绩效可能增加员工的反馈寻求，并进一步提高绩效，同样的逻辑也适用于其他相关的变量，例如不确定性等，但是没有实证研究检验这种可逆的因果关系。按照Anseel等（2015）的逻辑，员工作为领导的追随者其特征和行为可以作为自变量，领导者的特征和行为为因变量，关注点在员工的特征、风格、角色导向、认同及行为如何塑造领导者的态度。所以本研究创新地将不同源、不同形式的反馈寻求引入创造性反馈环境的形成因素中来，并认为对于创造力这种是否对错不确定性很高的绩效，要塑造好的创造性反馈环境，员工通过观察、询问的方式向领导和同事反馈寻求的作用非常重要。而且尽管不同源的反馈寻求对创造性反馈环境的影响程度不同，但是领导询问式反馈寻求较其他三种形式而言，对创造性反馈环境的影响较小，这也说明了区分询问式反馈寻求和观察式反馈寻求有助于解释反馈寻求与绩效、环境、不确定性等相关变量的关系。虽然有研究探寻了某一种反馈寻求的作用机制，但关注的焦点仅在询问式反馈寻求，而忽视了观察式反馈寻求的作用（Dahling et al.，2012；Linderbaum & Levy，2010），对于中国这种高权力距离和高面子文化的社会，由于中国权力距离比较大，在交流中比较注重面子问题，这就使员工可能更多采用观察式反馈寻求而非询问式反馈寻求的方式。而同事询问式反馈寻求的作用之所以大，是因为同事较领导而言更具有可接近性和平等性（巩振兴和张剑，2016），更容易获取并塑造有利于创造力的反馈环境。

第二，引入领导认同、同事认同以探讨在不同源反馈寻求作用于创造性反馈环境中的中介作用。本研究结果表明，不同源、不同方式反馈寻求对认同存在影响，而观察式反馈寻求对认同的影响较大。这与Sluss和Ashforth（2008）研究结果类似，他们认为领导认同和同事认同有明显差异，其作用路径和形成受不同因素的影响。也有研究发现，领导和同事认同可能产生不同的结果，其中领导认同对于领导者的依赖性正相关，而同事认同则与自我效能、以团队为基础的自我效能和集体效能正相关（Kark，Shamir & Chen，2003）。在我国背景下，员工在交流中比较注重面子，从侧面了解和观察成为影响认同的主要形式。同时，研究结果也表明，领导认同在领导观察式反馈寻求和领导询问式反馈寻求对创造性反馈环境的影响中起中介作用，同事认同在同事询问式反馈寻求对创造性反馈环境的影响中起中介作用，但是同事认同在同事观察式反馈寻求对创造性反馈环境的影响中不起中介作用。通过对领导的观察和询问以及对同事的互动和反馈信息交流，个体能够感受到他们对于领导要求的目标和团队目标的接近程度以及外部的标准。反馈寻求得到的信息将增加他们对领导和同事或者团队的了解，因此满足多种自我动机并促进认同（Anseel & Lievens，2007）。作为对认同的回报，根据交换理论，领导和同事又能给予更高质量、更促进创新的创造性反馈环境。由于在日常工作中更能近距离观察同事对自己工作的反应，以非直接询问的方式了解到自我和同事标准之间的差距，同事渠道的观察能够从多个同事源得到信息从而集合，可能以少数服从多数为标准，而缺少了对标准的内化，因此不用经过认同即可做出行为的改变，并得到之后创造性反馈环境的提升。

因此，在管理实践中，需要重视员工反馈寻求的作用，领导和同事应该鼓励员工的反馈寻求行为，帮助他们找到合适的反馈寻求的方法，确保反馈环境鼓励员工能够自主地寻求工作相关的帮助。特别是在当今竞争激烈的工作环境中，让员工感受到更多的自主权能够进一步塑造更好的工作环境。反馈寻求为管理员工提供了更多机会，因为反馈寻求可以帮助员工了解组织目标设置和管理绩效期望（Anseel & Lievens，2007），通过对反馈行为的常态化，管理者更可能花费时间来给予反馈，因为员工知道组织对此很重视。同事反馈很大程度上取决于工作性质。组织越来越依赖于团队来完成工作。在这种组织中，有人发现绩效的同事反馈比领导反馈更为可信，因为相对于管理者而言，同事有更好的机会观察彼此的工作绩效（巩振兴和张剑，2016）。因此，以团队为基础的组织可以从培养一个支持型的同事反馈寻求中受益，这会帮助产生更强力的同事认同。另外，员工对于工作环境的认同十分重要，因为它涉及包括职责内和职责外重要的工作成果。由于认同也被看作对人际关系的操作（Reich & Hershcovis，2011），将注意力放在建设有黏稠度的员工关系上对于组织而言是一种更好的绩效目标和目的方式惯例。改善关系（管理者—下属和同事—同事）将促进认同及其实践成果，也与本研究中有关如何适应破损的绩效管理体系的建议相一致，以促进管理者—下属关系（Pulakos & O Leary，2011）。

本研究的不足之处在于，首先，虽然应用了纵向研究来检验反馈寻求对创造性反馈环境的影响，但本研究仅仅关注了短期工作的结果而且并没有考虑其中复杂的动机和认知过程。创造性反馈环境的发展和反馈一样是长期的、动态变化的，仅关注几个月之内的反馈寻求与创造性反馈环境的关系还不足以反映两者关系的全貌，而且不同的反馈寻求动机会产生积极或消极的结果，领导对员工匹配程度和反馈寻求动机的判断也是复杂的认知过程。未来研究可以将动机因素考虑进去，探讨这些动机如何塑造反馈寻求行为并对反馈信息如何发生作用。同时，探讨领导对反馈寻求动机的觉知也会影响领导给予反馈环境的不同，进而影响整个绩效管理过程（Dahling et al.，2015）。

其次，在对样本的控制上，本研究只对性别、年龄、工龄、教育程度等进行了控制，而对于员工的个性、职业等级、转岗或就职经历、企业规模、岗位性质等没有进行区分和控制。而研究表明，企业规模、大五人格也是能够影响创造力的因素（Bledow et al.，2013）。因此，在未来研究中，应该在探讨研究焦点问题的同时，考虑其他影响两者因果关系的因素，并将企业规模、个性特征、雇用和被雇用经历、工作性质等变量考虑到控制变量中，以增加研究结论的普遍性。

最后，本研究并未发现领导认同和同事认同在其关系中的完全中介效应，说明影响机制中还有其他因素。因此，未来研究可以探索连接这两种因素之间的其他中介机制。例如反馈效用，或个体相信反馈对于达成工作目标是有价值的倾向，有可能是重要的因素。研究者认为，因为在一个提供高质量反馈的环境中，反馈质量会促进个体对反馈效用的认识，反馈可以变得更有价值。一旦个体变得更倾向于想要反馈，他们会更想要寻找它（Whitaker et al.，2007）。而且在认同和创造性反馈环境之间，认同后行为改变是否符合领导和同事的标准、外部对认同后行为的动机判断等都是影响两者关系的因素，这也是需要在未来研究中探讨的。

7.2 子研究二：创造性绩效对创造性反馈环境的影响机制研究

7.2.1 研究目的

以往关于创造性反馈环境和创造性绩效关系的分析大多把环境因素当成自变量，创造性绩效当成因变量，探讨环境影响创造性绩效的路径（Zhou & Shalley, 2008）。而作为反馈持续发生作用的回路，创造性绩效又可以作为自变量影响包括创造性反馈环境在内的环境因素（Anseel et al., 2015）。但相关研究结论却不一致，例如有研究指出创造性绩效是高效组织的基石（Basadur, Taggar & Pringle, 1999），能够促进企业的成长和适应竞争（Baer & Oldham, 2006），创造性绩效的提高能够通过增加组织对个体的认可，允许、鼓励并支持个体尝试新的方法，从而促进创造性反馈环境的优化（Anderson et al., 2014）；但也有研究认为，创造性绩效高的人往往行事特立独行，易被排斥而缺少社会支持（许君和施建农，2006），而且创造性绩效高的人能通过编制多样化谎言的方式使道德困境任务得到妥善的处理，且精通于以同一个目的表述出多个效果的谎言，且更有可能采用非道德的手段完成创造性的任务，这些由高创造性绩效带来的独立行事、说谎以及非道德行为会导致创造性反馈环境的恶化（Runco et al., 2014）。同时，创造性绩效隐含着产生冲突的风险（Ouyang & Yan-Wen, 2004），当创造性个体面对安于现状的上级和同事的阻碍时，会带来情感上的受挫、冲突加剧和工作关系恶化（Janssen, 2003），这也意味着创造性绩效反馈环境不会随着创造性绩效的提高而优化。

之所以两者关系存在不一致的结论，研究者认为是由于以往研究多从静态的视角来探讨两者之间的关系（Vancouver, Tamanini & Yoder, 2010），无法体现创造性反馈环境的变化趋势如何随创造性绩效的增加而演变。即便是纵向研究也难以突破某一时点创造性绩效对滞后时点反馈环境的影响（Hulin & Ilgen, 2012）。由于缺乏创造性绩效和创造性反馈环境发展间动态关系的洞察，导致不同研究者在不同时点的研究结论会存在差异。另外，反馈不仅在空间维度上转移，而且在时间维度上累积产生作用（Anseel et al., 2015）；创造性绩效不仅对企业发展发挥一时的作用，在时间维度上创新经验的累积又会产生累加效果（Zhou & Shalley，2008）。而以往研究却忽视了创造性反馈环境和创造性绩效在时间维度的累积影响整个系统发生演变的趋势。同时，创造性绩效影响创造性反馈环境是受条件影响的。和以往观察调节变量如何增强或削弱创造性绩效对创造性反馈环境的影响不同，研究更需要对出现结果所需的条件进行强调（Vancouver，1996），例如，创造性绩效是否会促进创造性反馈环境的提升强调领导和同事是否有创新的目标期待。这里的条件强调结果产生的前提，类似动态计算模型中的"IF THEN ELSE"，利用计算机建模，通过对干预条件的模拟，可以发现改变创造性反馈环境发展趋势的因素，为管理实践提供支撑，而这是传统微观领域的研究方法难以做到的。

创造性反馈环境的形成、完善随时间推移累积而成，创造性绩效是作为一个由增量式调整到根本性突破的连续体而存在（Kirton，1976）。创造性绩效反馈环境和创造性绩效之间具有系统性、非线性及动态性，是由若干具有特定属性的组成元素按照特定联系构成的与周围环境相互联系且具有特定结构和功能的整体。考虑案例研究法在研究结果生态效度的不足、横截面和纵向研究在推论变量间动态发展态势及其因果关系的局限，以及实证研究本身难以挖掘变量关系的形成、难以进行建模和干预研究等不足，为了深入洞察创造性绩效的积累与创造性反馈环境演化之间的动态影响的因果关系，本研究利用动态计算模型（Dynamic Computational Model）对两者进行仿真建模并实施干预，对两者关系进行探索。

运用动态计算模型的方法能够动态、系统地体现创造性绩效对创造性反馈环境影响的因果关系，通过较长的模拟时间来观察两者变化的趋势，不仅可以解决复杂系统的建模困难，也能基于整体框架处理好系统各要素的关系，体现时间上的累积在空间转化过程中的作用（李旭，2009），因此较以往研究方法更能准确地反映创造性绩效的产生过程中的因果关系。动态计算模型模拟的重点在于条件，强调当系统受到内外部环境的不稳定因素的影响，就会打破原有系统的平衡。尽管员工创造性绩效是一个多变量共同作用、不断上升的动态结果，但创造性反馈环境却会随目标期待、工作任务等变化而呈现不同的趋势，系统要素间的层层联系需要探讨蝴蝶效应的源头因素。以往实证研究模型大多强调预测未来，但动态计算模型则对出现这一结果所需的条件进行强调，实现对预测变量的控制（主动人为干预)，以此使系统行为发生转变，其干预结果能够为改进管理提供支撑。此外，创造性绩效和创造性反馈环境的演化研究均面临着企业实践中难以量化、数据不足的困难。动态计算模型的优势在于，模型以反馈的因果环路为基础，当系统存在多重反馈时，行为模式对多数参数并不敏感，数据不足虽然带来参数估计的困难，但只要估计参数在模型的范围之内，系统行为仍然表现出相同的模式。

Vancouver 等（1996）将动态计算模型引入组织行为的微观领域研究中，认为计算模型可以作为统计分析的方法来推断一些较为复杂的理论或模型。这些理论和模型以控制理论（Control Theory）（Vancouver，1996）为基础，对复杂模型进行分析。如图 7-3 所示，控制理论的基本模型包含输入的传感器（Input），该传感器将组织的变量传给感知（Perception），感知与目标（Goal）和比较仪（Comparator）的目标作比较继而产生差异（Discrepancies），差异再传输到输出的传感器（Output），输出信号会决定系统中的变量的行为（Action），行为又会影响系统中的感知。

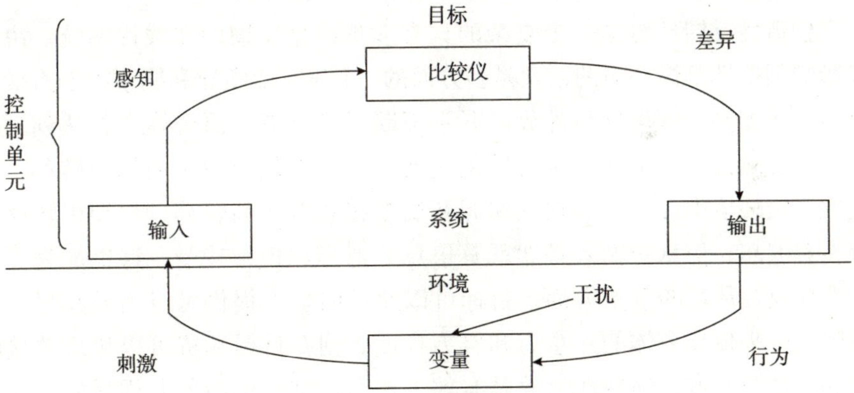

图 7-3 控制论的基本模型

控制系统（Control System）的每一个变量路径都可以通过数学公式来表达，在组织行为与心理研究领域的研究也出现萌芽。例如 Vancouver、Putka 和 Scherbaum（2005）构建并验证了个体对工作任务的目标奋斗行为的控制理论计算模型；Vancouver、Tamanini 和 Yoder（2010）利用控制理论的计算模型模拟了个体社会化的过程，为后续组织行为领域的计算模型应用提供了实证基础。因此，本部分目的是在运用动态计算模型挖掘创造性绩效对创造性反馈环境的传导机制，对创造性反馈环境和创造性绩效关系适用性分析的基础上，通过对影响两者关系系统的建模、仿真，探索创造性绩效是否对创造性反馈环境的优化有益，在何种情况下创造性绩效对创造性反馈环境的优化有价值，进而为塑造创造性绩效反馈环境、促进员工创造性绩效起到一定的指导作用。

7.2.2 动态计算模型的构建

7.2.2.1 适用性分析

从动态计算模型的角度进行分析，系统具有四重特性，即整体性、等级性、相关性以及相似性。系统所具有的行为特点取决于其内部的反馈模式与机制，无论这一系统如何复杂，它都是由多个系统最基础的信息反馈结构以某一形式而结成的。动态计算模型模式旨在基于实际应用情况，根据事物的改变来解决系统问题。动态计算模型最为明显的特征是其能够实现架构和功能之间的双模拟。基于此，在系统建模、模拟以及测试之时，必须始终坚持合理的系统分解和综合原则（李旭，2009）。

创造性反馈环境是一个复杂的具有多重信息反馈的非线性系统。决定和影响创造性反馈环境的因素是多方面的，不仅需要领导和同事给予有效的反馈，还需要个体保持与外界的联系不断寻求反馈，而个体是否达到预期标准是影响给予反馈和寻求反馈的主要因素。类似组织中的知识转移，创造性反馈环境中反馈信息在反馈源和反馈接收者之间转移，而知识转移中存在着遗忘，信息的输入必然就有信息的遗忘和拒绝接受，这也成为影响创造性反馈环境的重要方面。目标可以通过向员工提供可以引导其尽力的清晰目标来提高个体的注意力和努力程度。创新目标期待可以让反馈接收者和反馈源知道，创造性绩效是有效工作的标准，反馈各方均需要营造促进创造性绩效提升的反馈环境。创造性绩效的产生在创造性绩效反馈环境中具有明确的边界，由反馈而来的创造性绩效的过程同特定的行为方式相适应，同时也存在着许多的交流和反馈，促使主体的创造性绩效在量上具有不断增长的趋势，但创造性反馈环境的变化趋势还很不确定。

综观已有研究，学者们大多采用案例研究或横向研究、纵向研究等工具进行研究，而此类研究忽略了个体创造性绩效系统中各个因素对整体所产生的动态效应。由于创造性绩效是一个动态运作过程，十分复杂，具有全面性，因此普通的管理学研究途径对变量之间所存在的关联的复杂程度是无法用详细的方程式进行阐述的。尽管案例研究对描述各变量之间的关联起到一定的促进作用，但是它属于一种归纳方法，所得出的结论的普适性仍需进一步确认。也因此前人研究创造性绩效的方法可能难以适应企业创新的动态环境的需要。基于此，采用动态计算模型的方式较为合理。动态计算模型的架构是基于反馈环而形成的，相关的理论和实践证明，当系统内部有多个反馈环时，大多数变量的变化不会对系统行为模式产生影响（李旭，2009）。

7.2.2.2 动态计算模型的基本结构

个体从创造性反馈环境中汲取有用信息、促进创造性绩效提升的过程是一个学习的过程。自我调节理论是以观察学习理论中的自我强化概念为基础而形成的。自我调节的目的是实现自我强化，是个体基于对自身期望和现实加以评判后，对自己行为进行调节的过程。个体能够基于自身所规定的内在标准来对个人行为进行调整（Bandura，1988）。在班杜拉看来，自我拥有提供参照系统的认知结构和知觉、评判和强化行为的能力。个体行为同时受到内部和外部因素的影响。自我调节由自我观察、自我判断和自我反应三个过程组成，经过上述三个过程，个体完成内在因素对行为的调节。与自我调节相对应的是他人的调节，领导和同事在组织中可以对个体的行为进行观察、判断进而产生反应，自我调节和他人调节一起对后续的环境和行为结果产生影响（乐国安和纪海英，2007）。

自我调节理论有效解释了创造性绩效影响创造性反馈环境的内在逻辑，为解释创造性反馈环境的形成提供了一个基础的分析框架。具体来说，创造性反馈环境输出的反馈信息能够影响个体的创造性绩效，个体将知觉到的创造性绩效与期望的创造性绩效相比较，如果不能达到期望标准，就会诱发反馈寻求行为，个体反馈寻求行为又会影响创造性反馈环境，形成影响的环路。本研究也将以此基本结构为基础，构建创造性反馈环境的形成影响机制的动态计算的基本模型（见图7-4）。

7.2.2.3 系统边界的界定及基本假设

模型成功与否取决于对系统边界的界定是否清楚。在对其进行界定时，必须以建模目标和研究客体为中心，重视关键问题，可以适当忽视影响小的因素（李旭，2009）。这一部分的研究客体是企业内部针对创造性绩效的

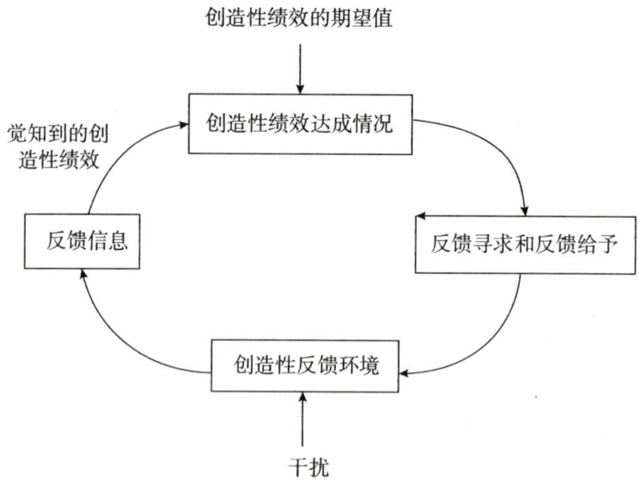

图 7-4　基本结构

反馈环境和创造性绩效的关系。从人员结构上看，系统内部存在三类个体——员工、领导及同事；从内容看，包括员工与领导和同事与同事之间创造性绩效反馈环境、员工向领导反馈寻求、员工向同事反馈寻求；从影响因素来看，企业内员工和领导、同事通过反馈的信息是创新的前提，反馈的不断进行使员工对提高创造性绩效的经验得到提升，就会减少与期待创造性绩效标准的差距，差距的缩小会减少给予反馈和寻求反馈的行为，创造性反馈环境在优化到一定程度后会缓慢降低。而外部反馈源的分享意愿和个体与创造性绩效相关的人格特征等会影响其中的作用。

模型的基本假设：创造性绩效限定在个体层面的创造性绩效，不考虑团体和组织层面的创造性绩效。创造性绩效反馈环境限定在领导与员工、同事和同事之间针对创造性绩效提升而塑造的反馈环境，不考虑其他反馈源如家庭、客户的反馈。领导和同事给予的反馈、自身寻求的反馈能够影响总体的创造性反馈环境。

7.2.2.4　因果模型

根据上述分析，本研究构建了创造性反馈环境形成和影响机制的因果关系模型（见图 7-5）：

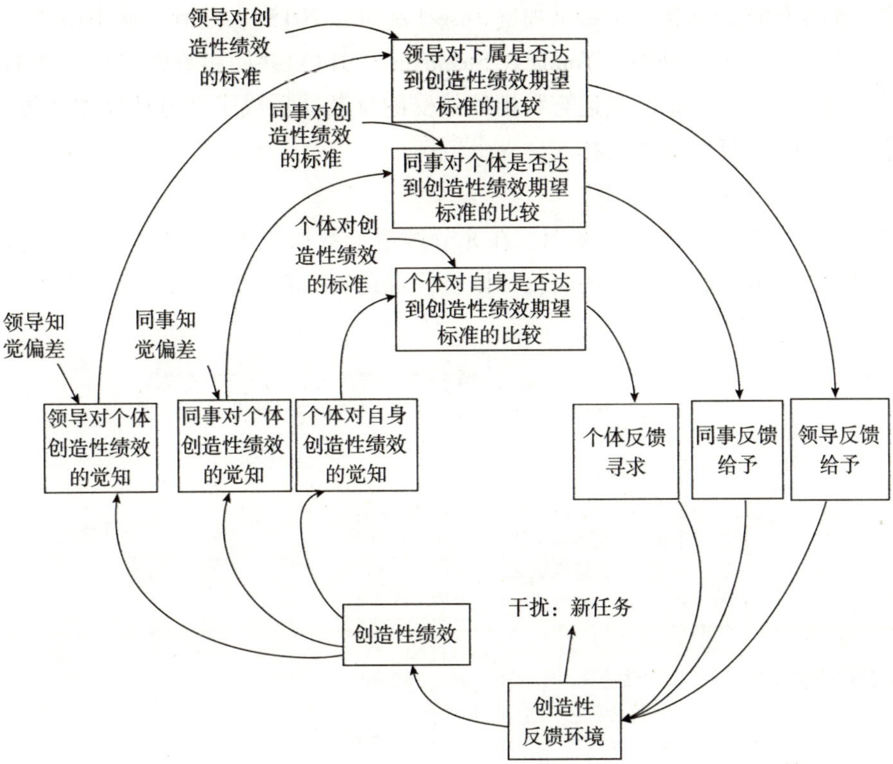

图 7-5　因果关系

这些变量之间的数据结构如图 7-5 所示。该因果关系图主要包含的因果关系回路有：创造性反馈环境→创造性绩效→领导对个体创造性绩效的觉知→领导对个体是否达到创造性绩效期望水平的比较→领导反馈给予→创造性反馈环境；创造性反馈环境→创造性绩效→同事对个体创造性绩效的觉知→同事对个体是否达到创造性绩效期望水平的比较→同事反馈给予→创造性反馈环境；创造性反馈环境→创造性绩效→个体对自身创造性绩效的觉知→个体对自身是否达到创造性绩效期望水平的比较→个体反馈寻求→创造性反馈环境。

个体所表现出的创造性绩效会影响领导、同事及自身对创造性绩效的觉知，将觉知到的创造性绩效与领导、同事及自身对创造性绩效的标准相比较，如果未能达到标准就会增加领导、同事给予的反馈和自身寻求的反馈，如果能达到标准就不会增加（Anseel et al.，2015）。领导、同事给予的反馈和自身寻求的反馈（Young & Steelman，2014）共同影响创造性反馈的输入量，输入的反馈减去遗忘和拒绝接受的反馈就形成了创造性反馈环境，进而影响创造性绩效的发挥。

7.2.2.5　系统流图

根据图 7-5 的因果关系图，在充分衡量了数据的可计算性以及真实程度之后，对其进行了一定的简化和调整，得到系统流图，详情可见图 7-6。

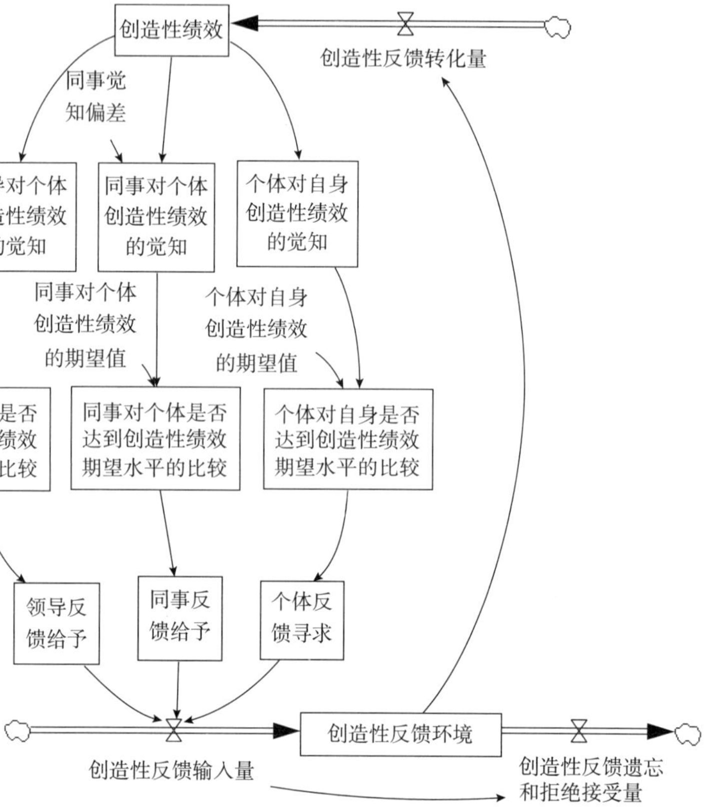

图 7-6　系统流图

模型主要涉及的方程及依据如下：

创造性绩效是一个动态的变量，会随着时间以及输入和输出的改变而改变，本研究采用积分函数来表示创造性绩效的方程。根据研究二子研究二的结果，用以下公式来表示：

创造性绩效=INTEG（1.57+0.68*创造性反馈转化量，0） （7-1）

在创造性绩效的研究中，一项关于创造性绩效的元分析（Anderson，Potocnik & Zhou，2014）指出，在评价方式上，在个体创造性绩效的测量中有24%的研究采用了自我评价的方式，但是在近10年评价方式有向他人评价方式转变的趋势，例如领导评价（Yuan & Woodman，2010；Zhang & Bartol，2010）、同事评价（Alge et al.，2006）、专家评价（Choi & Chang，2009）。尽管自评会导致共同方法变异问题（Hülsheger et al.，2009；Ng & Feldman，2012；Potocnik & Anderson，2012），但也有研究指出，自评的创造性绩效和领导评价的创造性绩效有显著的相关（0.62）（Axtell，Holman & Unsworth，2000），员工对自己的创造性绩效能够进行客观的评价（Janssen，2000），所以自评的创造性绩效也能够客观反映员工真实水平，这样的结论也受到了研究者的认可（Shelley，Gilson & Blum，2009）。因此，本研究将领导的知觉偏差确定为1-0.62，即0.38。

领导知觉偏差=0.38 （7-2）

同事知觉偏差=0.38 （7-3）

个体在知觉时，获取到感觉输入，根据其原有的经验，建立对该刺激是何物的假设，也有可能会激活某一知识单元而建立对特定客体的期待（Bruner，1957；Gregory，1970）。知觉是在这些假设、期望等的引导和规划下进行的。按照Bruner和Gregory的看法，知觉这一构建过程涵盖了假设和检验假设。个体获取到信息，建立并检验假设，再继续获取和寻找信息，再对假设进行考验（Rock，1983）。因此用以下公式来表示：

领导对个体创造性绩效的觉知=创造性绩效*（1-领导知觉偏差） （7-4）

同事对个体创造性绩效的觉知=创造性绩效*（1-同事知觉偏差） （7-5）

对自身创造性绩效的觉知=创造性绩效 （7-6）

变量“个体是否达到创造性绩效期望标准的比较”是控制模型的一个关键变量，在这个比较器中，员工会将感知到的创造性绩效与不同源的期望状态做比较。本研究将创造性绩效的理想状态取值为1。根据控制理论的思想，当个体的理想状态与实际的感知状态不符时，差异就会产生。差异的产生是系统受到内外部环境的不稳定因素的影响而成，继而会打破原有系统的平衡。

海德（1958）的认知结构平衡理论认为，个体有获得平衡和稳定的迫切需要，因此当其认知出现了失衡以及不和谐，就会给其带来紧张情绪，这使其主动地将自身的认知结构推向平衡和稳定的方向。毫无疑问，人们青睐平衡关系，厌恶不平衡的情况。平衡理论所阐述的是一个认知主体同两个态度对象之间的三角架构关系。具体而言，用字母P来代表认知对象，而两个态度对象分别用O和X来代替，O和X被认为是同属于一个单元中的两个对象，认知主体P对这两个对象的评判是通过其自身心理来决定的，无论是喜欢还是讨厌。一旦该主体对这两个对象的评价相同，则视为达到了认知系统的平衡状态；反之，一旦该主体对他们的认知不一致，则视为非平衡状态。举例来说，希望某个体能够实现某一状态，然而对个体所展现出的状态持反对观点。不平衡的状态会给个体带来情绪上的不开心和焦躁。要想改变这一情况，必须提供帮助来提升其工作表现的良好程度，也可以降低标准，但这涉及改变态度的问题（王重鸣，1981）。

对于个体自身而言，按照自我调整理论（Bandura，1987），个体通过自我观察到的创造性绩效，衡量自我判断与创造性绩效期望标准的差距，如果有差距，就会产生自我反应（反馈寻求），如果没有差距则不会反馈寻求。同时，动态计算模型能够对预测变量按照要求实施控制（主动人为干预），改变系统行为，其干预结果能够为改进管理提供支撑。而动态计算模型对出现这一结果所需的条件进行强调，这同计算机语言中的“IF…THEN”模式较为相似，即在何种条件下，会导致何种结果。因此用以下公式来表示：

领导对创造性绩效的标准=1　　(7-7)

同事对创造性绩效的标准=1　　(7-8)

个体对创造性绩效的标准=1　　(7-9)

领导对个体是否达到创造性绩效期望标准的比较=IF THEN ELSE（领导对创造性绩效的标准-领导对个体创造性绩效的觉知>0，领导对创造性绩效的标准-领导对个体创造性绩效的觉知，0）　　(7-10)

同事对个体是否达到创造性绩效期望标准的比较=IF THEN ELSE（同事对创造性绩效的标准-同事对个体创造性绩效的觉知>0，同事对创造性绩效的标准-同事对个体创造性绩效的觉知，0） (7-11)

个体对自身是否达到创造性绩效期望标准的比较=IF THEN ELSE（个体对创造性绩效的标准-个体对自身创造性绩效的觉知>0，个体对创造性绩效的标准-个体对自身创造性绩效的觉知，0） (7-12)

社会比较理论（Festinger，1954）认为，社会比较具有普遍性。基于社会比较，人们能够意识到社会行为发展的趋势，以此来对自我行为进行调节，从而更好地适应社会发展；一旦不能再适应社会，人们就会以“革命”的形式促进新的行为的产生，以此来适应变革后的社会。从这一方面而言，社会比较可以被视为一种推动主体行为变化和发展的内驱力，对社会具有一定的作用。通过社会比较，个体实现对自身的评判，从而明确自身的属性。社会比较有两重作用，它不但能够帮助明确自身的属性，还涵盖着主体本身的迫切期待，即期待自身的肯定性情感可以得到满足。这一倾向在能力比较中的“向上性动机”中体现得淋漓尽致。有人指出，社会比较具有自我增进功能，这也是自我评价社会比较双重性的体现，认为尽管行为对象已经明确了自身的某一属性，其仍需要利用社会比较来实现其自身肯定性情感的满足。在米契尔看来，虽然人们的行为主要受到外部结果的控制，但是人们能够基于自己所建立的内部目标、标准以及自我获得的结果来对自身行为进行调整。并且，即使是在没有外来限制和社会监控的条件下，个体也会为自己设定行为表现的目标，并根据行为结果与预期、标准的匹配程度表现出自我批评和自我满足（乐国安和汪新建，2009）。因此，通过与预期效果的比较就会刺激领导、同事的反馈给予行为和个体的反馈寻求行为。因此用以下公式来表示：

领导给予的反馈=领导对个体是否达到创造性绩效期望标准的比较 (7-13)

同事给予的反馈=同事对个体是否达到创造性绩效期望标准的比较 (7-14)

个体寻求的反馈=个体对自身是否达到创造性绩效期望标准的比较 (7-15)

个体所得到的反馈主要来源于组织、任务、领导、同事和个体自身

（Andrews & Kacmar，2001）。领导经常代表组织与下属沟通，在任务反馈中有更多的话语权，有更多的机会参与组织干预，具有较大的影响力，并具有对员工奖惩的权力（Peng & Chiu，2010），在创造性绩效的产生过程中起到了关键作用（George，2007）；由于在工作环境中，同事之间有着很多接触，相比领导创造性反馈环境而言，同事反馈支持在反馈的可获性方面有着独特的优势，在影响员工创造性绩效方面发挥着不同的作用；反馈寻求是个体积极主动地寻求组织中有价值的信息以适应组织和个人发展需要的一种主动性行为（Ashford et al.，2003），反馈寻求能够较好地体现创造性绩效产生过程中的给予反馈和寻求反馈的互动，发挥员工的主动性，弥补“反馈真空”的不足（Anseel et al.，2007）。因此三者信息的共同组合影响了整体的创造性反馈的输入量。因此用公式（7-16）来表示：

创造性反馈输入量=个体寻求的反馈+同事给予的反馈+领导给予的反馈 （7-16）

类似于知识的遗忘，创造性的反馈也会存在遗忘，但由于反馈可以发生在日常的工作交流中，而且在交流之后个体就会产生对反馈的知觉和判断，因此，遗忘在其中的效应比较小。相对于遗忘，反馈的拒绝接受会对反馈的效果产生更大的影响。信息加工理论认为，学习实质上是由习得和使用信息构成的，接收到的信息只有在个体认识到信息的意义并接受后才能发挥更大的作用。从学习的认知观的角度，可以将学习定义为一个主动的、有架构的、诊断的、有情境的、有目标的行为过程。在学习的过程中，会牵涉到学习主体对已经得到的反馈进行归类，并将新反馈同原有反馈机制或智力模型结合在一起。同时，意义学习是有一定的目标的。不同的学习目标所带来的意义也会有所差异，从而引起差异化的反馈结果。基于此，应当通过元认知的方式持续地进行诊断，以此来评判认知行为能否促进反馈目标的实现（乐国安和汪新建，2009）。本研究用跃阶函数模拟创造性反馈的遗忘和拒绝接受过程，假设从第一步开始产生遗忘和拒绝接受，由于个体对与外部反馈源的个人喜好、印象偏见会在没有给予反馈的时候存在社会偏见，也会影响其拒绝接受；由于个体对反馈的意义、有用性等会产生个体的建构，个体的评估会影响其反馈的接受量，而从知识转移的角度看，并非所有的知识都能够被消化吸收，始终会有知识不被接受，更重要的，遗忘和拒绝接受是受到输入量影响的，参照学生知识遗忘量的研究

（李志宏、赖文娣和白雪，2012），本研究将创造性反馈遗忘量和拒绝接受量的函数设定为，从第一步开始产生创造性反馈的遗忘和拒绝接受，偏见产生 0.1 的影响，而更重要的对反馈意义的认知影响的遗忘和拒绝接受从第一步开始，10%的输入量会被遗忘和拒绝接受。因此用以下公式来表示：

创造性反馈遗忘量和拒绝接受量=STEP（0.1 * 创造性反馈输入量，1）+0.1 （7-17）

本研究假设，新任务的给予会改变所有变量的变化趋势。对于不同个体、不同企业、不同任务、不同标准，新任务给予的时间和持续的时间都会不同。因此，本研究只将干扰项作为判断影响变化趋势的一个因素，模拟其如何影响创造性反馈环境和创造性绩效。该函数表示随时间而变化的脉冲，在模型仿真时间为 0 时即开始给予新的工作任务，持续三个月，间隔一个月后，在第四个月继续给予新的工作任务，依此类推，模拟至第 12 步。因此用以下公式来表示：

干扰：新任务=PULSE TRAIN（0，3，4，12） （7-18）

按照控制理论，输入和输出之差就是留存下来的信息总量，也即在实际产生作用的过程中产生实际效用的信息，代表了创造性反馈环境的内容。创造性反馈环境是一个动态的变量，会随着时间以及输入和输出的改变而改变，本研究采用积分函数来表示创造性反馈环境的方程。这些信息能够全部转化为创造性绩效的有效动力，也就等于创造性反馈环境的输出量。因此用以下公式来表示：

创造性反馈环境=INTEG（创造性反馈输入量-创造性反馈遗忘量和拒绝接受量+干扰：新任务，0） （7-19）

创造性反馈转化量=创造性反馈环境 （7-20）

7.2.3 模型检验

动态计算模型是通过对现实世界系统的抽象以及简化而产生的，因此它并非是对现实世界系统的完全复制，基于此，从再现现实世界的真实状态方面来说，无论是哪一个模型，都并非是绝对正确的（李旭，2009）。如果某一模型可以在不违背原有约束条件的前提下，有效地趋近于现实世界的系统，实现期待的目标，则能够认为这一模型的构建是有效的、合理的。本研究运用了 Vensim（建模软件）对模型展开了多个方面的检验，包括系统边界、模型有效性以及参数的灵敏水平，以此来验证以互动理论为基础的创造性绩效影响因素动态计算模型是否合理、有效。

系统边界测试的目的在于明确系统内部关键的概念和参数是否属于内生变量，以及系统行为对系统边界假设的改变敏感与否（李旭，2009）。模型的边界是在继承前期对创造性反馈环境和创造性绩效关系研究相关成果之后，基于建模的目标以及现实系统的真实状态所确定的。这一模型涵盖了与研究主题息息相关的关键变量，剔除了一些对系统作用相对较小的变量和其他不必要的外生因素，所以本研究对创造性反馈环境影响创造性绩效的系统边界的确定具有合理性和有用性。

在运用模型之前，必须展开有效性检验，以此来明确模型所得信息和行为是否正确地体现了实际系统的特性和发展规律，以及利用模型的分析研究是否正确地了解到真正的问题所在（杨钢和薛惠锋，2009）。为了分析这些因素在真正系统中的发展规律，本研究采用了创造性反馈环境、创造性绩效分析，并将模拟结果同其比较，以此来确定模型是否有效（见图 7-7）。

在企业管理实践中，个体的创造性总量会不断提升，从反馈回路角度看，迁移阶段的创造性绩效又会影响个体对自身和标准之间的差距的认识。随着差距越来越小，个体寻求的反馈就越少，创造性反馈环境就会呈现先增长后下降的态势。之所以如此，以个体为例，在任务初始阶段，由于目标不清晰、个体胜任力难以达到自身要求，个体感知到的创造性绩效与其标准之间还存在较大差距，因此个体就会寻求很多的反馈。随着经验的积累、目标的清晰度增加，与期望目标的差距越来越小，个体的反馈会越来越少，创造性反馈环境就会在一段时期之后呈现慢速下降的状态。因此该模型是有效的。

参数灵敏度检验旨在了解参数的改变对系统行为所产生的作用的大小和趋势。当模型中的参数方程出现变动，所获取的模型行为曲线同之前有很大差异时，可以证明模型的参数具有灵敏性，反之则不具备灵敏性（杨钢和薛惠锋，2009）。通过多次模拟，能够确定领导觉知偏差和同事觉知偏差是本研究模型的敏感性因素，因此，选择两者来测试本模型的灵敏度。将原来的领导觉知偏差和同事觉知偏差参数由原来的 0.38 降低至 0.18，再将参数增加至 0.58，模拟结果如图 7-8 所示。

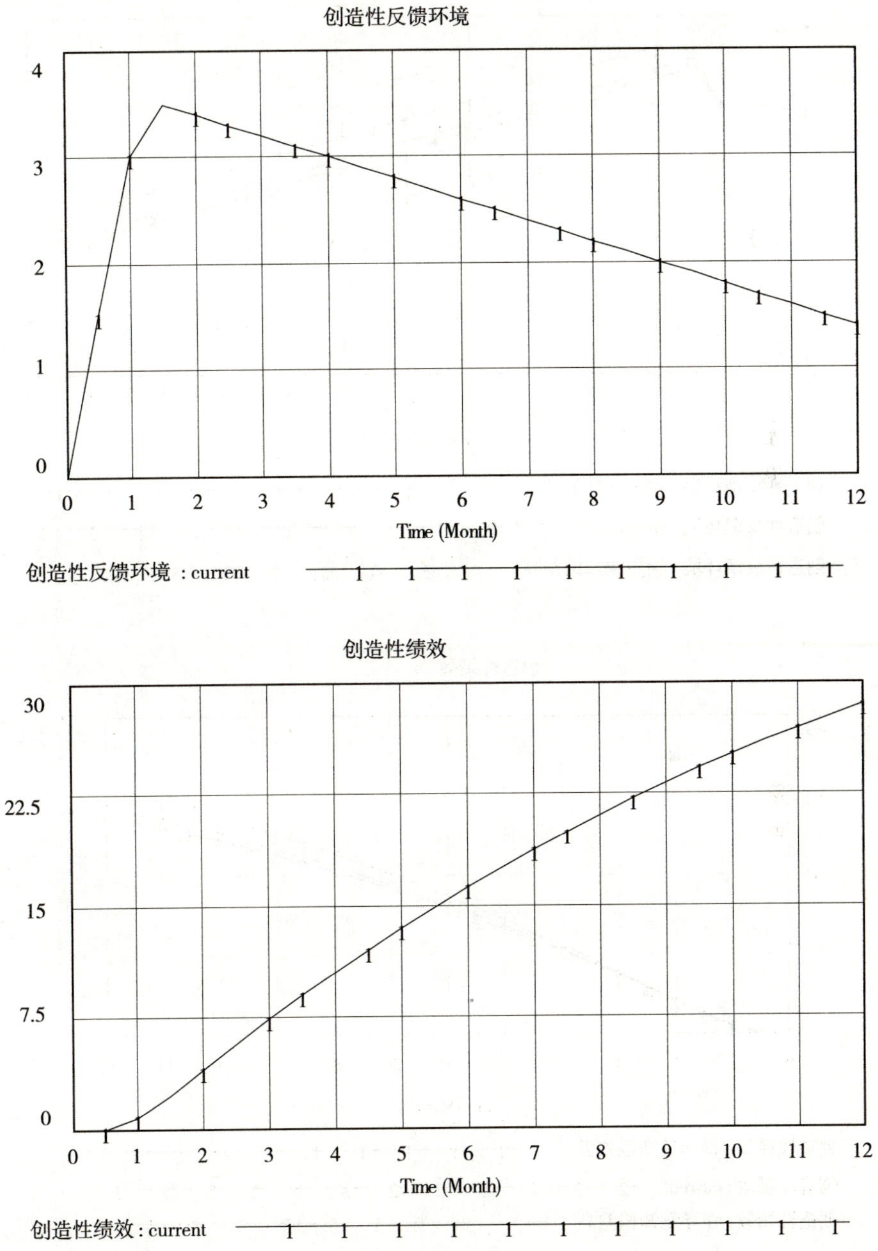

图 7-7 模型的有效性验证（图中横坐标均为仿真时步，下同）

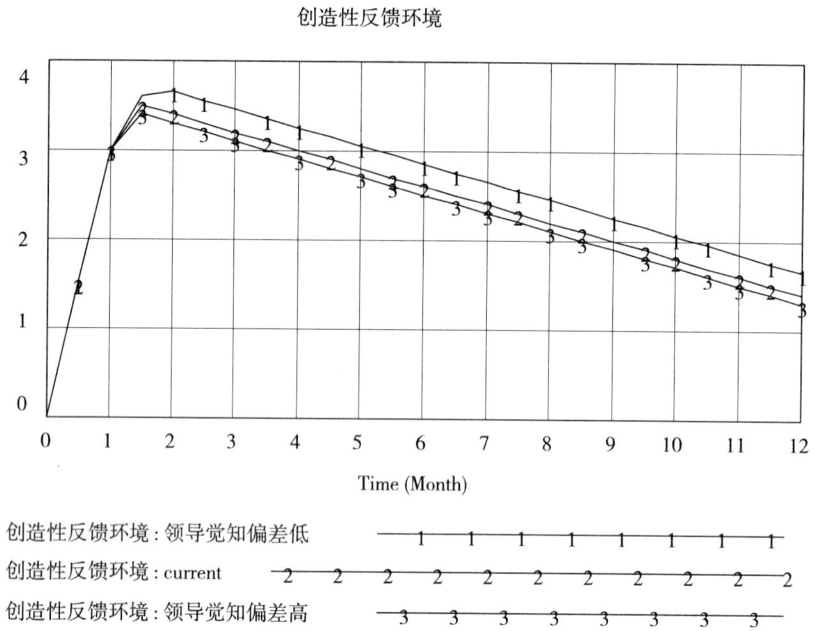

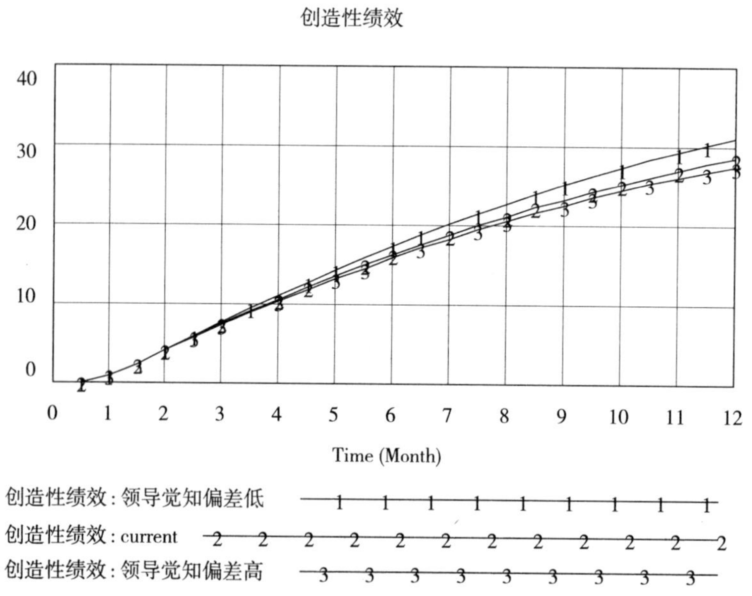

图 7-8　模型的参数灵敏度检验

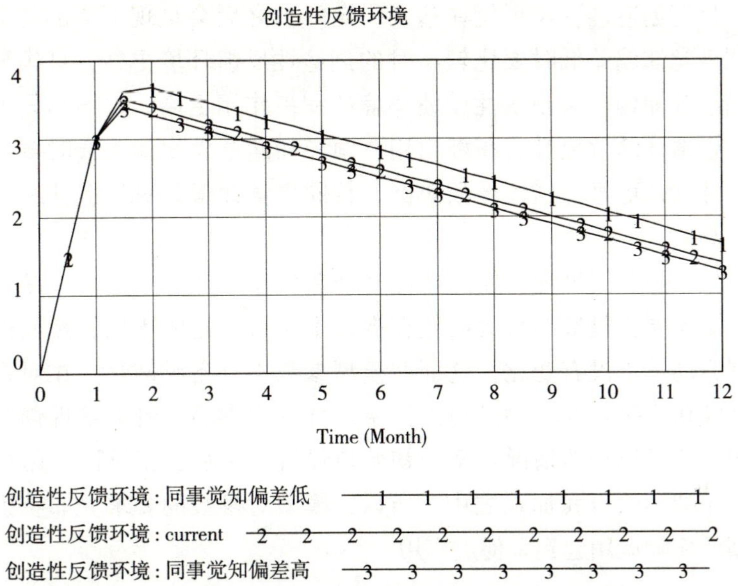

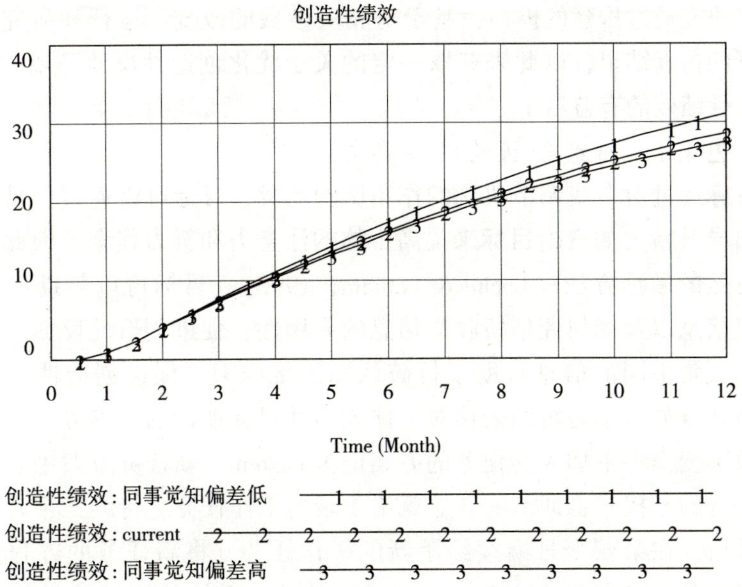

图 7-8 模型的参数灵敏度检验（续图）

由图 7-8 可以看出，领导和同事觉知偏差低对创造性反馈环境有积极作用，尽管创造性反馈环境在达到一定峰值之后会呈现下降的趋势，但领导和同事觉知偏差低时要比较高时的创造性反馈环境更好，且领导觉知偏差较同事觉知偏差对创造性反馈环境的积极作用更高。领导和同事觉知偏差低对创造性绩效提升有积极作用，领导和同事觉知偏差低时要比较高时的创造性绩效更好，且领导觉知偏差较同事觉知偏差对创造性绩效的积极作用更高。

虽然领导和同事觉知偏差高低对创造性反馈环境和创造性绩效的影响和原方案不同，模型的行为曲线在振幅上也有一定的不同，然而模型的行为发展方向基本没有变化，这证明模型参数不具备灵敏性。在对系统各关键因素随仿真时步改变的过程进行系统性的观察后，可以发现创造性绩效系统中有路径依赖的情况：系统初始值设置完毕后，正反馈回路在仿真过程中处于持续的自我加强之中。所以，模型对参数的要求并非特别高，这对模型的实际运用起到了促进作用。

7.2.4 模型仿真与结果分析

本研究通过构建的模型，基于对相关参数的改变，运行和研究在不同条件下的仿真结果，以此来获取一定的关于优化创造性反馈环境、提升员工创造性绩效的有益启示。

7.2.4.1 持续创新的任务要求

目标通过对自我调节机制的作用影响动机，目标可以通过向员工提供可以引导其精力的清晰目标来提高个体的注意力和努力程度，因此目标期待是有效的激励方法（Loche & Latham，1990）。目标可以帮助决定在哪里收集信息以及如何评估所收集信息的有用性，促进创造性反馈环境的优化，而收集不同的信息有助于打破认知思维框架，促进创造性绩效的提升。新任务的给予是组织表达对个体创造性目标期待的一种方式。保持其他函数不变，将不加入新任务的方案记为 current；新任务方案中表示加入了新任务的干扰，也即从一开始就给予新的工作任务，持续三个月，间隔一个月后，在第四个月继续给予新的工作任务，将新任务的方程记为干扰：新任务 = PULSE TRAIN （0，3，4，12）。系统的测试结果如图 7-9 所示。

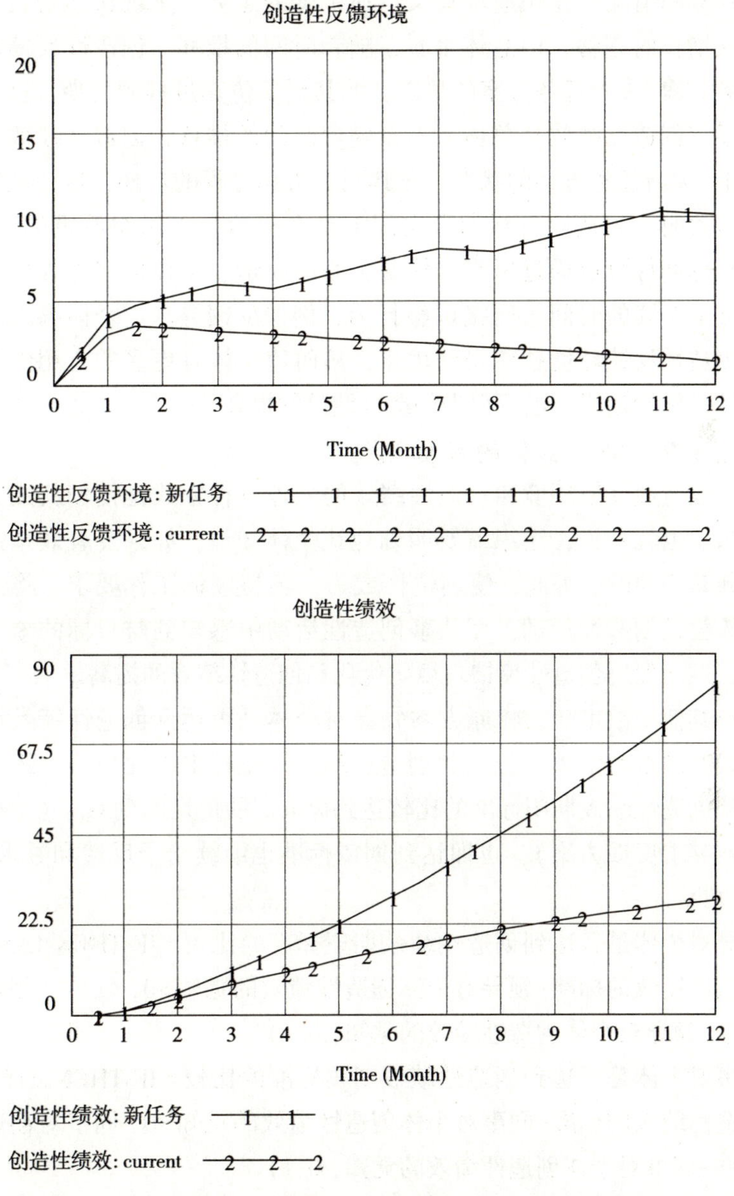

图 7-9 持续创新的任务要求的动态检验

由图 7-9 可以看出，在加入新任务后，创造性反馈环境一改以往没有加入新任务的情况下先快速增长又慢速下降的态势，呈现快速增长并短时间下降又增长的态势，但总体来看，随着时间的推移，创造性反馈环境呈现新任务方案>无新任务方案的状态，尤其到了仿真过程的后期，这一差距更为明显。创造性绩效从总体来看，随着时间的推移，创造性绩效呈现新任务方案>无新任务方案的状态，尤其到了仿真过程的后期，这一差距更为明显。这说明，创造性目标期待实际上是在提示员工组织看重的是什么。创造性目标期待可以通过影响个体所关心的事情、工作的努力程度以及在一个任务上持续的时间来间接调整行为，例如反馈寻求。个体寻求的反馈越多，创造性反馈环境越能得到优化，从而使个体有更多的有用的信息指向创造性目标的达成，进而促进创造性绩效的提高。

7.2.4.2 坚持创新的目标期待

影响创造性反馈环境和创造性绩效的另外一种方式是使创新成为一项工作要求。也就是说，组织需要明确地让个体知道，如果要有效地进行工作，创新是必须的。因此，使创造性成为一项持续的工作要求，将会有更多的个体尝试创造性活动，在从事创造性活动中感知到与目标的差距并付出努力，进而促进创造性反馈环境的优化和创造性绩效的提高。

保持其他函数不变，将原方案领导对个体是否达到创造性绩效期望标准的比较、同事对个体是否达到创造性绩效期望标准的比较、个体对自身是否达到创造性绩效期望标准的比较达到标准后的值调高到 0.1（达标后继续给予或寻求反馈方案），也即达到期望标准也继续给予反馈和寻求反馈，方程修改为：

领导对个体是否达到创造性绩效期望标准的比较 = IF THEN ELSE（领导对创造性绩效的标准-领导对个体创造性绩效的觉知>0，领导对创造性绩效的标准-领导对个体创造性绩效的觉知，0.1）

同事对个体是否达到创造性绩效期望标准的比较 = IF THEN ELSE（同事对创造性绩效的标准-同事对个体创造性绩效的觉知>0，同事对创造性绩效的标准-同事对个体创造性绩效的觉知，0.1）

个体对自身是否达到创造性绩效期望标准的比较 = IF THEN ELSE（个体对创造性绩效的标准-个体对自身创造性绩效的觉知>0，个体对创造性绩效的标准-个体对自身创造性绩效的觉知，0.1）

保持其他函数不变，将个体对自身是否达到创造性绩效期望标准的比较达到标准后的值调高到 0.1（达标后仅个体继续寻求反馈方案），原方案记为 current。系统的测试结果如图 7-10 所示。

由图 7-10 可以看出，达标后仅个体继续寻求反馈方案和 current 方案对创造性反馈环境的影响在前期阶段是正向增长的，在到达峰值后开始慢速降低，但总体来看，随着时间的推移，创造性反馈环境呈现达标后仅个体继续寻求反馈方案>current 方案的状态，且尤其到了仿真过程的后期，这一差距更为明显，唯有达标后继续给予或寻求反馈方案。创造性反馈环境的变化趋势是前期阶段快速增长、后期慢速增长。三个方案对创造性绩效的影响是正向增长的，但在增长速度方面，三者的关系是达标后继续给予或寻求反馈方案>达标后仅个体继续寻求反馈方案>current 方案状态，尤其到了仿真过程的后期，这一差距更为明显。这说明，即便是个体达到了先期创造性绩效的标准，也需要继续给予反馈，从反馈中表达对进一步创新的工作要求，而并非达到要求后就不再给予反馈或寻求反馈，一旦如此，创造性反馈环境就会在达到峰值后缓慢下降，进而影响创造性绩效的增长速度。而当领导、同事、个体觉知到创造性绩效达到期望标准后，能够继续给予和寻求反馈，对防止创造性反馈环境恶化、提高创造性绩效有着重要作用。

7.2.4.3 鼓励创新的反馈文化

即使个体知道他们的工作要求创造性绩效或者设定了创造性的目标，如果个体不愿意利用反馈去提高自我、感到自己没有能力去处理反馈，个体难以觉察到反馈的意义和有效性，创造性反馈的遗忘和拒绝接受量就会提高，也就难以阻止创造性反馈环境的恶化，使创造性绩效提高难度加大。

保持其他函数不变，将创造性反馈遗忘和拒绝接受量修改为：创造性反馈遗忘量和拒绝接受量=STEP（0.1＊创造性反馈输入量，1）+0.2，代表创造性反馈遗忘和拒绝接受量高。保持其他函数不变，将创造性反馈遗忘和拒绝接受量修改为：创造性反馈遗忘量和拒绝接受量=STEP（0.1＊创造性反馈输入量，1），代表创造性反馈遗忘和拒绝接受量低。

由图 7-11 可以看出，创造性反馈遗忘和拒绝接受量低的方案中创造性反馈环境在达到峰值后能够保持较好的状态，而创造性反馈遗忘和拒绝接受量高的方案中创造性反馈环境在达到峰值后会加速下降，其下降速度要

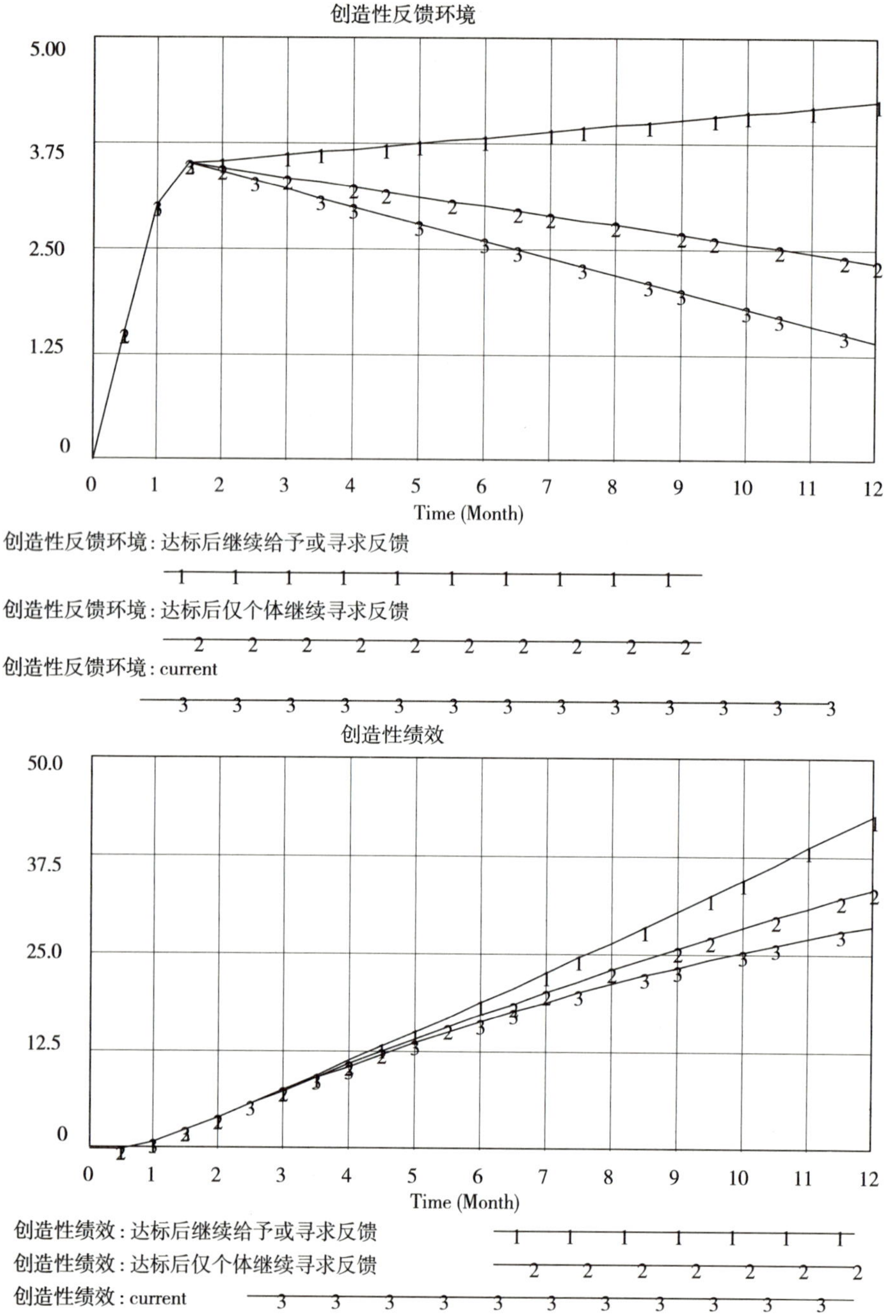

图 7-10　坚持创新的目标期待的动态检验

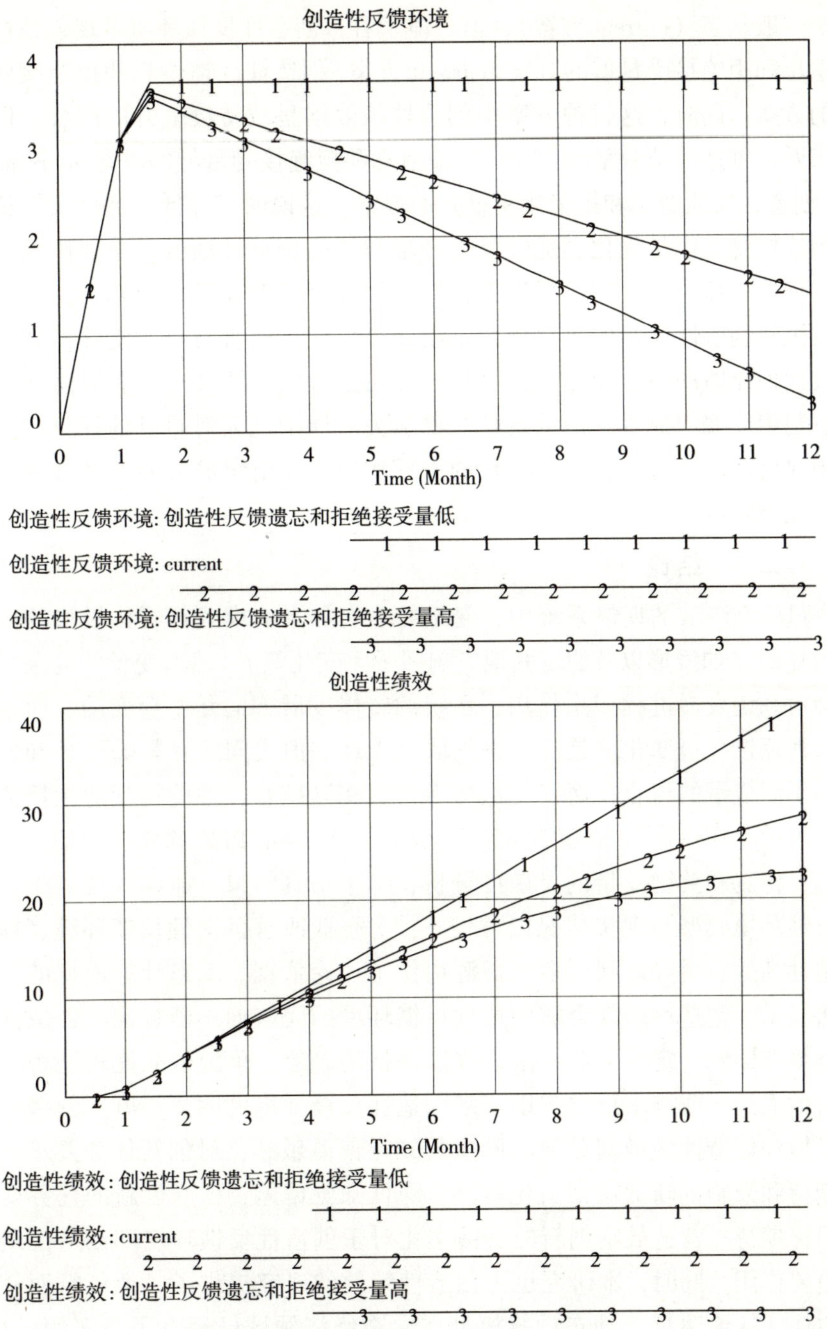

图 7-11 鼓励创新的反馈文化的动态检验

高于一般状态（current 方案），但总体来看，创造性反馈环境呈现创造性反馈遗忘和拒绝接受量低的方案>current 方案>创造性反馈遗忘和拒绝接受量高的方案。同时，这三种方案中创造性绩效均呈现持续上升的态势，但总体来看，创造性绩效呈现创造性反馈遗忘和拒绝接受量低的方案>current 方案>创造性反馈遗忘和拒绝接受量高的方案。这说明，降低创造性反馈遗忘和拒绝接受量也是优化创造性反馈环境和提高创造性绩效的重要因素。以促进创造性绩效为目的的反馈文化能够提高个体对反馈的认知，使个体自我意识到创造性反馈的重要性，主动通过反馈来改善自身，能够提高个体有效处理反馈的信心和能力，同时个体在创造性反馈文化中能够感知到自己有利用反馈和提供反馈的责任，更加关注周围他人对自己的评价。组织在构建反馈文化时，应强调创新的重要作用，使组织成员能够经常进行交流和互相学习。

7.2.5 结论

虽然在现实的反馈系统中，变量的改变和影响模式都要比模型的假设更为复杂（如线形以及假定其他影响因子无变化等），然而变量的复杂程度只会对系统发展进程产生作用，系统的整体发展方向是不会变的。而企业创造性反馈环境变化的趋势和进程取决于这些值之间相互影响途径和值的大小不同变量的组合，而正是这些因素的相互结合，才使在创造性反馈环境发展中存在一定的路径依赖性。本文通过 Vensim PLE 软件成功地进行了建模、仿真和关键变量的灵敏度分析，基于仿真结果，能够发现员工创造性反馈环境模型与现实情况拟合较好，为企业改善创造性反馈环境、提高创造性绩效、更好地利用多方资源提供了理论依据。动态计算模型的仿真分析显示，创造性绩效会随创造性反馈环境的完善而不断提高，创造性反馈环境在达到一定水平后，呈现逐渐降低的趋势，单纯依靠比较是否达到期待值而给予或寻求反馈难以带来创造性反馈环境的明显提升。创造性反馈环境和创造性绩效对领导、同事的知觉偏差敏感，对创新任务要求、目标期待和鼓励创新的反馈文化敏感，降低知觉偏差、树立创新的任务要求和目标期待、营造鼓励创新的反馈文化对于创造性反馈环境和创造性绩效有重要作用。同时，本研究也为创造性绩效的研究提供了一个可行而科学的方法。这说明尽管动态计算模型在宏观经济领域已经有了很多的研究，在微观领域的研究也有其可行性。事实上，在微观经济领域的研究正开始萌芽（Vancouver et al.，2010）。

之所以创造性反馈环境在初始阶段会出现快速上升的情况，是由于创造性绩效的提升给予外界和自身以积极的信号（Basadur，Taggar & Pringle，1999），能够增加外部反馈源对其能力、知识、努力的认可（Baer & Oldham，2006），并给予更多有效的反馈，从而促进创造性反馈环境的优化（Anderson et al.，2014）。但随着个体创造性绩效总量的快速提高，会让外界感到不安全，进而减少反馈给予量。例如直接领导可能会担心个体会由于创造性绩效高而受到更高层领导的赏识，而自己的地位不保（Ouyang & Yan-Wen，2004），而且也存在“教会徒弟，饿死师傅”的担心（许君和施建农，2006）；对于同事而言，同事之间本身就在奖金、职位上有竞争（Janssen，2003），竞争的压力会减少有效反馈的给予量，而且创造性绩效高的人往往行事特立独行，易被排斥而缺少社会支持（许君和施建农，2006），这就意味着创造性绩效反馈环境不会随着创造性绩效的提高而优化。

围绕如何解决创造性反馈环境会出现上升拐点后的下滑问题，本研究通过模拟提出了三条有效的途径。通过持续创新的任务要求，能够引导个体的注意力，为完成创新任务努力（Loche & Latham，1990），由于个体难以达到创新的要求，继而就会产生更多的反馈寻求行为，增加创造性反馈的输入量。创新的任务要求也要求领导和同事给予更多的反馈，以促使个体完成创造性的任务。领导和同事对个体有坚持创新的目标期待，就会增加知识共享行为和反馈给予行为，减少由于担心被超越和竞争而保留的完成创新目标所需要的信息，从而增加创造性反馈的给予量。组织中具有鼓励创新的反馈文化，能够增加反馈的利用率和意义的挖掘，进而鼓励个体反馈寻求和外部反馈源通过反馈来达到完成创新的目的。

创造性绩效的产生需要一个长期的反复试错的过程，但以往研究将关注点放在了个体和环境上，强调不同个体不同环境下创造性绩效的不同，忽视了其中的时间因素、系统内因素的相互作用。而现实中创造性反馈环境的形成、创造性绩效的发展是随着时间的推移累积形成的，环境内成员间的情感和信息互动共同对两者的变化起作用，创造性反馈环境和创造性绩效之间属于一种动态运作系统，其中存在较为复杂的流程以及具体变量，并且各个变量存在相对复杂的关系，因此在对有关数据信息进行采集时往往也容易产生困难，阻碍创造性绩效的产生。案例研究法是创造性绩效中较为常用的归纳方法，但这类方法主要有利于分析各个因素之间的具体联系，因此有关案例结论仅限于具体案例，有关总结结论方面还缺乏一定的适用性。所以在研究企业创新绩效时不仅要关注企业适于创新的各类静态与动态环境，还需要系统地分析行业的发展模式以及发展特征，根据企业内部机制以及反馈机制，建立相应的结构模型，从而设定合理的假设条件，并对其进行系统分析。创造性绩效的研究作为企业创新系统中的一部分，不仅是对企业整体功能的表现，也是对创新研究法的弥补。本研究主要针对创造性绩效进行研究，主要通过建立动态计算模型并结合研究理论以及实证研究等方法，结合仿真研究企业成员之间的互动及其对企业发展趋势的影响，同时，通过改变模型参数分析员工在不同趋势下所展现的员工创造性绩效，从而根据所得数据能够有效地指导管理实践。

显然，创造性绩效影响创造性反馈环境类似于许多社会现象，其发展变化原因可以归结为某种双向循环（反馈）因果关系（因果回路），而不是单向的机械决定论。尽管两者关系的系统是开放的，但因果回路却应是闭合的。在系统的结构中存在着一些主要回路，例如领导、同事和个体自身的反馈给予或寻求，这些回路主要地决定了系统行为的演化。在系统结构中存在着敏感参数，例如觉知偏差、新任务、与期望值比较后的行为，在临界情况下，这些参数的微小变化将会影响到系统的整个行为模式。尽管本研究利用动态计算模型有效地解决了以往研究方法难以解决的问题，但还存在一定的研究局限：第一，在动态计算模型中，没有考虑创造性绩效的积累对后期领导和同事给予反馈、个体寻求反馈的时间延迟问题。而时间延迟在动态计算模型中是影响系统运行结果的重要因素（Taber & Timpone, 1996），因此未来研究可以加入对时间延迟问题的探索。第二，在进行建模时往往需要注重对理论基础的探讨，从而对该模型做出相应的判断，而不仅仅是根据某一个具体的时间段或者具体的变量分析具体的预测值，这就决定了动态计算模型难以具体给出某一时刻某一变量的精确预测值（Vancouver et al., 2010）。在未来研究中，需要结合其他研究方法例如访谈法、日记法辅助验证，对某一类专业人群进行探索（Egger, Spangl & Koschier, 2007），挖掘其完成创新任务所需要的时间，更有针对性地模拟出创造性反馈环境的拐点时间，并给予有效的干预。

8 研究结论与展望

在快速变化的商业环境中，企业要在市场竞争中获得竞争优势，就必须不断地进行创新（Anderson et al.，2014）。近年来，创新研究逐渐从宏观研究转向微观研究，员工的创造力研究成为热点议题（Gong，2009）。关于创造力的形成机制由于环境因素具有操作性强、见效快的特点而备受关注（Zhou & Shalley，2008），反馈作为组织中常用的激励策略和矫正工具，塑造有利于创造力的创造性反馈环境对于个体和组织创新尤为重要。本书针对如何通过塑造创造性反馈环境提高员工创造力以应对转型升级的实践问题，通过实证研究聚焦回答以下四个关键的理论问题：①创造性反馈环境的内容结构是什么？由哪些维度构成？具有哪些独有的特征？②创造性反馈环境中动态情感的变化如何影响创造力的产生？③创造性反馈环境能够促进何种形式的反馈寻求行为，如何解释反馈寻求对创造力影响效果的不同？④从反馈回路视角看，反馈寻求是如何影响创造性反馈环境的？创造力与后续创造性反馈环境的动态影响变化的趋势如何？如何促进两者的共同优化或提高？

为了清晰地阐述并回答上述问题，本书综合应用了扎根理论分析、案例分析、多阶段多来源纵向的问卷调查、动态计算模型等多种研究方法，从而获得了一定的理论结果以及实证证明。下面主要从三个方面进行阐述。

8.1 研究结果总讨论

本书通过对促进创造力产生的反馈环境问题进行分析，将创造性反馈环境定义为日常工作环境中针对员工工作中的产品、服务、程序以及过程提出新奇且又可行的想法而形成的领导与员工、同事与同事之间的反馈情境。通过文献查阅、深度访谈、开放式问卷、专家鉴定等质的研究方法，结合定量分析，运用项目分析、相关系数法、因子分析法、信度效度分析等方法，探明了创造性反馈环境包含领导创造性反馈环境、同事创造性反馈环境的一阶二维度结构，为进一步研究创造性反馈环境的形成及影响机制提供了较为充分的基础。在各维度的内容方面，更加简练和精确，与 Steelman 等（Steelman et al.，2004）构建的反馈环境针对一般绩效相比，创造性反馈环境是一种针对创造力的提升而构建的独特的且全新的情境。

关于反馈对创造力的影响机制取得了一些成果，以往研究多从静态角度出发比较积极和消极情感的影响机制，然而在实际工作生活中，个体的情感在短时间内是不断变化的（Judge & Ilies，2004），根据情感因素的不断变化从而分析个体认知的不断变化，分析其对创造力产生的影响。本书基于动态情感的角度，检验了其中的动态情感影响机制。本书基于情感—信息视角证明了消极情感对创造力的正向影响，消极情感之所以可以引发创造力，因为其将认知处理集中在差异信息方面，以便个体可以详细并有目的地了解情况。情感变化会激活记忆联想网络，以形成新的关联（Bledow et al.，2013），创造力可能会被个体在消极情感阶段所处理的信息和情感变化时联想网络激活效果所影响。本书将重点放在消极情感与积极情感相呼应，两者对于创造力也有作用。消极情感阶段会对随后的高度创造力形成奠定基础，而消极情感的减小起到了一种独特作用。在创造性反馈环境中，人与人之间的互动不仅有情感上的，还有信息上的。本书根据前人的建议，证明了领导询问式反馈寻求和同事观察式反馈寻求在创造性反馈环境对创造力的影响中起中介作用。由于创造性反馈环境提供了对反馈寻求的支持、减少了反馈寻求的成本，因此就会促进领导询问式反馈寻求；而由于在我国个体比较注重面子，所以在平级的反馈寻求中面子因素是要考虑到的，所以在同事反馈寻求的时候更多采用观察式的反馈寻求方式，在不丢面子的情况下使自己的能力得到提高。本书证实了自我提升动机和自我评价动机在领导询问式反馈寻求影响创造力中的调节作用，这是由于在自我评价动机的影响下，导致个体对外界反应做出一种偏爱行为，从而影响其对个体外表以及性格等方面做出客观评价。自我提升的动机旨在提高个体知识、能力和技能，倾向于向上比较，而这种比较是个体学习达到目标的方法，因此两者对于领导询问式反馈寻求中介作用的调节是正向的。对于自我评价动机调节同事观察式反馈的中介作用，个体之所以用观察的方式来向同事反馈寻求，其动机源于自我验证和自我增强，这就使其对信息的筛选、分析与反馈发出方的初衷不一样，同事观察式反馈寻求的信息准确性就难以保证，而自我评价动机的个体对准确的外界反馈表现出一种偏爱，这两者的信息在准确性上不免有冲突，所以就会削弱对创造力的影响，所以对于同事观察式反馈寻求中介作用的调节是负向的。

尽管关于影响反馈环境的前因变量已经产生了一些成果，但上述因素视员工为被动接受的对象，忽视员工在反馈中的主动性，少有研究将员工反馈寻求引入反馈环境的形成中来。本书探索了不同源、不同反馈寻求形式从动态角度通过认同的中介影响创造性反馈环境的路径。研究结果符合领导力研究中描述的“因果倒置”的观点（Kark et al.，2003），员工作为领导的追随者其特征和行为可以作为自变量，领导者的特征和行为为因变量。对于中国这种高权力距离和高面子文化的社会，由于中国权力距离比较大，在交流中比较注重面子问题，这就使员工可能更多采用观察式反馈寻求而非询问式反馈寻求的方式。不同源、不同方式反馈寻求对认同存在影响，在我国背景下，员工在交流中比较注重面子，从侧面了解和观察成为影响认同的主要形式。通过对领导的观察和询问以及对同事的互动和反馈信息交流，个体能够感受到他们对于领导要求的目标和团队目标的接近程度以及外部的标准。反馈寻求得到的信心将增加他们对领导和同事的了解，因此满足多种自我动机并促进认同。作为对认同的回报，根据交换理论，领导和同事又能给予更高质量、更促进创新的创造性反馈环境。同事渠道的观察能够从多个同事源得到信息从而集合，可能以少数服从多数为标准，而缺少了对标准的内化，因此不用经过认同即可做出行为的改变，并得到之后创造性反馈环境的提升。作为反馈持续发生作用的回路，创造力又可以作为自变量影响包括创造性反馈环境在内的环境因素创造力（Anseel et al.，2015），但相关研究结论却不一致。要解决上述传统研究方法难以解决的问题，需要引入动态计算模型以体现影响过程的动态性、滞后性、系统性，在加入条件限制后解决理论间不一致的问题。Vancouver、Tamanini & Yoder（2010）利用控制理论的计算模型模拟了个体社会化的过程，为后续组织行为领域的计算模型应用提供了实证基础。因此，应该运用动态计算模型挖掘创造力对创造性反馈环境的传导机制，探索创造力是否对创造性反馈环境的优化有益，在何种情况下创造力对创造性反馈环境的优化有价值，进而为塑造创造力反馈环境、促进员工创造力起到一定的指导作用。研究表明，树立持续创新的任务要求、持续创新的目标期待、鼓励创新的反馈文化可为企业改善创造性反馈环境、提高创造力、更好地利用多方资源提供理论依据。

8.2 主要结论

本书首先对创造性反馈环境的内容结构进行了研究，进而从互动的角度探讨了动态情感和反馈寻求在其中的作用，着重探讨了创造性反馈环境影响创造力的动态情感机制，检验了不同反馈源、不同形式反馈寻求在创造性反馈环境形成及影响创造力的过程中发挥的不同作用，得出如下结论：

（1）通过文献查阅、深度访谈、开放式问卷、专家鉴定等方法，基于扎根理论得到了一个反映中国情境下创造性反馈环境的构思。创造性反馈环境包含领导创造性反馈环境、同事创造性反馈环境两个维度的内容，编制的中国情境下创造性反馈环境量表的信度、效度较好，是一个有效的测量工具。创造性反馈环境对创造力有较好的预测作用。

（2）创造性反馈环境通过积极情感的提高进一步提升创造力，而消极情感和消极情感变化从中影响创造力提升的程度，创造力是经历了消极情感并将其转化为积极情感的结果。创造性反馈环境诱发个体的领导询问式反馈寻求和同事观察式反馈寻求，进而影响创造力，其中自我提升动机和自我评价动机越高，领导询问式反馈寻求的作用越大，自我评价动机越低，同事观察式反馈寻求的作用越大。

（3）领导不同形式的反馈寻求通过对领导的认同继而影响创造性反馈环境，同事认同、同事询问式反馈寻求通过增加对同事的认同影响创造性反馈环境，同事观察式反馈寻求则直接影响创造性反馈环境。创造性反馈环境的形成、创造力的发展是随着时间的推移累积形成的，环境内成员间的情感和信息互动共同对两者的变化起作用，创造性反馈环境和创造力之间是一个复杂系统的动态运行过程。创造力会随创造性反馈环境的完善而不断提高，创造性反馈环境在达到一定水平后，呈现逐渐降低的趋势。创造性反馈环境和创造力对创新的任务要求、目标期待和鼓励创新的反馈文化敏感，合理提高上述因素对于创造性反馈环境和创造力有重要作用。

8.3 研究的创新点

本书将采用质的研究和量的研究相结合的方式，探讨在中国情境下创造性反馈环境的特征、创造性反馈环境影响员工创造力的动态情感机制如何、反馈寻求如何在创造性反馈环境的形成和作用机制中起作用。主要创新点如下：

（1）发现了创造性反馈环境强调给予创新时间保障、体现对创新耐受性的特点，验证了创造性反馈环境包含领导和同事创造性反馈环境的一阶二维度结构，编制了具有高信度、效度的创造性反馈环境量表，通过对比分析发现，创造性反馈环境对创造力有更好的预测作用，解决了传统反馈环境缺乏对创造力有针对性的措施的问题。尽管以往研究者提出了反馈环境的概念，但由于缺乏对创造力提升有针对性的反馈情境的构建，导致对创造力的预测作用不佳。创造性反馈环境超越传统反馈环境追求产品、服务的数量、速度、时间，更加注重对员工创造力的鼓励、耐心并给予充足的时间。本书通过扎根理论方法证实了创造性反馈环境的多维构思，建构了创造性反馈环境的理论框架。开发的创造性反馈环境量表为推进创造性反馈环境的实证研究提供了重要的测量工具。通过对比不同类型企业创造性反馈环境对创造力影响的不同，说明了反馈针对目标不同诱发的结果不同，再次验证了创造性反馈环境对创造力提高更有针对性。

（2）从动态情感机制研究的角度，建立了以 t2 积极情感为中介、t1 消极情感为调节的创造性反馈环境影响创造力有调节的中介模型，和以积极情感变化为中介、消极情感变化为调节的有调节的中介模型，验证了创造力是个体在创造性反馈环境中经历了消极情感阶段，并在之后抛却了消极情感并进入一个高度积极情感阶段的动态过程的结果。将情感机制的研究视角从静态情感转换为动态情感，解决了以往关于情感机制研究的冲突。以往关于情感机制的研究者仅从反馈的某一维度探讨了引发何种情感进而影响行为结果的，只关注了静态情感的作用，形成了积极情感促进创造力的情感扩展—构建理论视角和消极情感促进创造力的情感—信息视角两种矛盾的视角。由于在短期内个体的情感会出现波动，情感变化会激活记忆联想网络，以形成新的关联，因此动态情感比静态情感更能有效地解释创造力的形成机制。本书在创造性反馈环境对创造力的影响中找到积极情感和消极情感影响机制的平衡并给予动态的解释，既在积极情感和消极情感两者之间的关系中找到了“黑箱”机制，又把动态情感变化的根源和影响机制展现出来。

（3）建立了以领导询问式反馈寻求和同事观察式反馈寻求为中介的创造性反馈环境影响创造力的路径，发现了自我提升动机和自我评价动机在其中起到调节作用。在测量上，区分两种反馈寻求方式的不同影响因素和作用路径，突破以往研究没有区分或只强调询问式反馈寻求的局限，有助于解决在结论上的冲突问题，也更加真实地体现了在中国背景下可能更多采用观察式反馈寻求方式和对不同反馈源采取不同反馈形式的特点。对调节机制的研究更有助于帮助管理者找到发挥反馈寻求在创造性反馈环境对创造力影响的中介效果积极作用的最大化的方法。在反馈寻求动机上，突破了西方学者认为只有工具性反馈寻求动机在反馈寻求影响创造力中有调节作用的局限，突破了以往反馈寻求动机不合理的划分，创新性地将自我动机理论与反馈寻求相结合，开创性地分析了不同反馈寻求动机的个体反馈寻求带来创造力的不同，为反馈寻求理论的合理化和反馈寻求研究的本土化提供了新的思路。

（4）从因果环路的视角，建立了以领导和同事认同为中介的反馈寻求影响创造性反馈环境的路径，突破了以往只考虑外部反馈源在创造性反馈环境形成中的作用，解决了在反馈过程中视员工为被动接受者的局限，为解决外部反馈源难以满足员工自我发展和组织发展需要的问题提供了新的解决思路。通过动态计算模型仿真，发现了创造性反馈环境并不会随创造力的提升而更加完善，而是在达到一定水平后将呈现逐渐降低的趋势。将运用在宏观经济的动态计算模型引入微观领域，解决了以往研究难以系统、动态地体现创造力对创造性反馈环境影响的因果关系的难题，并通过模拟仿真发现了提高持续创新的任务要求、树立坚持创新的目标期待和完善鼓励创新的反馈文化可以解决创造性反馈环境在达到一定水平后逐渐降低的问题。

8.4 管理建议

本书对于企业和员工自身如何应对当前创新带来的竞争加剧，如何建构有利于创造力产生的反馈环境，发挥员工主动性，展现企业持续竞争优势和员工创造力具有三方面的重要启示：

第一，为企业设计促进创造力产生的反馈环境提供依据。由于员工创造力在促进企业创新、提高企业竞争力和获得竞争优势中的重要作用和针对创造力提升而塑造的反馈环境的有针对性、持续性、及时性和准确性的特征，创造性反馈环境的塑造成为企业发展的重点。按照本书设计的创造性反馈环境的问卷，通过测评可以得出企业在管理过程中的弱项，并可以根据领导创造性反馈环境、同事创造性反馈环境两个不同的方面进行有针对性的改善，以期达到提高创造力的目的。因此，就有必要在企业日常反馈中提高反馈的可信性和质量，在进行反馈时多考虑员工的心理体验等方面。在管理实践中，不仅要实现反馈的自上而下流通，同时更要保证反馈的平行沟通。应该鼓励员工的反馈寻求行为，帮助他们找到合适的反馈寻求的方法，确保反馈环境鼓励员工能够自主地寻求工作相关的帮助。特别是在当今竞争激烈的工作环境中，让员工感受到更多的自主权能够进一步塑造更好的工作环境。同样，利用好员工对创造性反馈环境的感知引发的反馈寻求动机和行为也具有相当重要的价值。本书研究的结果突出了外部反馈源需要关注在给出反馈之后的员工行为和后果，外部反馈源如何感知员工对于反馈的认识并深入反思和监控反馈交流的结果十分重要，然而这却是在绩效管理过程中容易忽略的步骤。

第二，为外部反馈源如何利用创造性反馈环境提高员工创造力提供解决策略。从情感方面，外部反馈源可以利用好情感变化来促进创造力的提升。以往研究片面聚焦增加积极情感来促进创造力的提升，忽视了积极情感和消极情感的相互作用和动态变化的关键作用（George，2011）。本书指向情感变化的重要性，创造力要求在情感和认知过程方面的相互影响的复杂性，以及这种复杂性的集成。情感变动在这种集成以及维持积极和消极情感之间的适应平衡中起到了关键作用。因此，提高积极情感和引导积极情感变化尤为必要，对于领导和同事而言，以合适的方式给予准确的反馈，同时能够给予其他个体产生创造力所必要的耐受性。另外，降低消极情感并提高对消极情感的忍耐力。对于想要增加员工创造力的企业而言，片面聚焦于积极情感并不够。如果周围人可以了解并影响积极与消极情感间的动态相互作用，会变得更有效率。在某些情况下，领导者们可以将员工的注意力转移到问题方面并引起消极情感。这种策略的有效性的先决条件是员工可以处理消极情感。如果消极情感已经存在，帮助员工减小消极情感，并增加积极情感，则是一种对于增加创造力而言特别有效的策略。企业有意识地将精力集中在引出消极情感的那些信息可能会有效果，例如询问最佳的方案或仔细考虑阻碍达成目标的障碍。在反馈寻求方面，要重视员工反馈寻求的作用，领导和同事应该鼓励员工的反馈寻求行为，帮助他们找到合适的反馈寻求的方法，确保反馈环境鼓励员工能够自主地寻求工作相关的帮助。特别是在当今竞争激烈的工作环境中，让员工感受到更多的自主权能够进一步塑造更好的工作环境。反馈寻求为管理员工提供了更多机会，因为反馈寻求可以给予员工了解组织目标设置和管理绩效期望，通过对反馈行为的制度化，管理者更可能花费时间来给予反馈，因为员工知道组织对此很重视。同事反馈很大程度取决于工作性质。组织越来越依赖团队来完成工作。在这种组织中，有人发现绩效的同事反馈比领导反馈更为可信，因为相对于管理者而言，同事有更好的机会观察彼此的工作绩效。因此，以团队为基础的组织可以从培养一个支持型的同事反馈寻求中极大受益，这会帮助产生更强力的工作组认同。

第三，为员工从自身角度提高创造力提供明晰路径。个体可能面对不同挑战来激发他们的创造力，具体取决于他们如何调节情感，此时对于不同的个体最好采用不同的方法。对于长期处于会导致消极情感的认知加工模式中的个体而言，利用自我放松和寻找社会支持的工作环境可以促使其调节消极的想法和感觉，相反，对那些能够快速调整消极情感的人们的创造力会受益于消极想法和感受的耐受性增加，因为消极情感不会马上消失。另外，员工对于工作环境的认同十分重要，因为它涉及包括职责内和职责外重要的工作成果。由于认同也被看作对人际关系的操作，将注意力放在建设有黏稠度的员工关系上对于组织而言是一种更好的绩效目标和目的方式惯例。改善关系（管理者—下属和同事—同事）将促进认同及其实践成果，也与本书中有关如何适应破损的绩效管理体系的建议相一致。

8.5 研究局限与展望

从总体上看，本书采用严谨的研究设计构建了创造性反馈环境结构内容，探讨了其形成因素和影响机制，并取得了一定的理论进展。但由于创造性反馈环境作为新兴的研究领域，正处于理论探索与建构阶段，本书尚存在一定程度的局限，这些局限也为后续研究提供了进一步探索的方向。

第一，本书大部分研究采用多源取样、多阶段收集数据的方式来避免同源方差，但局限在于在山东、山西、江苏3个省若干地级市通过介绍接触相关管理者并在其帮助下访谈及发放问卷得来数据，实践操作上难以做到进行随机取样来验证创造性反馈环境的形成和影响机制。在动态情感机制研究中，所有变量的测量均为自评，这会带来共同方法变异等问题。对于情感而言，情感的测量采用自评的方法的局限在于被试只是报告了能够意识到的积极或消极情感，但对于情感的变化只有部分是有意识的（Quirin et al.，2009），这表明本书只是抓住了部分实际情感过程的一些动机，而整体情感的变化能够明显影响整体创造力。因此，笔者认为需要不断扩大样本提取量，在情感研究中可以采用实验法、日记法等方法来弥补问卷测量法对于创造力、情感以及两者关系研究的不足。

第二，虽然应用了纵向研究来检验反馈寻求对创造性反馈环境的影响，但本书仅仅关注了短期工作的结果而且并没有考虑其中复杂的动机和认知过程。创造性反馈环境的发展和反馈一样是长期的、动态变化的，仅关注几个月之内的反馈寻求与创造性反馈环境的关系还不足以反映两者关系的全貌，而且不同的反馈寻求动机会产生积极或消极的结果，领导对员工匹配程度和反馈寻求动机的判断也是复杂的认知过程。未来研究可以将动机因素考虑进去，探讨这些动机如何塑造反馈寻求行为、对反馈信息如何发生作用的。在情感研究中，只研究了在一个工作日内的情感整体变化与整体创造力的关系。然而在一个工作日内有着许多短时情感变化和多种不同等级的创造力。研究未能检验出短时情感变化是否与具体思路的出现相关联。还有一个进一步研究的问题是有关情感变化发生的时间框架，以及在不同时间框架内是否会产生类似结果。时间框架可以从毫秒到年，不同时间框架内的情感变化互相交织。例如，一位艺术家可能在长时间的沉寂之后，崛起并进入创造力巅峰时期。在创造力巅峰时期，可能会存在对某一特定艺术品的创造力表现产生影响的短时的情感变化。因此未来研究可以探讨更加细微或者更长时间段的不同的创造力。关于创造力动态计算模型研究所呈现的理论可能无法准确地反映理论，这就降低了模型的整体内部效度，从而使模型构建存在较大的任意性与主观性，加上模型中存在的各种无形变量，导致模型研究缺乏有效的规范化的参数估计、敏感性检验的方法。

第三，在互动中由情感变化、反馈寻求引发的认知过程尚待探讨。尽管结果证明消极情感可以引发创造力，可能因为其将认知处理集中在差异信息方面，但是并没有细致地分析那些对随后创造力产生影响的、人们在消极情感阶段中处理的信息的程度。因此，在创造力产生过程中的情感变化的影响和认知之间的相互作用需要在未来研究中加以关注，可以考察情感变化对认知功能整体的影响，如何影响特定的认知内容的处理，如识别和制定工作中的问题和创造性解决方案。在反馈寻求研究中，尽管本书将反馈寻求对信息的认知处理纳入动机作用的过程，但并未验证这种认知过程，而这种认知过程对于不同源、不同反馈寻求方式发生积极作用还是消极作用非常重要。有研究表明，在员工缺乏情境判断能力的时候，主动性人格付出的成本与工作满意度呈反比，他们会面对更多的人际冲突，个体持续的主动帮助行为会带来压力的增大、角色超载、工作家庭冲突，主动行为也会随时间而下降（Anseel et al.，2015）。所以在未来研究中，不仅要检验反馈寻求的积极作用，也要关注反馈寻求的消极作用，特别是反馈寻求破坏或偏离了任务、规定的角色、现有的规范。虽然有关员工主动性的研究存在一定的双面性，国外学者针对这一问题也做出了相关的探索研究，但这类研究结果对于我国国情来说并不完全适用。这主要是因为，我国有着深刻的传统文化的影响，有关人际交往问题较为敏感，个人作风也较为含蓄，相较于西方来说更复杂、更多变，因此还需要进行进一步的研究。从领导和其他反馈源角度看，领导和其他反馈源对员工反馈寻求的反应也很重要，但至今没有研究涉及这个方面。未来研究应该检验领导对员工反馈寻求行为的动机进行归因导致员工反馈寻求后的不同反应和领导对员工的反应。例如，领导将员工反馈寻求归因于印象管理，那么就会影响其以后减少给予有用的反馈。

第四，在样本的控制上，本书只对性别、年龄、工龄、教育程度等进行了控制，而对于员工的个性、等级、就职经历、企业规模等没有进行区分和控制。而研究表明，企业规模、大五人格也是能够影响创造力的因素（Bledow et al.，2013）。因此，在未来研究中，应该在探讨研究焦点问题的同时，考虑其他影响两者因果关系的因素，并将企业规模、个性特征、雇用和被雇用经历、工作性质等变量考虑到控制变量中，以增加研究结论的普遍性。

主要参考文献

Alge, B. J., Ballinger, G. A., Tangirala, S., & Oakley, J. L. (2006). Information privacy in organizations: Empowering creative and extrarole performance. *Journal of Applied Psychology*, 91 (1), 221-232.

Amabile, T. M., Barsade, S. G., Mueller, J. S., & Staw, B. M. (2005). Affect and creativity at work. *Administrative Science Quarterly*, 50 (3), 367-403.

Amabile, T. M., & Conti, R. (1999). Changes in the work environment for creativity during downsizing. *Academy of Management Journal*, 42 (6), 630-640.

Amabile, T. M., & Mueller, J. (2002). Assessing creativity and its antecedents: An exploration of the componential theory of creativity. *Handbook of Organizational Creativity*. Lawrence Erlbaum Associates, London.

Amabile, T. M., Schatzel, E. A., Moneta, G. B., & Kramer, S. J. (2004). Leader behaviors and the work environment for creativity: Perceived leader support. *The Leadership Quarterly*, 15 (1), 5-32.

Amabile, T. M., & Staw, B. M. (2005). Affect and Creativity at Work. *Administrative Science Quarterly*, 50 (3), 367-403.

Anderson, N., Potocnik, K., & Zhou, J. (2014). Innovation and creativity in organizations a state-of-the-science review, prospective commentary, and guiding framework. *Journal of Management*, 40 (5), 1297-1333.

Andiola, L. M. (2014). Performance feedback in the audit environment: A review and synthesis of research on the behavioral effects. *Journal of Accounting Literature*, 33 (1), 1-36.

Andrews, M. C., & Kacmar, K. M. (2001). Discriminating among organizational politics, justice, and support. *Journal of Organizational Behavior*, 22 (4), 347-366.

Anseel, F., Beatty, A. S., Shen, W., Lievens, F., & Sackett, P. R.

(2015). How are we doing after 30 years? A meta-analytic review of the antecedents and outcomes of feedback-seeking behavior. *Journal of Management*, 41 (1), 318-348.

Anseel, F., & Lievens, F. (2007). An Examination of Strategies for Encouraging Feedback Interest after Career Assessment. *Journal of Career Development*, 33 (3), 250-268.

Anseel, F., Lievens, F., & Levy, P. E. (2007). A Self - motives perspective on feedback - seeking behavior: Linking organizational behavior and social psychology research. *International Journal of Management Reviews*, 9 (3), 211-236.

Ashford, S. J., Blatt, R., & Vandewalle, D. (2003). Reflections on the Looking Glass: A Review of Research on Feedback-seeking behavior in organizations. *Journal of Management*, 29 (6), 773-799.

Ashford, S. J., & Cummings, L. L. (1983). Feedback as an individual resource: Personal strategies of creating information. *Organizational behavior and human performance*, 32 (3), 370-398.

Ashford, S. J., & Northcraft, G. (2004). Robbing Peter to pay Paul: Feedback environments and enacted priorities in response to competing task demands. *Human Resource Management Review*, 13 (4), 537-559.

Ashford, S. J., & Tsui, A. S. (1991). Self-regulation for managerial effectiveness: The role of active feedback seeking. *Academy of Management journal*, 34 (2), 251-280.

Ashforth, B. E., Sluss, D. M., & Saks, A. M. (2007). Socialization tactics, proactive behavior, and newcomer learning: Integrating socialization models. *Journal of Vocational Behavior*, 70 (3), 447-462.

Avolio, B. J., Walumbwa, F. O., & Weber, T. J. (2009). Leadership: Currenttheories, research, and future directions. *Annual Review of Psychology*, 60 (1), 421-449.

Axtell, C. M., Holman, D. J., Unsworth, K. L., Wall, T. D., Waterson, P. E., & Harrington, E. (2000). Shopfloor innovation: Facilitating the suggestion and implementation of ideas. *Journal of occupational and organizational psychology*, 73 (3), 265-285.

Baas, M., De Dreu, C. K., & Nijstad, B. A. (2008). A meta-analysis of 25 years of mood-creativity research: Hedonic tone, activation, or regulatory focus? *Psychological bulletin*, 134 (6), 779-806.

Baer, M., & Oldham, G. R. (2006). The curvilinear relation between experienced creative time pressure and creativity: Moderating effects of openness to experience and support for creativity. *Journal of Applied Psychology*, 91 (4), 963-970.

Baer, M., Oldham, G. R., & Cummings, A. (2003). Rewarding creativity: When does it really matter? *The Leadership Quarterly*, 14 (4), 569-586.

Bandura, A. (1988). Self-regulation of motivation and action through goal systems., 44 (12), 33-39.

Baron, R. M. & Kenny, D. A. (1981). The moderator-mediator variable distinction in social psychological research: Conceptual, strategic, and statistical considerations. *Journal of Personality and Social Psychology*, 51 (6), 1173-1182.

Basadur, M., Taggar, S., & Pringle, P. (1999). Improvingthe measurement of divergent thinking attitudes in organizations. *The Journal of Creative Behavior*, 33 (2), 75-111.

Baumann, N., & Kuhl, J. (2002). Intuition, affect, and personality: unconscious coherence judgments and self-regulation of negative affect. *Journal of Personality & Social Psychology*, 83 (5), 1213-1223.

Beghetto, R. A., & Kaufman, J. C. (2007). The genesis of creative greatness: Mini-c and the expert performance approach. *High Ability Studies*, 18 (1), 59-61.

Belschak, F. D., & Hartog, D. N. D. (2009). Consequences of positive and negative feedback: The impact on emotions and extra-role behaviors. *Applied Psychology*, 58 (2), 274-303.

Bergeron, D. M. (2007). The potential paradox of organizational citizenship behavior: Good citizens at what cost? *Academy of Management Review*, 32 (4), 1078-1095.

Bjugstad, K., Thach, E. C., Thompson, K. J., & Morris, A. (2006). A-fresh look at followership: A model for matching followership and leadership styles. *Journal of Behavioral & Applied Management*, 7 (3), 304-319.

Bledow, R., Rosing, K., & Frese, M. (2013). A dynamic perspective on affect and creativity. *Academy of Management Journal*, 56 (2), 432-450.

Bless, H., Schwarz, N., Clore, G. L., Golisano, V., Rabe, C., & Wölk, M. (1996). Mood and the use of scripts: Does a happy mood really lead to mindlessness? *Journal of Personality & Social Psychology*, 71 (4), 665-679.

Bolino, M. C., & Turnley, W. H. (2005). The personal costs of citizenship behavior: The relationship between individual initiative and role overload, job stress, and work - family conflict. *Journal of Applied Psychology*, 90 (90), 740-748.

Bolte, A., & Kuhl, J. (2003). Emotion and intuition: Effects of positive and negative mood on implicit judgments of semantic coherence. *Psychological Science*, 14 (5), 416-421.

Bossche, P. V. D., Segers, M., & Jansen, N. (2010). Transfer of training: the role of feedback in supportive social networks. *International Journal of Training & Development*, 14 (2), 81-94.

Bragger, J. D., Kutcher, E. J., Menier, A., Sessa, V. I., & Sumner, K. (2013). Giving Nonselective Downsizing a Performance Review. *Human Resource Development Review*, 13 (1), 58-78.

Brian, G. W., & Paul, L. (2012). Linkingfeedback quality and goal orientation to feedback seeking and job performance. *Human Performance*, 25 (2), 159-178.

Bryman, A. (2004). Qualitative research on leadership: A critical but appreciative review. *Leadership Quarterly*, 15 (6), 729-769.

Callister, R. R., & Turban, D. B. (1999). Feedback seeking following career transitions. *Academy of Management Journal*, 42 (4), 429-438.

Chhokar, J. S., & Wallin, J. A. (1984). A field study of the effect of feedback frequency on performance. *Journal of Applied Psychology*, 69 (69), 524-530.

Cohen, B. J., Cohen, P., West, S. G. & Aiken, L. S. (2015). Applied multiple regression/correlation analysis for the behavioral sciences. Mahwah, NJ: Lawrence Erlbaum Associates.

Conger, J. A. (1998). Qualitative research as the cornerstone methodology for understanding leadership. *Leadership Quarterly*, 9 (1), 107-121.

Connell, J., & Nolan, J. (2004). Managing performance: modern day myth or a game people play? *International Journal of Employment Studies*, 12 (1), 43-57.

Cusella, L. P. (1982). The effects of source expertise and feedback valence on intrinsic motivation. *Human Communication Research*, 9 (1), 17-32.

Dahling, J. J., Chau, S. L., & O'Malley, A. (2012). Correlates and consequences of feedback orientation in organizations. *Journal of Management*, 38 (2), 531-546.

Dahling, J. J. & O'Malley, A. L. (2011). Supportive feedback environ-ments can mend broken performance management systems. *Industrial and Organizational Psychology*, 4 (2), 201-203.

Dahling, J., O'Malley, A. L., & Chau, S. L. (2015). Effects of feedback motives on inquiry and performance. *Journal of Managerial Psychology*, 30 (2), 199-215.

Dalal, R. S., Lam, H., Weiss, H. M., Welch, E., & Hulin, C. L. (2009). A dynamic approach to organizational citizenship behavior and counter-productive work behavior: Behavioral co-occurrence and switching, and dynamic relationships with mood and overall job performance. *Academy of Management Journal*, 52, 1051-1066.

Davidson, T. & De Stobbeleir, K. (2011). The power of the feedback environment in stimulating creative performance: The role of task autonomy and self-concordance: Vlerick Leuven Gent Management School.

De Dreu, C. K., Baas, M. & Nijstad, B. A. (2008). Hedonic tone and activation level in the mood-creativity link: Toward a dual pathway to creativity model. *Journal of Personality & Social Psychology*, 94 (5), 739-756.

De Stobbeleir, K. E., Ashford, S. J. & Buyens, D. (2011). Self-regulation of creativity at work: The role of feedback-seeking behavior in creative performance. *Academy of Management Journal*, 54 (4), 811-831.

Deci, E. L. & Ryan, R. M. (2000). The "what" and "why" of goal pursuits: Human needs and the self-determination of bchavior. Psychol lnq 2000. *Psychological Inquiry*, 11 (4), 227-268.

Denisi, B. A. S. & Klugger, A. N. (2010). Feedback effectiveness: Can 360-degree appraisals be improved? *Academy of Management Executive*, 14 (1), 129-139.

Drazin, R., Glynn, M. A. & Kazanjian, R. K. (1999). Multilevel theorizing about creativity in organizations: A sense-making perspective. *Academy of Management Review*, 24 (2), 286-307.

Egger, B., Spangl, B. & Koschier, E. H. (2007). Simulation modeling in organizational and management research. *Academy of Management Review*, 32 (4), 1229-1245.

Egri, C. P. & Herman, S. (2000). Leadership in the North American environmental sector: Values, leadership styles, and contexts of environmental leaders and their organizations. *Academy of Management Journal*, 43 (4), 571-604.

Fong, C. T. (2006). The effects of emotional ambivalence on creativity. *Academy of Management Journal*, 49 (5), 1016-1030.

Foo, M. D., Uy, M. A. & Baron, R. A. (2009). How do feelings influence effort? An empirical study of entrepreneurs' affect and venture effort. *Journal of Applied Psychology*, 94 (4), 1086-1094.

Ford, C. M. (1996). A theory of individual creative action in multiple social domains. *Academy of Management Review*, 21 (4), 1112-1142.

Ford, C., Kuenzi, M., Zhou, J. & Shalley, C. E. (2008). Organizing creativity research through historical analysis of foundational administrative science texts. *Handbook of Organizational Creativity*, 65-94.

Förster, J. & Higgins, E. T. (2005). Howglobal versus local perception fits regulatory focus. *Psychological Science*, 16 (16), 631-636.

Fredrickson, B. L. (2001). The role of positive emotions in positive psychology: The broaden-and-build theory of positive emotions. *American psychologist*,

56 (3), 218–226.

Friedman, R. S. & Förster, J. (2010). Implicit affective cues and attentional tuning: An integrative review. *Psychological Bulletin*, 136 (5), 875–893.

Gabriel, A. S., Frantz, N. B., Levy, P. E. & Hilliard, A. W. (2014). The supervisor feedback environment is empowering, but not all the time: Feedback orientation as a critical moderator. *Journal of Occupational and Organizational Psychology*, 87 (3), 487–506.

George, J. M. (2011). Dual tuning A minimum condition for understanding affect in organizations? *Organizational Psychology Review*, 1 (2), 147–164.

George, J. M. & Zhou, J. (2002). Understanding when bad moods foster creativity and good ones don't: The role of context and clarity of feelings. *Journal of Applied Psychology*, 87 (4), 687–697.

George, J. M. & Zhou, J. (2007). Dual tuning in a supportive context: Joint contributions of positive mood, negative mood, and supervisory behaviors to employee creativity. *Academy of Management Journal*, 50 (3), 605–622.

Glaser, B., Strauss. (2010). The Discovery of Grounded Theory. NYC, Aldyne De Groiter.

Gong, Y. (2009). Employee learning orientation, transformational leadership, and employee creativity: The mediating role of employee creative self–efficacy. *Academy of Management Journal*, 52 (4), 765–778.

Gong, Y., Cheung, S., Wang, M. & Huang, J. (2012). Unfolding the proactive process for creativity integration of the employee proactivity, information exchange, and psychological safety perspectives. *Journal of Management*, 38 (5), 1611–1633.

Grant, A. M. & Berry, J. W. (2011). The necessity of others is the mother of invention: Intrinsic and prosocial motivations, perspective taking, and creativity. *Academy of Management Journal*, 54 (1), 73–96.

Gregg, A. P., Hepper, E. G. & Sedikides, C. (2007). Assessing to improve and verifying to enhance: Measuring, validating, and connecting self–motives. Self & Identity.

Hargadon, A. B. & Bechky, B. A. (2006). When collections of creatives become creative collectives: A field study of problem solving at work. *Organization Science*, 17 (4), 484-500.

Harrison, S. H. & Rouse, E. D. (2015). An inductive study of feedback interactions over the course of creative projects. *Academy of Management Journal*, 58 (2), 375-404.

Harvey, S., Blouin, C. & Stout, D. (2006). Proactive personality as a moderator of outcomes for young workers experiencing conflict at work. *Personality & Individual Differences*, 40 (5), 1063-1074.

Hayes, A. F. (2013). Introduction to mediation, moderation, and conditional process analysis: A regression-based approach. *Journal of Educational Measurement*, 51 (3), 335-337.

Hays, J. C. & Williams, J. R. (2011). Testing multiple motives in feedback seeking: The interaction of instrumentality and self-protection motives. *Journal of Vocational Behavior*, 79 (2), 496-504.

Hennessey, B. A. (2010). The creativity motivation connection. The Cambridge handbook of creativity, 342-365.

Hirst, G., Van Knippenberg, D., Chen, C. & Sacramento, C. A. (2011). How does bureaucracy impact individual creativity? A cross-level investigation of team contextual influences on goal orientation-creativity relationships. *Academy of Management Journal*, 54 (3), 624-641.

Hirst, G., Van Knippenberg, D. & Zhou, J. (2009). A cross-level perspective on employee creativity: Goal orientation, team learning behavior, and individual creativity. *Academy of Management Journal*, 52 (2), 280-293.

Hu, L. T. & Bentler, P. M. (1999). Cutoffcriteria for fit indexes in covariance structure anaysis: Conventional criteria versus new alternatives. *Structural Equation Modeling A Multidisciplinary Journal*, 6 (1), 1-55.

Hülsheger, U. R., Anderson, N. & Salgado, J. F. (2009). Team-level predictors of innovation at work: A comprehensive meta-analysis spanning three decades of research. *Journal of Applied psychology*, 94 (5), 1128-1145.

Hunter, S. T., Bedell, K. E. & Mumford, M. D. (2005). Dimensions of creative climate. *The International Journal of Creativity & Problem Solving*, 15

(2), 97-116.

Ilgen, D. R., Fisher, C. D. & Taylor, M. S. (1979). Consequences of individual feedback on behavior in organizations. *Journal of applied psychology*, 64 (4), 349-371.

Ilgen, D. R., Peterson, R. B., Martin, B. A. & Boeschen, D. A. (1981). Supervisor and subordinate reactions to performance appraisal sessions. *Organizational Behavior and Human Performance*, 28 (3), 311-330.

Isen, A. M. (1999). On the relationship between affect and creative problem solving. *Affect, Creative Experience, and Psychological Adjustment*, 3, 3-17.

James, K. & Asmus, C. (2001). Personality, cognitive skills, and creativity in different life domains. *Creativity Research Journal*, 13 (2), 149-159.

Janssen, O. (2003). Innovative behaviour and job involvement at the price of conflict and less satisfactory relations with co-workers. *Journal of Occupational & Organizational Psychology*, 76 (3), 347-364.

Jawahar, A., Cavanaugh, D. A., Kerr, E. J., Birdsong, E. M. & Nunley, P. D. (2010). Total disc arthroplasty does not affect the incidence of adjacent segment degeneration in cervical spine: Results of 93 patients in three prospective randomized clinical trials. *The Spine Journal*, 10 (12), 1043-1048.

Jawahar, I. M. & Jawahar, I. M. (2010). Themediating role of appraisal feedback reactions on the relationship between rater feedback-related behaviors and ratee performance. *Group & Organization Management*, 35 (35), 494-526.

Jennifer, L. S. & Sabine, S. (2008). Fairness perceptions of supervisor feedback, LMX, and employee well-being at work. *European Journal of Work & Organizational Psychology*, 17 (2), 198-225.

Judge, T. A. & Ilies, R. (2004). Affect and job satisfaction: A study of their relationship at work and at home. *Journal of Applied Psychology*, 89 (4), 661-673.

Judge, T. A., Piccolo, R. F. & Ilies, R. (2004). The forgotten ones? The validity of consideration and initiating structure in leadership research. *Journal of applied psychology*, 89 (1), 36-51.

Kark, R., Shamir, B. & Chen, G. (2003). The two faces of transformational leadership: Empowerment and dependency. *Journal of Applied Psychology*, 88 (2), 246-255.

Kaufman, J. C. & Baer, J. (2002). I bask in dreams of suicide: Mental illness, poetry, and women. *Review of General Psychology*, 6 (3), 271.

Kaufmann, G. (2003). Expanding the mood-creativity equation. *Creativity Research Journal*, 15 (2-3), 131-135.

Kazén, M. & Kuhl, J. (2005). Intention memory and achievement motivation: Volitional facilitation and inhibition as a function of affective contents of need-related stimuli. *Journal of Personality & Social Psychology*, 89 (3), 426-448.

Kirton, M. (1976). Adaptors and innovators: A description and measure. *Journal of Applied Psychology*, 61 (5), 622-629.

Kluger, A. N. & DeNisi, A. (1996). The effects of feedback interventions on performance: A historical review, a meta-analysis, and a preliminary feedback intervention theory. *Psychological bulletin*, 119 (2), 254-284.

Koole, S. L. & Jostmann, N. B. (2005). Getting a grip on your feelings: Effects of action orientation and external demands on intuitive affect regulation. *Journal of Personality & Social Psychology*, 87 (6), 974-990.

Kuhl, J. & Kazén, M. (1999). Volitional facilitation of difficult intentions: Joint activation of intention memory and positive affect removes Stroop interference. *Journal of Experimental Psychology General*, 128 (3), 382-399.

Lam C. F., DeRue D. S., Karam, E. P. & Hollenbeck J. R. (2011). The impact of feedback frequency on learning and task performance: Challenging the more is better? assumption. *Organizational Behavior and Human Decision Processes*, 116 (2), 217-228.

Landino, L. M., Koumas, M. T., Mason, C. E. & Alston, J. A. (2006). Ascorbic acid reduction of microtubule protein disulfides and its relevance to protein S-nitrosylation assays. *Biochemical & Biophysical Research Communications*, 340 (2), 347-352.

Latham, G. P. & Locke, E. A. (1991). Self-regulation through goal setting. *Organizational Behavior & Human Decision Processes*, 50 (2), 212-247.

Leki I. (1991). The preferences of ESL students for error correction in college-level writing classes. *Foreign Language Annals*, 24 (3), 203-218.

Linderbaum, B. A. & Levy, P. E. (2010). The development and validation of the Feedback Orientation Scale (FOS). *Journal of Management*, 36 (6), 1372-1405.

Ling, Y. L., Abdullah, A. G. K. & Ismail, A. (2015). Feedback environment and coaching communication in malaysia education organizations. *Asian Journal of Social Sciences & Humanities*, 4, 66-73.

Liu, D., Chen, X. P. & Yao, X. (2011). From autonomy to creativity: A multilevel investigation of the mediating role of harmonious passion. *Journal of Applied Psychology*, 96 (2), 294-309.

London, M. (2003). *Job Feedback: Giving, Seeking, and Using Feedback for Performance Improvement*: Psychology Press. Routledge.

London, M. (2014). The Power of Feedback: Giving, Seeking, and Using Feedback for Performance Improvement. Psychology Press. Routledge.

Longenecker, C. O. & Nykodym, N. (1996). Public sector performance appraisal effectiveness: A case study. *Public Personnel Management*, 25 (2), 151-164.

Lord, R. G., Brown, D. J. & Freiberg, S. J. (1999). Understanding thedynamics of leadership: The Role of follower self-concepts in the leader/follower relationship. *Organizational Behavior & Human Decision Processes*, 78 (3), 167-203.

Madjar, N., Oldham, G. R. & Pratt, M. G. (2002). There's no place like home? The contributions of work and nonwork creativity support to employees' creative performance. *Academy of Management Journal*, 45 (4), 757-767.

Madjar, N. & Ortiz-Walters, R. (2008). Customers as contributors and reliable evaluators of creativity in the service industry. *Journal of Organizational Behavior*, 29 (7), 949-966.

Mael, F. A. & Ashforth, B. E. (1995). Loyal from day one: Biodata, organizational identification, and turnover among newcomers. *Personnel Psychology*, 48 (2), 309-333.

Makiney, J. D. & Levy, P. E. (1998). The influence of self-ratings versus peer ratings on supervisors' performance judgments. *Organizational Behavior and Human Decision Processes*, 74 (3), 212-228.

Martin, R. E. & Riccardo, P. (2007). Organizational identification: Development and testing of a conceptually grounded measure. *European Journal of Work & Organizational Psychology*, 16 (1), 25-57.

Martocchio, J. J. & Webster, J. (1992). Effects of feedback and cognitive playfulness on performance in microcomputer software training. *Personnel Psychology*, 45 (3), 553-578.

Miller, A. L. (2007). Creativity and cognitive style: The relationship between field-dependence-independence, expected evaluation, and creative performance. *Psychology of Aesthetics, Creativity, and the Arts*, 1 (4), 243-246.

Morrison, E. W. (1993). Newcomer information seeking: Exploring types, modes, sources, and outcomes. *Academy of Management Journal*, 36 (3), 557-589.

Morrison, E. W. (2002). Information seeking within organizations. *Human Communication Research*, 28 (2), 229-242.

Mueller, J. S., Goncalo, J. A. & Kamdar, D. (2011). Recognizing creative leadership: Can creative idea expression negatively relate to perceptions of leadership potential? *Journal of Experimental Social Psychology*, 47 (2), 494-498.

Mulder, R. H., Ellinger, A. D., Mulder, R. H. & Ellinger, A. D. (2013). Perceptions of quality of feedback in organizations: Characteristics, determinants, outcomes of feedback, and possibilities for improvement. *European Journal of Training and Development*, 37 (1), 4-23.

Mulder, R. H., Ellinger, A. D., van der Rijt, J., Van den Bossche, P. & Segers, M. S. (2013). Understanding informal feedback seeking in the workplace: The impact of the position in the organizational hierarchy. *European Journal of Training and Development*, 37 (1), 72-85.

Muller, D., Judd, C. M. & Yzerbyt, V. Y. (2005). When moderation is mediated and mediation is moderated. *Journal of Personality & Social Psychology*, 89 (6), 852-863.

Ng T. W. & Feldman, D. C. (2012). Employee voice behavior: A meta analytic test of the conservation of resources framework. *Journal of Organizational Behavior*, 33 (2), 216-234.

Norris-Watts, C. & Levy, P. E. (2004). The mediating role of affective commitment in the relation of the feedback environment to work outcomes. *Journal of Vocational Behavior*, 65 (3), 351-365.

Oettingen, G., Mayer, D., Thorpe, J. S., Janetzke, H. & Lorenz, S. (2005). Turning fantasies about positive and negative futures into self-improvement goals. *Motivation & Emotion*, 29 (4), 236-266.

Ohly, S. & Fritz, C. (2010). Work characteristics, challenge appraisal, creativity, and proactive behavior: A multi-level study. *Journal of Organizational Behavior*, 31 (4), 543-565.

Ohly, S., Sonnentag, S. & Pluntke, F. (2006). Routinization, work characteristics and their relationships with creative and proactive behaviors. *Journal of Organizational Behavior*, 27 (3), 257-279.

Oldham, G. R. & Cummings, A. (1996). Employee creativity: Personal and contextual factors at work. *Academy of Management Journal*, 39 (3), 607-634.

Ouyang, J. & Yan-Wen, W. U. (2004). The bright and dark sides of individual and group innovation : A Special Issue introduction. *Journal of Organizational Behavior*, 25 (2), 129-145.

Park, N. K., Chun, M. Y. & Lee, J. (2016). Revisiting individual creativity assessment: Triangulation in subjective and objective assessment methods. *Creativity Research Journal*, 28 (1), 1-10.

Peng, J. & Chiu, S. (2010). An integrative model linking feedback environment and organizational citizenship behavior. *The Journal of Social Psychology*, 150 (6), 582-607.

Perry-Smith, J. E. (2006). Social yet creative: The role of social relationships in facilitating individual creativity. *Academy of Management Journal*, 49 (1), 85-101.

Perry-Smith, J. E. & Shalley, C. E. (2003). The social side of creativity: A static and dynamic social network perspective. *Academy of Management Review*, 28

(1), 89-106.

Peterson, M. (2009). An introduction to decision theory: Cambridge University Press.

Podsakoff, P. M. & Farh, J. (1989). Effects of feedback sign and credibility on goal setting and task performance. *Organizational Behavior and Human Decision Processes*, 44 (1), 45-67.

Potocnik, K. & Anderson, N. (2012). Assessing Innovation: A 360 degree appraisal study. *International Journal of Selection and Assessment*, 20 (4), 497-509.

Preacher, K. J. & Hayes, A. F. (2008). Asymptotic and resampling strategies for assessing and comparing indirect effects in multiple mediator models. *Behavior Research Methods*, 40 (3), 879-891.

Press, M. & Arnould, E. J. (2011). Howdoes organizational identification form? A consumer behavior perspective. *Journal of Consumer Research*, 38 (4), 650.

Pulakos, E. D. & O'Leary, R. S. (2011). Whyis performance management broken? *Industrial & Organizational Psychology*, 4 (2), 146-164.

Quirin, M., Kazén, M. & Kuhl, J. (2009). When nonsense sounds happy or helpless: Theimplicit positive and negative affect test. *Journal of Personality & Social Psychology*, 97 (3), 500-516.

Raja, U. & Johns, G. (2010). The joint effects of personality and job scope on in-role performance, citizenship behaviors, and creativity. human relations.

Reid, F. (1987). Rediscovering thesocial group: A self-categorization theory. *Contemporary Sociology*, 94 (6), 347-348.

Renn, R. W. & Fedor, D. B. (2001). Development and field test of a feedback seeking, self-efficacy, and goal setting model of work performance. *Journal of Management*, 27 (5), 563-583.

Rijt, J. V. D., Bossche, P. V. D. & Segers, M. S. R. (2013). Understanding informal feedback seeking in the workplace: The impact of the position in the organizational hierarchy. *European Journal of Training & Development*, 37 (1), 72-85.

Rosen, C. C., Levy, P. E. & Hall, R. J. (2006). Placing perceptions of politics in the context of the feedback environment, employee attitudes, and job performance. *Journal of Applied Psychology*, 91 (1), 211–220.

Rothermund, K., Voss, A. & Wentura, D. (2008). Counter–regulation in affective attentional biases: A basic mechanism that warrants flexibility in emotion and motivation. *Emotion*, 8 (1), 34–46.

Runco, M. A. (2007). Creativity: Theories and themes: Research. development and practice. Amsterdam: Elsevier.

Runco, M. A., Walczyk, J. J., Acar, S., Cowger, E. L., Simundson, M. & Tripp, S. (2014). The incremental validity of a short form of the ideational behavior scale and usefulness of distractor, contraindicative, and lie Scales. *The Journal of Creative Behavior*, 48 (3), 185–197.

Schmukle, S. C., Egloff, B. & Burns, L. R. (2002). The relationship between positive and negative affect in the Positive and Negative Affect Schedule. *Journal of Research in Personality*, 36 (5), 463–475.

Schwarz, N. & Clore, G. L. (1983). Mood, misattribution, and judgments of well–being: Informative and directive functions of affective states. *Journal of Personality and Social Psychology*, 45 (3), 513–525.

Sedikides, C. & Strube, M. J. (1997). Self–evaluation: To thine own self be good, to thine own self be sure, to thine own self be true, and to thine own self be better. *Advances in Experimental Social Psychology*, 29, 209–269.

Shalley, C. E., Gilson, L. L. & Blum, T. C. (2009). Interactive effects of growth need strength, work context, and job complexity on self–reported creative performance. *Academy of Management Journal*, 52 (3), 489–505.

Shalley, C. E. & Zhou, J. (2008). Organizational creativity research: A historical overview. In J. Zhou & C. E. Shalley (Eds.), *Handbook of Organizational Creativity*: 3–31. New York: Lawrence Erlbaum Associates.

Shalley, C. E., Zhou, J. & Oldham, G. R. (2004). The effects of personal and contextual characteristics on creativity: Where should we go from here? *Journal of management*, 30 (6), 933–958.

Shamir, B. (2007). Follower – centered perspectives on leadership : A tribute to the memory of James R. Meindl: Information Age Publishing.

Sheldon, K. M. & Niemiec, C. P. (2006). It's not just the amount that counts: balanced need satisfaction also affects well-being. *Journal of Personality & Social Psychology*, 91 (2), 331-341.

Shin, S. J. & Zhou, J. (2003). Transformational leadership, conservation, and creativity: Evidence from Korea. *Academy of Management Journal*, 46 (6), 703-714.

Sluss, D. M. & Ashforth, B. E. (2008). How relational and organizational identification converge: Processes and conditions. *Organization Science*, 19 (6), 807-823.

Spering, M., Wagener, D., Funke, J. & Wagener, D. (2005). The role of emotions in complex problem solving. *Cognition & Emotion*, 19 (8), 1252-1261.

Steelman, L. A., Levy, P. E. & Snell, A. F. (2004). The feedback environment scale: Construct definition, measurement, and validation. *Educational and psychological measurement*, 64 (1), 165-184.

Steelman, L. A. & Rutkowski, K. A. (2004). Moderators of employee reactions to negative feedback. *Journal of Managerial Psychology*, 19 (1), 6-18.

Stobbeleir, K. E. M. D., Ashford, S. J. & Luque, M. F. S. D. (2010). Proactivity with image in mind: How employee and manager characteristics affect evaluations of proactive behaviours. *Journal of Occupational & Organizational Psychology*, 83 (2), 347-369.

Sung, S. Y. & Choi, J. N. (2009). Do big five personality factors affect individual creativity? The moderating role of extrinsic motivation. *Social Behavior and Personality: an international journal*, 37 (7), 941-956.

Tierney, P. (2008). Leadership and employee creativity. In J. Zhou & C. E. Shalley (Eds.), *Handbook of Organizational Creativity*: 95-124. New York: Lawrence Erlbaum Associates.

Tierney, P. & Farmer, S. M. (2004). The Pygmalion process and employee creativity. *Journal of Management*, 30 (3), 413-432.

Tierney, P. & Farmer, S. M., Graen, G. B. (1999). An examination of leadership and employee creativity: The relevance of traits and relationships. *Personnel Psychology*, 52 (3), 591-620.

Torrance, E. P. & Torrance, E. P. (1988). The nature of creativity as manifest in its testing. *Nature of Creativity*, 18 (1), 87-98.

Unsworth, K. L. & Clegg, C. W. (2010). Why do employees undertake creative action? *Journal of Occupational and Organizational Psychology*, 83 (1), 77-99.

Unsworth, K., Wall, T. & Carter, A. (2005). Creative requirement: A neglected construct in the study of employee creativity? *Group & Organization Management*, 30 (5), 541-560.

van der Rijt, J., van de Wiel, M. W., Van den Bossche, P., Segers, M. S. & Gijselaers, W. H. (2012). Contextual antecedents of informal feedback in the workplace. *Human Resource Development Quarterly*, 23 (2), 233-257.

Van Dyne, L., Jehn, K. A. & Cummings, A. (2002). Differential effects of strain on two forms of work performance: Individual employee sales and creativity. *Journal of Organizational Behavior*, 23 (1), 57-74.

Van Knippenberg, D. (2000). Work motivation and performance: A social identity perspective. *Applied Psychology*, 49 (3), 357-371.

Vancouver, J. B. (1996). Living systems theory as a paradigm for organizational behavior: Understanding humans, organizations, and social processes. *Behavioral Science*, 41 (3), 165-204.

Vancouver, J. B. Putka, D. J. & Scherbaum, C. A. (2005). Testing a computational model of the goal-level effect: An example of a neglected methodology. *Organizational Research Methods*. 8 (1): 100-127.

Vancouver, J. B., Tamanini, K. B. & Yoder, R. J. (2010). Using dynamic computational models to reconnect theory and research: Socialization by the proactive newcomer as example. *Journal of Management*, 36 (3), 764-793.

Vough, H. (2012). Not all identifications are created equal: Exploring employee accounts for workgroup, organizational, and professional identification. *Organization Science*, 23 (23), 778-800.

Wang, A. C. & Cheng, B. S. (2010). When does benevolent leadership lead to creativity? The moderating role of creative role identity and job autonomy. *Journal of Organizational Behavior*, 31 (1), 106-121.

Watson, D., Clark, L. A. & Tellegen, A. (1988). Development and validation of brief measures of positive and negative affect: The PANAS scales. *Journal of Personality & Social Psychology*, 54 (6), 1063-1070.

Weiss, H. M. & Cropanzano, R. (1996). Affectiveevents theory: A theoretical discussion of the structure, causes and consequences of affective experiences at work. *Research in Organizational Behavior*. 18. (3), 1-74.

Wertz, F. J., Charmaz, K., Mcmullen, L. M., Josselson, R., Anderson, R. & Mcspadden, E. (2011). Five ways of doing qualitative analysis: Phenomenological psychology, grounded theory, discourse analysis, narrative research, and intuitive inquiry.: Guilford Press.

Whitaker, B. G., Dahling, J. J. & Levy, P. (2007). The development of a feedback environment and role clarity model of job performance. *Journal of Management*, 33 (4), 570-591.

Williams, J. R., Miller, C. E., Steelman, L. A. & Levy, P. E. (1999). Increasing feedback seeking in public contexts: It takes two (or more) to tango. *Journal of Applied Psychology*, 84 (6), 969-976.

Woodman, R. W., Sawyer, J. E. & Griffin, R. W. (1993). Toward a theory of organizational creativity. *Academy of Management Review*, 18 (2), 293-321.

Yang, M., Badger, R. & Yu, Z. (2006). A comparative study of peer and teacher feedback in a Chinese EFL writing class. *Journal of second language writing*, 15 (3), 179-200.

Young, S. & Steelman, L. (2014). The role of feedback in supervisor and workgroup identification. *Personnel Review*, 43 (2), 228-245.

Yuan, F. & Woodman, R. W. (2010). Innovative behavior in the workplace: The role of performance and image outcome expectations. *Academy of Management Journal*, 53 (2), 323-342.

Zhang. J, Gong. Z, Zhang. S. & Zhao. Y. (2017). Impact of the supervisor feedback environment on creative performance: A moderated mediation model. *Frontiers in Psychology*, 8: 1-13.

Zhang, X. & Bartol, K. M. (2010). Linking empowering leadership and employee creativity: The influence of psychological empowerment, intrinsic motivation, and creative process engagement. *Academy of Management Journal*, 53 (1), 107-128.

Zhou, J. (1998). Feedback valence, feedback style, task autonomy, and achievement orientation: Interactive effects on creative performance. *Journal of Applied Psychology*, 83 (2), 261-276.

Zhou, J. (2003). When the presence of creative coworkers is related to creativity: Role of supervisor close monitoring, developmental feedback, and creative personality. *Journal of Applied Psychology*, 88 (3), 413-422.

Zhou, J. & George, J. M. (2001). When job dissatisfaction leads to creativity: Encouraging the expression of voice. *Academy of Management Journal*, 44 (4), 682-696.

Zhou, J. & George, J. M. (2003). Awakening employee creativity: The role of leader emotional intelligence. *The Leadership Quarterly*, 14 (4), 545-568.

Zhou, J. & Shalley, C. E. (2008). Expanding the scope and impact of organizational creativity research. *Handbook of Organizational Creativity*, 28, 125-147.

Zhou, J. & Shalley, C. E. (2011). Depening our understanding of creativity in the workplace: A review of different approaches to creativity research. Deepening our understanding of creativity in the workplace. In S. Zedeck, H. Aguinis, W. Cascio, M. Gelfand, K. Leung, S. Parker & J. Zhou (Eds.), *APA handbook of industrial - organizational psychology* (vol. 1): 275 - 302. Washington, DC: American Psychological Association.

Zhou, J., Shin, S. J., Brass, D. J., Choi, J. & Zhang, Z. (2009). Social networks, personal values, and creativity: evidence for curvilinear and interaction effects. *Journal of Applied Psychology*, 94 (6), 1544-1552.

方杰，温忠麟，张敏强，孙配贞. 基于结构方程模型的多重中介效应分析[J]. 心理科学，2014 (3)：735-741.

格里芬，唐宁玉，摩海德. 组织行为学（中国版）组织与人员的管理（第8版）[M]. 北京：中国市场出版社，2010.

巩振兴，张剑. 同事反馈与创造力的关系：情感的中介作用［J］. 湖南社会科学，2016（1）：115-119.

侯杰泰，温忠麟，成子娟. 结构方程模型及其应用［M］. 北京：教育科学出版社，2004.

乐国安，纪海英. 班杜拉社会认知观的自我调节理论研究及展望［J］. 南开学报（哲学社会科学版），2007（5）：118-125.

黎民. 西方社会学理论［M］. 武汉：华中科技大学出版社，2005.

李旭. 社会系统动力学［M］. 上海：复旦大学出版社，2009.

李志宏，赖文娣，白雪. 高校科研团队隐性知识共享的系统动力学分析［J］. 管理学报，2012，9（10）：1495-1504.

王思斌. 社会学教程［M］. 北京：北京大学出版社，2010.

王永丽，时勘. 上级反馈对员工行为的影响［J］. 心理学报，2003，35（2），255-260.

王重鸣. 社会心理学的归因理论在教育工作中应用的实验研究［J］. 应用心理学，1981（2）：20-22.

吴明隆. 问卷统计分析实务［M］. 重庆：重庆大学出版社，2010.

许君，施建农. 创造力与精神疾病是否有关？［J］. 中国心理卫生杂志，2006，20（8），534-537.

杨钢，薛惠锋. 高校团队内知识转移的系统动力学建模与仿真［J］. 科学学与科学技术管理，2009，30（6），87-92.

张剑. 影响员工创造力的组织情境因素及动机机制研究［D］. 首都师范大学博士学位论文，2003.

后　记

创新是引领发展的第一动力，是建设现代化经济体系的战略支撑，而企业是创新的主体，员工的创造力是促进组织创新、使企业获得竞争优势的主要源泉。较人格和思维而言，环境因素更容易在管理实践中得到干预，在短时间内产生可觉察的效果，因此环境因素成为创新研究领域中的热点。关于组织环境国内外已有研究探讨了支持、压力、目标设定、奖励和反馈等对个体创新绩效的影响。研究表明，反馈作为组织中常用的激励策略和行为矫正工具，是影响创新的重要环境因素之一。以往研究将反馈按照效价、方式和对象区分，仅考察反馈的单一维度影响，导致在反馈与创造力关系上难以得出一致的结果，呼唤能够更好反映反馈全貌的心理构念。尽管 Steelman 等（2004）提出反馈环境概念，即“日常工作环境中领导与员工、同事与同事之间的反馈情境”，反馈环境体现了反馈的复杂性，能够超越反馈而得到与行为结果较一致的结论，但仍然缺乏对创造力进行刺激的精准性。

本书围绕反馈与创造力关系研究进展，从反馈、反馈寻求到反馈环境，再到主体部分的创造性反馈环境，探讨了反馈研究的路径、困境与出路，并在创造性反馈环境中找到有效促进创造性绩效的反馈环境内容结构；采用纵向实证方法，基于动态情感和反馈寻求的视角确定创造性反馈环境影响创造性绩效的路径；运用动态计算理论模型，构建创造性反馈环境和创造性绩效相互影响的因果环路并进行模拟仿真，最终揭示创造性绩效和创造性反馈环境共同演变的动态机制。本书首先拓展了反馈研究的理论版图，推进创造力和反馈研究的交叉，反映创造性绩效的差异不仅源于创造性反馈环境总体水平上的差异，还存在内在结构差异，从而完善反馈研究的理论框架，为创造性绩效研究提供一个内涵丰富的新方向；其次揭示创造性反馈环境影响创造性绩效的动态情感机制，更加真实生态地反映其影响路径，促进组织领域中创造性绩效的研究；最后将动态计算理论引入微观组织行为与心理的研究领域，克服传统实证研究的缺陷（采集静态数据，难以真实反映变量间因果关系），实现组织行为研究方法论的突破。这些研究结果将更加准确、生态地解释组织中创造性反馈环境对员工创造性绩效产生相互影响的机制和规律，为优化企业软环境提供新思路，进而为促进创造性绩效提供科学策略和方法。

由于时间仓促，收集整理的资料不够完善，难免会出现一些错误，敬请批评指正，谢谢！